꽃 같던 청춘, 회문산 능선 따라 흩뿌려지다

한국전쟁 민간인 학살의 기록: 호남·제주 편

이 도서의 국립중앙도서관 출판예정도서목록(CIP)은
서지정보유통지원시스템 홈페이지(http://seoji.nl.go.kr)와
국가자료공동목록시스템(http://www.nl.go.kr/kolisnet)에서 이용하실 수 있습니다.
CIP제어번호: CIP2017013617(양장), CIP2017013618(반양장)

한국전쟁
민간인 학살의 기록
호남·제주 편

정찬대 지음

꽃 같던 청춘,
회문산 능선 따라
흩뿌려지다

한울
아카데미

일러두기

1. 이 책은 ≪커버리지≫와 ≪프레시안≫에 '한국전쟁, 민간인 학살의 기록'이란 제목으
   로 2015년 9월부터 2016년 4월까지 연재된 글과 저자가 별도 취재해 작성한 글을 함
   께 엮은 것입니다.

2. '구례' 편은 저자가 2007년 썼던 기사에 보강 취재를 더했으며, '순창' 편은 임방규 선생
   이 ≪통일뉴스≫에 기고한 "광주형무소 이가사" 내용 일부를 선생의 동의를 얻어 인
   용··발췌하였습니다.

3. 책은 『 』, 시·단편소설·보고서·논문은 「 」, 잡지·신문은 ≪ ≫, 방송프로그램·영화는
   〈 〉로 제목을 표기했습니다.

4. 본문에 실린 사진의 저작권은 별도로 표시한 것을 제외하고 모두 저자에게 있습니다.

차례

추천의 글

그의 '학살', 글 이상의 아픔과 분노를 담다

"정찬대 기자는 어쩌다 그렇게 '학살'에 꽂혔나요?

"글쎄요, 누군가는 꼭 해야 하는데, 아무도 안 하잖아요."

2년 전 그를 처음 만난 자리에서 나눴던 대화 한 토막이다. 역사를 한평생 연구해온 나에게, 지금도 현대사를 가르치며 이를 업으로 삼고 있는 나에게 '아무도 안하니 하겠다'는 그의 말은 참 쓰라리게 들렸다. 그러면서도 '학살'을 대하는 젊은 기자의 진지한 모습에 대견하다는 생각도 함께 했다. 우리 사회 '복원력'은 바로 이런 생각과 따뜻함을 지닌 이들에게서 나오는 법이다.

『꽃 같던 청춘, 회문산 능선 따라 흩뿌려지다: 한국전쟁 민간인 학살의 기록』은 기자가 현장을 누비며 쓴 글이다. 70년 가까운 세월 동안 새카맣게 응어리진, 누구에게도 터놓지 못했던 이야기를 정찬대 기자는 담담하면서도 과감하게, 그리고 솔직하게 들려준다.

우리가 미처 알지 못했던, 아니 그동안 외면했던 이야기, 또 다른 역사를 기자는 누군가의 입을 통해 전하고 있다. 여기에 자칫 딱딱할 수 있는 학살 얘기에 문학적인 감수성까지 더해 좀 더 글에 몰입할 수 있도록 도와준다.

그의 글에 공감하는 것은 단순히 글재주가 좋아서만은 아닐 것이다. 그들과 함께 사고하고 호흡하며 동화되어 글 이상의 아픔과 분노를 담아내고 있기 때문일 것이다. 진심이 담기지 않는 글은 마음을 흔들 수 없다는 진리를 우리는 젊은 기자가 그려낸 '학살'에서 다시 본다.

역사歷史의 '사史'는 역사를 뜻하기 이전에 일어난 일을 기록하는 사람, 즉 기사자記事者를 의미했다. 과거뿐만 아니라 오늘날의 시대상까지 담아내는 자가 사관史官이다. 그날의 학살을 지금의 피해자를 빗대 문제의식을 던져주고 세상의 변화를 이끌어내는 것. 정찬대 기자는 그런 점에서 분명 '기사자'이다.

누군가에게 책을 추천하는 일은 결코 쉬운 일이 아니다. 나에게 좋은 책이 다른 이에게 좋으리란 법도 없다. 또 꼭 그럴 필요도 없다. 그럼에도 나는 정찬대가 말하고자 하는 '학살'에 많은 이들이 주목해주길 바란다. 그것은 우리의 역사이며, 아픔이자, 상처이며, 치유이기 때문이다.

성공회대학교 교수(한국현대사)

한홍구

들어가며

'한 조각' 역사, 애달픈 꽃처럼 살다가다

　이 글은 역사 기록이 아니다. 사람의 이야기이며, 그들이 겪은 질곡에서 출발했다. 하지만 누군가의 삶이 또 하나의 역사가 된다는 점에서 이 이야기는 가슴 저미도록 아픈 우리 역사이자 통한의 기록인지도 모른다.

　역사는 직조물이다. 사건의 배경과 해석이 날줄과 씨줄이 돼 어지럽고 정교하게 얽혀 있다. 사실로 믿어온 역사가 늘 정의로운 것만도 아니다. 오죽하면 역사를 '승자의 기록'이라고 했을까. 그렇기 때문에 역사는 인공적이다. '날'것이 아닌 '가공'된 결과물인 셈이다. 권력은 그렇게 역사를 희롱하고 윤간해왔다.

　한국 근현대사는 민족과 계급모순, 그리고 국가폭력에 저항하며 일궈진 역사다. 민중의 핍박과 아우성이 가장 집약적으로 응결된 시대이자, 군홧발로 짓이겨져 뜯기고 덜어내 누더기가 된 역사이다. 그래서 그 어느 때보다 아프고 쓰리다. 우리가 근현대사를 다시금 살펴봐야 하는 이유도 여기에 있다.

러시아의 대문호 레프 니콜라예비치 톨스토이Lev Nikolayevich Tolstoy 는 『국가는 폭력이다』라는 저서를 통해 국가폭력의 무자비함을 지적했다. 아울러 인간을 수단화하는 국가의 속성을 꼬집었다. 그는 주체적 삶을 살고자하는 인간다움과 협의의 공동체를 통한 문제해결을 강조한다. 물론 그의 주장이 유토피아적 사상이란 지적도 많다. 그럼에도 불구하고 늘 정의로운 것으로 인식돼온 국가폭력 — 실은 소수의 권력집단이 이를 악용했던 역사의 반복 — 을 꼬집었다는 점에서 의미가 크다.

한국전쟁 전후 민간인 학살 사건은 국가폭력의 집단적 광기를 보여준 대표적 사례다. 전체주의 시대의 흉물로 개인이 도구화됐고, 그런 개인은 국가 권력 뒤에서 인간의 존엄을 철저히 파괴했다. 전위적이며 맹목적인 폭력은 그렇게 우리 깊숙이 들어왔다.

이승만은 국가 정통성의 근거를 반공이란 초헌법적 이념에서 찾았다. 제주 4·3과 10월 여순 사건, 한국전쟁까지. 학살은 더욱 과감하고 광범위하게 이뤄졌다. 반反이승만 편에 섰던 수많은 항일 인사들이 목숨을 잃은 것도 이때다. 피 위에 세워진 반공국가, 70년 세월에도 지워지지 않는 상흔을 남겼다.

전쟁은 전장에서만 이뤄지지 않는다. 또한 총칼을 든 군인들만의 몫도 아니다. 아군과 적군 사이에 끼어 있는 이들은 몇 곱절 이상의 피와 고통, 가슴 메이는 아픔과 살 떨리는 공포를 겪어야만 한다.

이들에게는 이것이 '진짜 전쟁'이고 또한 지옥이다.

　칠순이 지났지만 여전히 서른 살 아버지를 그리워하는 한 노인, 집단 학살지에서 누구의 유골인지도 모를 뼛조각을 부여잡고 한없이 통곡하던 한 유족, 난자당한 부모님을 지켜보며 그저 목숨 하나 부지해야 했던 비참함에 평생 죄인처럼 살아온 어떤 이⋯⋯.

　반세기를 훌쩍 넘긴 시간 동안 머리는 희끗희끗 세었지만, 점차 옅어질 것이라 믿었던 그날의 고통과 기억은 여전히 크고 또렷하게 남아 이들을 괴롭힌다. 민간인 학살은 결코 과거 얘기가 아니다. 현재의 얘기이며, 또한 미래에도 다뤄져야 할 우리 역사의 아픈 한 부분이다.

　『꽃 같던 청춘, 회문산 능선 따라 흩뿌려지다: 한국전쟁 민간인 학살의 기록』은 폭력의 역사를 기술한다. 그리고 누군가 기록하지 않으면 잊혀져버릴 개인의 역사에 주목한다. 한국 근현대사는 그간 통사通史에 묻혀왔다. 한 사람 한 사람의 처절한 아픔과 읊조림은 외면된 채 인공적인 직조물로 짜여왔다. 국가폭력은 그렇게 정당화됐다. 역사는 또 한 번 유린당하고 농락됐다.

　'한국전쟁 민간인 학살의 기록'은 전 5권으로 기획됐다. '호남·제주 편'은 그 시작이다. 정지된 시간 속에 살아가는 이들, 새카맣게 응어리진 슬픔과 한恨을 삼켜내는 사람들, 우리는 또 어떤 식으로 그들과 마주할지 모른다. 모두 다룰 수 없음이 비통하다. 일모도원日暮途遠. 만나야 될 상처는 많은데, 시간은 없다. 호남·제주 편을 작업하면서 이미 여러 통의 부고訃告를 받았다. 그래서 더 조바심이 난다.

　이 책은 미완의 글이다. 아직 다뤄야 할 상처가 골골이 배어 있다. 총칼 자욱 선명한 역사 속에서 잃었던 '사람', 아무도 불러주지 않았던 그 이름 하나하나를 앞으로 써내려갈 계획이다. 애달픈 꽃처럼 살다간 이 땅의 모든 한 조각 역사에게 이 이야기를 바친다.

2017년 6월 어느 날
견지동에서

달 밝은 월출산은
그렇게 목 놓아 울어댔다

좌우익 분풀이가 불러온 광분의 '집단 학살'

나주

영암

강진

내동마을

연산마을

다보마을

국사봉

영보마을

여운재

냉천마을

영암경찰서

구림마을

월출산

상대포

도갑사

주지봉

"이녁 식구들이 들어와서 대충
거기서 묻고 그랬어. 어린 애들은
지그 엄마 죽고도 묻지도 못하고
그냥 그러고 말았지.
그런 시상이었어, 그때는……."

'빨갱이 마을'로 낙인찍힌 연보리

날은 어두웠다. 금방이라도 눈발이 날릴 것만 같은 우중충한 날씨였다. 갑오년(2014년)의 끝자락, 전남 영암으로 가는 길은 칼바람 부는 매서운 날씨만큼이나 마음을 무겁게 했다. 미리 알고 찾은 것은 아니었으나, 공교롭게도 냉천마을(금정면 연보리)을 방문한 2014년 12월 31일(음력 11월 10일)은 64년 전 '피의 학살'이 있던 날이었다. 주민들은 전날 밤 한(恨) 많은 넋을 위로하며 집집마다 제사를 모셨다. 1950년 겨울, 특별할 것 없어 보이는 이곳에 대체 무슨 일이 있었던 걸까.

전라남도 영암군 금정면 연보리. 연산·다보·냉천부락이 모여 있는 첩첩산중의 전형적인 산골 마을이다. 이곳은 한국전쟁 당시 빨치산 partisan의 근거지였다. 금정면 청룡리(내산)와 장흥군 유치면을 끼고 있는 국사봉國師峰(해발 613m) 정상부에는 인민유격대 전남 제3지구인 유치지구사령부(사령관 황점택)가 주둔해 밤이면 인근 마을에 내려와 활동하곤 했다. 영암군당위원장이기도 했던 황점택은 1951년 7월 나주시 다도면에서 생포된 뒤 금정면 연보리에서 후송 도중 사망한 것으로 전해진다.

1950년 9월 15일, 인천 상륙 작전이 이뤄지면서 북으로 가는 인민군(조선인민해방군)의 퇴로는 차단됐고, 산악 지대를 근거지로 한 빨치산들은 남한 곳곳에서 군경과 대치하며 유격전을 벌였다. 금정면이 큰 피해를 본 것은 지리적 이점 때문이었다. 나주·화순·장흥·강진·보성·영암 등 6개 시·군과 인접해 있고, 곳곳이 접산(겹쳐 있는 산)으로 연결돼 있어 도망이 용이했다. 여기에 해남·강진·완도·목포·무안·영암 등지에서 활동하던 빨치산들이 여운재를 넘어 벽지인 금정에 모이면서 앞으로 닥칠 '피의 학살'을 예고했다. 이들은 국사봉에 은거한 뒤 화순과 능주를 거쳐 지리산智異山으로 숨어들었다.

당시 경찰들도 함부로 금정면(연보리)에 들어올 수 없었다. 혹여 들어오더라도 저녁 무렵이면 모두 영암으로 빠져나갔을 만큼 빨치산의 활동이 잦았다. 전쟁 초 낙동강洛東江 이남으로 후퇴한 군경이 영암을 다시 찾은 것은 한국전쟁 발발 4개월여 만인 1950년 10월이다. 그리고 금정을 수복한 것은 이듬해 4월이었다. 6개월간 치안 공백 상태가 유지된 것이다.

냉천마을에서 만난 한 주민은 "빨치산이 당시 이곳에서 정치를 하며 마을을 통제했다"고 말했다. 이어 "협조자는 살려주고 그렇지 않으면 죽였다"며 "총칼로 위협하며 식량을 달라는데, 어떻게 안 줄 수 있느냐"고 울분을 토했다. 빨치산의 동조자가 아님을 항변한 것이다. 주민들은 선택권이 없었다. 이념 따윈 안중에도 없었고, 이를 알지도 못했다. 목숨을 부지하기 위해 경찰이든 인민군이든 순순히 따를 수밖에 없었다. 그런데 낮에는 경찰이 들어와 좌익에 동조했다며 머리에 총구를 겨눴고, 밤에는 산에서 내려온 빨치산이 공포감을 심어줬다.

이 지역 빨치산 토벌을 위해서는 전남 서남권의 본거지 격인 영암을 반드시 수복해야만 한다. 육군과 해군은 물론 해병대까지 동원돼 대대적인 합동작전이 이뤄진 것도 이 때문이다. 하지만 작전 규모가 클수록 민간인들의 피해 또한 클 수밖에 없다.

영암 여운재 너머에서 바라본 냉천마을 사진 전경. 마을 입구 삼거리 논(트랙터가 있는 곳)에서 집단 학살이 벌어졌다.

1950년 12월, 영암에는 무려 1만 명이 넘는 이가 빨치산으로 분류돼 사살됐다. 1950년 12월 22일 자 ≪동아일보≫ "전남지구 민정 순찰기" 기사에 따르면 전남의 총 인명 피해는 7만 4878명이다. 이 가운데 영암(1만 2044명)과 영광(2만 1040명)이 가장 큰 피해를 봤다고 보도했다. 두 지역 피해자 수가 전남 전체의 절반 가까이에 해당한다. 또 1952년 공보처 통계국에서 발간한 『6·25 사변 피살자 명부』에는 영암 지역 피해자 7175명의 명단이 기록돼 있다. 이는 전남 지역 총 피해자 4만 3511명의 16.5%를 차지하는 비율이다. 당시 기록상에도 영광은 2만 1225명으로 피해자가 가장 많고, 이어 영암(7175

꽃 같던 청춘, 회문산 능선 따라 흩뿌려지다

명), 장성(4306명), 나주(3596명), 보성(2193명) 순으로 기록돼 있다. 전국 피해자 5만 9964명 가운데 전남이 차지하는 비율은 무려 72.6%나 된다. 영암 지역 한 주민은 "그때는 사람 죽이는 게 일이었다"고 했다. 또 다른 주민은 "토벌대가 사람만 보이면 총질을 해댔다"고 회고했다.

9·28 수복 후 호남지구 토벌 작전의 주력부대는 국군 제11사단(사단장 최덕신 준장)이었다. 『공비토벌사共匪討伐史』 등에 따르면 1950년 10월 30일부터 제20연대(연대장 박기병 대령) 3대대(대대장 김필상 소령)가 주축이 돼 영암에서 공비소탕 작전을 폈다. 또 『한국전쟁사』에는 진해지구 후방 요원으로 구성된 '백부대'(부대장 백남표 소령)가 목포에 파견돼 영암 월출산月出山(해발 810m)과 국사봉 등지에서 20연대 3대대와 합동작전을 벌인 것으로 기록돼 있다.

냉천마을 민간인 학살의 피해를 키운 것은 목포 주둔 해병대와 목포 우익 청년단 '유달부대'(부대장 박준옥)가 경찰 지원으로 빨치산 토벌 작전에 나선 이후부터다. 『한국전쟁사』에 따르면 해병 제2대대(대대장 김종기 소령)는 1950년 10월 목포 산정초등학교에 대대본부를 설치, 백부대로부터 작전 임무를 이관받은 뒤 2대대 소속 5중대(중대장 심포학 중위)와 6중대(중대장 박성철 중위)가 중심이 돼 영암 월출산과 국사봉 등지에서 토벌 작전을 수행했다. 김종기 소령이 이끈 해병 제2대대(6중대)는 1950년 9월 26일과 27일 서울시청과 중앙청에 태극기를 꽂은 부대로 잘 알려져 있다. 다만, 냉천마을 토벌 작전이 이뤄진 12월 18일은 2대대가 함경남도 원산으로 떠난 후라는 점에서 2대대와 임무 교대한 또 다른 해병대가 학살을 주도했을 것으로 추정된다. 진실·화해를 위한 과거사 정리위원회(진실화해위) 보고서 등을 통해 냉천마을 토벌대가 해병대라는 사실은 확인됐으나, 관련 부대에 대한 기록은 여전히 명확치 않은 상태다.

'인민공화국 만세' 강요 뒤 총살

피울음의 역사는 박격포 소리와 함께 시작됐다. 1950년 12월 18일 (음력 11월 10일) 오전. 금정면의 경계 영암 여운재를 넘어온 해병대가 눈앞에 내려다보이는 냉천마을에 박격포 두 방을 떨어뜨렸다. 동네는 순간 아수라장이 됐고, 곳곳에서 비명소리가 터져 나왔다. 박격포 소리를 시작으로 들이닥친 토벌대는 사람들을 향해 마구잡이로 총구를 겨눴고, 마을을 공포의 도가니로 몰아넣었다.

이에 앞서 12월 16일 토벌대 척후병 세 명이 여운재를 넘어오다 빨치산 보초병에 의해 저격당한 사건이 발생한다. 해병대 병사두 명과 이들을 안내한 조경성 씨(당시 38세, 금정면사무소 근무)가 그자리에서 숨지자 뒤따르던 부대원들은 광분했고 마을 주민 모두를 빨갱이 부역자로 몰아 보이는 즉시 사살했다. 토벌대는 마을 구석구석을 다니며 가옥에 불을 지르고, 집 안에 남아 있던 주민을 동네 어귀로 끌어모았다. 신발을 신으려고 하자 "곧 뒈질 놈이 뭔 신발이냐"며 목덜미를 끌어내리기도 했다. 이어 군인들은 겁에 질린 주민을 향해 거침없이 기관총을 조준했고, '드르륵' 소리와 함께 이내 수백발의 탄피가 쏟아졌다. 공포에 휩싸인 주민들은 영문도 모른 채 그

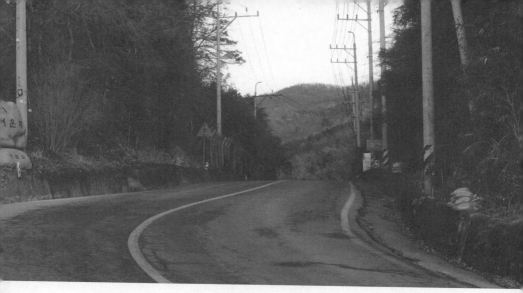

여운재를 넘어가면 곧장 연보리 냉천부락이 모습을 드러낸다. 조선 시대 여운재는 영암과 나주의 경계이자 두 지역의 소통로 역할을 했다.

자리에서 쓰러졌다. 증언에 따르면 군인들은 마을 어귀에 모인 사람들을 향해 "니들이 빨갱이를 키워 우리 동료가 죽었다"며 "'인민공화국 만세'를 외치게 한 뒤 모두 학살했다"고 전해진다. 당시 죽이지 않은 어린애가 구덩이에 버려진 엄마 젖을 물고 밤새 울다 죽어간 사연은 그날의 참상을 고스란히 말해주고 있다.

　마을 위쪽에 거주한 이들도 앞서 죽어간 이들의 운명과 크게 다르지 않았다. 일부 도망간 사람을 제외한 대부분의 주민들은 군인에 의해 발각되면서 산 아래 고개에 함께 올랐지만, "너희 년들은 누가 데려왔느냐"는 한 상급자의 말이 떨어졌고, 이내 총격이 가해졌다. 놀란 주민들이 허둥지둥 도망갔지만 흉탄을 피할 순 없었다. 어떤 이는 등에, 또 다른 이는 뒤통수에 총탄을 맞고 그대로 굴러떨어졌다. 이날 토벌 작전으로 마을 주민 200여 명 가운데 20~30여 명만이 가까스로 목숨을 부지했고, 전체 38호였던 가옥은 단 몇 채를 제외하고 모두 불태워 없어졌다. 그야말로 마을 하나가 삽시간에 사라진 것이다.

냉천에서 이처럼 많은 이들이 피해를 입은 것은 여운재 아래 영보마을(덕진면)과 도포리(도포면), 시종면 등지에서 피난 온 외지인들이 함께 뒤섞여 있었기 때문이다. 이런 이유로 주검의 정확한 신원 확인은 물론 피해자 집계도 이뤄지지 못했다. 상당수 주민은 지금도 "200명 이상은 족히 죽었을 것"이라고 입을 모은다.

누나 치마폭에서 기적처럼 살다

2014년 12월 31일, 냉천마을에서 현재까지 유일하게 생존해 있는 백행기 씨와 김한기 씨 두 사람을 만났다. 당시 열아홉 살이었던 백 씨는 현재 중풍으로 쓰러져 몸을 가누기 힘들었고, 여덟 살 꼬마였던 김 씨는 어느새 백발의 노인이 돼 있었다.

온전치 못한 정신이지만 백 씨는 비교적 또렷이 그날을 회고했다. 그는 군인이 진격하기 전 가까스로 동네를 빠져나와 목숨을 부지할 수 있었다. 백 씨의 어머니는 기분이 이상했던지 이른 새벽부터 백 씨를 깨웠다. 그러고는 금정면 남송리에 위치한 외갓집에 가 있으라며 백 씨 등을 떠밀었다. 열아홉 살인데다 체격도 좋아 혹여 해코지를 당할 수 있다는 판단에서다. 백 씨는 "열아홉 살이라고 해

냉천마을에 거주 중인 백행기 씨와 그의 부인 강행례 씨. 백 씨는 냉천마을 학살 당시 외 갓집으로 몸을 피해 목숨을 부지할 수 있었다.

도 그때랑 지금이라 같가니. 또 내가 힘이 좋았어, 키도 크고 등치도 있은게 그랬던 거지. 아마도 군인한테 잡혔으면 무조건 죽었을 거시 여"라고 말했다. 외삼촌은 그런 백 씨에게 "너 혼자 살라고 나왔느 냐"라며 호되게 나무랐다.

아이들은 괜찮을 것이라는 판단은 그대로 빗나갔다. 전우를 잃 은 군 토벌대는 마치 이성을 잃은 듯했다. 애, 어른, 부녀자 할 것 없 이 보이는 대로 총구를 겨눴다. 백 씨는 "뒷산을 넘어가는데 갑자기 포탄 떨어지는 소리가 들리고, 총소리와 함께 동네에서 연기가 피어 났다"고 그날의 참상을 떠올렸다.

그는 이날 어머니와 두 동생을 잃었다. 큰 동생 행심이(당시 17

세, 여)와 막내 행진이(당시 13세, 남)다. 작은님이(당시 15세, 여)와 행진이의 쌍둥이 형 행렬이는 현장에서 살아남았다. 특히 작은님이는 목에 총탄이 빗겨가면서 가까스로 목숨을 부지했다.

"우리 집은 마을 위쪽에 있었는디, 군인들이 집 밖으로 나오라 더니 바로 동생을 쏴부렀어. 그리고 총 맞은게 발로 툭 차불더라여, 근게 도랑으로 굴러가불제. 그 덕에 살았어. 죽은 줄 알고 냅둬분 게……."

백 씨는 동생 작은님이에 대해 이렇게 말했다. 동생은 현재 나주시 봉황면에 거주하고 있다.

외삼촌과 함께 사흘 만에 마을을 찾은 백 씨는 "숨이 막혀 눈물 조차 흘릴 수 없었다"고 했다. 그는 "곳곳에 시체가 널브러져 있었 다. 화마 속에 일가족 모두가 타 죽은 경우도 있었고, 아궁이에 들어 가 겨우 목숨을 부지한 어린 아이도 있었다"고 증언했다. 그는 한 귀 퉁이에서 서늘한 표정의 어머니와 두 동생을 발견했다. 그리고 이를 수습하고자 서둘러 매장하려던 그 순간, 어디선가 갑자기 총 볶는 소리가 들려왔다. 그대로 줄행랑을 놓은 그 이튿날 백 씨 혼자 마을 에 들어와 뿌리다 만 흙을 다시 덮었다.

"이녁 식구들이 들어와서 대충 거기서 묻고 그랬어. 어린 애들 은 지그 엄마 죽고도 묻지도 못하고 그냥 그러고 말았지. 그런 시상 이었어, 그때는……."

백 씨는 더 이상 말이 없었다.

또 다른 생존자 김한기 씨도 '난리 통'에 가족을 잃었다. 마을 아래쪽에 산 터라 도망갈 새도 없었다. 갑자기 들이닥친 군인에 의해 어머니와 큰누나(당시 15세), 작은누나(당시 13세)와 함께 동네 어귀로 끌려갔다. 그리고 주민들과 함께 집단 학살을 당했다. 기관총 소리와 함께 일제히 사람들이 고꾸라졌고, 큰누나는 여덟 살 난 동생을 재빨리 치마폭에 감싼 채 엎드렸다. 작은누나가 앞 열에, 그 뒤로 큰누나가 손을 맞잡은 채 방패막이가 됐다. 누나의 몸은 총탄에 갈기갈기 찢겨 피투성이가 됐지만, 김 씨는 온전했다. 그는 "누나 품속에서 살아남았다. 정말 기적 같은 일이었다"며 눈시울을 붉혔다.

냉천마을에서 만난 한 주민은 "어제가 제사였다"며 "이맘때가 되면 온 집이 명절마냥 떡을 했다"고 동네 분위기를 전했다. 현재는 시제時祭를 통해 합동제를 지내거나, 일부 집안에서만 따로 제를 모시고 있다.

그는 왜 북한 의용군이 되었나

냉천에서 사달이 벌어지던 그 시각, 냉천 아랫동네인 다보와 연산마을 주민들은 갑자기 들려온 총소리에 일제히 몸을 피해 화를 면했다. 연산마을은 평소에도 경찰의 피해를 막기 위해 산 어귀에 보초까지 세워두며 이들로부터 안전을 기했다. 연산부락에서 만난 박상인 씨(가명)는 "흰 깃발과 붉은 깃발을 들고 산에서 보초를 섰다"며 "경찰이 올 경우 붉은 기를 들어 주민들이 산으로 도망가도록 했고, 이들이 다시 영암으로 빠져나가면 흰 기를 들어 마을에서 농사짓도

록 했다"고 회고했다. 옆에 있던 한 주민은 "오죽하면 그랬겠냐"며
혀를 찼다. 이들이 받았을 군경에 의한 피해를 짐작케 한다.

박 씨는 또 자신이 빨치산 의용군으로 참여했다가 도망친 일화
를 소개하기도 했다. 그는 "당시 내 나이 열여덟 살이었다. 좌左니 우
右니 그런 것은 당연히 모르고, 배고픈 사람 잘 먹게 해준다는 말에
의용군에 참여했다"고 털어놨다.

1950년 6월 25일 새벽, 한국전쟁이 발발한 지 3일 만에 서울이
함락됐고, 남침 한 달여 만에 부산을 제외한 상당 지역이 인민군에
의해 점령당했다. 파죽지세로 몰아붙인 북한군은 거침이 없었다. 이
들은 겹겹이 쳐진 방어선을 쉽사리 무너뜨리며 무섭게 남하했다. 북
한 인민군이 금정면에 들어온 것은 1950년 8월경이다. 군경은 이미
영암을 빠져나가 후퇴한 뒤였다. 냉천마을에서 만난 한 주민은 "8월
경에 처음 북한군을 봤다"고 했다. 이를 방증하듯 7월 중·하순 영암
경찰서는 이 지역 보도연맹원 수백 명을 사살한 뒤 퇴각한 것으로
알려졌다.

박 씨의 증언에 따르면 그해 가을 금정면을 통제한 빨치산은 의
용군에 참여할 지원자를 각 마을에서 차출했다. 이렇게 모아진 의용
군은 전남 서부권의 중심에 위치한 전남 함평으로 이동해 모두 집결
한 뒤 다시 화순으로 옮겨갔다.

화순 남단의 화학산華鶴山(해발 614m)은 영암, 장흥, 보성 등 전남
동남부 지역과 맞닿아 있고, 북단의 백아산白鵝山(해발 810m)은 지리
산과 무등산無等山을 연결하는 주요 요충지다. 특히, 백아산은 한국전
쟁 당시 조선노동당 전남도당 본부와 인민유격대 전남총사령부가

주둔했을 만큼 반군의 세가 강했다. 박 씨는 당시 화학산에서 빨치산으로 활동했다.

"의용군을 모집한다기에 자원해서 참여했다. 그게 뭔지도 모르고 그렇게 하면 적어도 살 수는 있을 것 같아 그리했다."

긴장한 박 씨가 담배 한 모금을 깊게 들이키더니 큰 소리로 내뱉었다. 그의 떨림이 거친 입술을 타고 고스란히 전달됐다.

북한군의 일방적인 승리를 예감하며 살기 위한 수단으로 의용군이 됐지만, 화순으로 이동하는 내내 그의 머릿속은 복잡해졌다. 곳곳에서 벌어진 게릴라전을 목격하며 죽음의 공포에 내몰렸고, 날선 칼날 위를 걷는 듯 하루하루 두려움에 떨었다. 황금빛 물줄기가 넘실대던 늦가을, 이들의 손은 적군의 핏줄기로 붉게 물들었고 이런 상황에 맞닥뜨린 박 씨는 죄악에 몸부림쳤다.

"'이건 아니다' 싶은 생각이 들더라고……."

긴장한 표정은 이내 흥분으로 바뀌었다. 그는 "화순까지 넘어갔지만 먹을 것도 제대로 안 주고, 사람 죽이는 것을 보면서 정말 이건 아니다 싶었다"고 목소리를 높였다. 이어 "통일도 못 할 것 같고, 고향 떠나 지내는 것도 겁이 났다"며 "그런 생각에 다보마을에서 차출된 동무와 함께 그곳에서 도망쳐 나왔다"고 말했다.

화순을 빠져나온 박 씨는 군경과 빨치산 부대를 모두 피해 힘겹게 이동했다. 그리고 갔던 길을 되돌아 내산으로 왔고, 외갓집이 있던 나주로 곧장 향했다. 군경에 의한 보복 학살이 두려웠던 것이다. 그리고 얼마만큼의 시간이 지난 뒤 고향인 연산부락으로 돌아왔다. 박 씨로부터 '화학산 빨치산' 생활에 대한 상세한 이야기를 듣고자 했지만, "그만하세, 그때 생각만 하면 지금도 괴롭단 말이시"라며 더이상 언급을 피했다. 그만큼 당시 기억이 그에게 상처가 됐던 까닭이다. 어린 나이에 마주한 충격적인 공포의 잔상은 60년 넘는 세월에도 여전히 그를 괴롭히고 있었다.

"3일 후 처리키로 했네, 언능 피하소"

연보리는 군경에 의한 피해가 컸지만, 빨치산에 의한 피해도 곳곳에서 발생했다. 특히, 군이나 경찰 가족이 가장 큰 피해를 봤고, 지식인이나 부호富戶들도 대부분 총살당했다. 냉천에 거주하던 김윤채 씨 집안은 작은아버지가 형사라는 이유로 윤채 씨와 그의 여동생 종숙 씨를 제외한 일가족이 몰살됐고, 앞서 소개한 토벌대 척후병 조경성 씨는 동생이 영광경찰서에 근무한 탓에 고초를 겪어야만 했다.

조 씨의 두 동생은 사람들 눈을 피해 인근 너멍굴에서 숨어 지냈다. 이후 첫째 동생이 거처를 옮기고자 영부재(냉천마을과 연산부락 사이에 있던 고개)를 넘은 것이 그만 좌익에 발각돼 솥에 찍혀 죽었다. 조 씨 집안 며느리 나춘자 씨는 "자꾸만 지침(기침)을 하니깐 너하고 있다간 나도 죽겠다고 해서 동굴을 빠져나간 게 그리 됐다"고 설명했다. 그러면서 "시신을 찾았을 땐 한쪽 팔이 거의 없었다"고 말했다.

냉천에 살던 조경성 씨도 야간에는 빨치산을 피해 도망 다녔다. 집에는 부인 나야현 씨(당시 38세)와 그의 자녀 종희(당시 13세, 남)·성자(당시 11세, 여)·재희(당시 9세, 남)·영희(당시 6세, 여)가 있었다. 그리고 막내가 복중에 있는 상태였다. 빨치산은 "남편 어디 갔냐"며 늘 가족을 추궁했다. 군경에 떨던 주민들만큼이나 그의 가족도 보복 학살의 두려움 속에서 하루하루를 보내야만 했다. 10월의 어느 날 산에서 내려온 빨치산이 나 씨 목에 총을 겨누며 남편 행방을 캐물었다. 9·28 수복 후 전세가 불리해진 탓에 평소보다 험하게 다그쳤다. 공포감에 하혈까지 한 그는 결국 뱃속 아이를 잃었다.

그로부터 얼마 뒤 지방 좌익의 압박이 하루가 다르게 조여오던 그때, 마을 반장 김양수 씨(당시 35세)가 조 씨 집을 찾았다.

"3일 후에 자네 가족을 처리하기로 했다하대, 언능 피하소. 가족들 데리고 빨리 영암으로 가란 말이시."

김 씨가 조 씨에게 서둘러 인민재판 사실을 알렸다. 그리고 때마침 정찰차 마을로 들어온 토벌대에 의해 영암으로 모두 피신했다. 가을걷이를 마친 10월의 끝자락, 그들은 그렇게 마을을 빠져나갔다. 조 씨의 딸 조송자 씨는 "한 동네 사람이고, 잘 안게 그렇개 얘기해준 것"이라며 "지금도 너무나 고맙게 생각한다"고 말했다. 그런 고마움 때문에 조 씨는 군경 토벌 작전이 있을 것이라는 소문을 듣고 영암에서 길 안내를 자처했다. 죄 없는 이들을 살리기 위해서다. 현재 냉천마을에 터를 이루며 살고 있는 그의 며느리 나춘자 씨는 "시아버지가 그날 안 돌아가셨으면, 마을 사람들도 그렇게 허망하게 죽진 않았을 것"이라고 애석해했다.

감시 대상 1호, 몰살 위기에서 살아남다

연산부락 정복용 씨(당시 32세, 현재 작고) 집안은 빨치산에 의해 몰살당할 위기에 처했지만 특별한 인연으로 무사할 수 있었다. 일제강점기 광주공립고등보통학교를 다녔을 만큼 지역 내 엘리트였던 정 씨는 제2차 세계대전 당시 강제징용으로 남양군도南洋群島, South Sea Island에 끌려갔다. 이후 미군 포로가 된 그는 샌프란시스코와 하와이 등지를 옮겨 다니며 수용소 생활을 했다. 영어를 배운 것도 이 시기다. 정 씨는 생전 '영어사전 한 권을 씹어 먹었다'고 했다. 그렇게 2년 여 시간이 흘러 해방과 함께 조국으로 돌아왔고, 미군정청이 들어서면서 통역관으로 근무했다. 그리고 목포 주둔 미군 제16사단에서 통역관으로 있을 때 한국전쟁이 발발했다. 정 씨의 아버지 정진석 씨는 그를 서둘러 고향으로 데려왔다. 자칫 전쟁에 휘말려 목숨을 잃을 수 있다는 판단에서다. 민간인이 위험에 더 노출돼 있다는 생각은 차마 하지 못했다. 그렇게 정 씨는 인민공화국 치하가 되면서 '감시 대상 1호'가 됐다.

전황이 악화되자 지방 좌익들은 인민재판을 하겠다며 그의 가족 모두를 포승줄에 묶어 총살장으로 끌고 갔다. 그런데 이를 본 한 유격대장이 정 씨 가족 모두를 빼주면서 구사일생으로 살아남았다. 사연은 이러했다. 영암 부호로 손꼽혔던 정 씨 집안의 머슴을 지낸 한 청년이 어머니가 위독하다는 전갈을 받고 고향인 해남군으로 돌아가게 됐다. 물론 추수 후 받기로 되어 있던 세경은 포기해야만 했다. 하지만 정진석 씨는 워낙 성실했던 그에게 세경을 넉넉히 챙겨

냉천마을을 지나 도로를 따라 곧장 내려오면 금정면 연보리 1구인 연산마을과 만난다. 연산마을 건너편에 다보마을이 희미하게 들어온다. 사진 우측 하단에 있는 기와지붕 가옥이 정복용 씨가 생전 거주하던 집이다. 현재는 그의 후손이 살고 있다.

주며 꼭 다시 오라고 당부했다. 이후 무슨 일이 있었는지 그는 해남군 인민유격대장이 됐고, 빨치산의 후퇴로 영암을 지나 금정까지 오면서 총살장으로 향하던 정 씨 일가와 마주한 것이다. 그리고 지역유격대장을 설득해 재판 순서를 기다리던 가족 모두를 빼주었다. 그야말로 천우신조였다.

정복용 씨 이야기는 여기서 끝나지 않는다. 그는 빨치산에 이어 경찰들에게도 목숨을 잃을 뻔했다. 냉천 토벌 작전이 있기 전 연산부락을 찾은 경찰은 마을 청년 열댓 명을 잡아다 감금시켰다. 물론, 명분은 '빨갱이 색출'이었다. 불안한 정 씨는 잠을 청할 수 없었고, 경계가 느슨해진 새벽녘 배가 아프다는 핑계로 화장실에 다녀오겠다고 한 뒤 그대로 줄행랑을 놓았다. 다음 날 아침, 집에 감금된 청년들은 영부재에 끌려가 모두 사살됐다. 정 씨만이 다보마을 인근 논에 쌓아둔 볏단 속에 몸을 숨긴 채 살아남았다. 연산부락에서 만난 한 주민은 "낮에 경찰이 들어와 마을 사람들을 다짜고짜 끌고 갔다. 젊은 사람들이 가장 먼저 피해를 봤다"고 말했다. 그러면서 "그때 잡혀간 사람 중 안적양반(정 씨의 별칭)만 살고 모두 죽었다"고 당시 기억을 회고했다.

그 트럭에 두 아들이 타고 있었다

한국전쟁 발발 전인 1949년 6월, 이승만 정권은 좌익 세력에 대한 통제와 회유 목적으로 국민보도연맹을 조직한다. 그해 말까지 이 조직에 가입된 수는 무려 30만 명에 달했다. 초기 보도연맹 가입자는 순수하게 좌익에서 전향한 인사들이 대부분이었다. 하지만 조직 확대 과정에서 정부는 의무 가입 대상을 광범위하게 규정했고, 말단 행정기관에까지 가입 인원을 할당하면서 본인 의사와 무관한 이들이 강제 가입된 경우가 허다했다. 또한 이름 석 자만 쓰면 밀가루와 고무신 등을 준다는 말에 그냥 서명한 이도 적지 않았다. 영화 〈태극기 휘날리며〉에서 진태(장동건 분)의 약혼녀로 등장한 영신(故김은주 분)이 식량을 배급받기 위해 보도연맹에 가입하는 장면은 당시 상황을 잘 말해준다. 그런데 이것이 훗날 '살생부 명단'이 되어 돌아온다. 바로 보도연맹 사건이다.

전쟁 발발 뒤 정부의 태도는 돌변했다. 좌익 전향자들이 혹여 인민군에 동조할 것을 우려해 후퇴 과정에서 이들에 대한 무차별 검속 및 즉결 처분을 단행한 것이다. 영암군도 예외일 수 없었다. 전쟁이 터지자 영암경찰서는 이 지역 보도연맹원을 영암읍 마을회관에 감금시켰다. 이후 7월 15일과 22일 두 차례에 걸쳐 집단 사살했다. 1차는 열 대 트럭에 실어 금정면 덤재 골짜기에서, 2차는 냉천마을 인근 야산(신방골)에서 희생됐다. 그렇게 죽어간 이가 200~300여 명으로 추산된다.

나춘자 씨 일가도 보도연맹 사건으로 피해를 봤다. 그의 외이종 할아버지는 영암에 일 보고 금정면 토동마을(아천리) 자신의 집으로 가던 중 영보(덕진면) 앞에서 트럭 세 대가 지나가는 것을 목격한다. 안을 보지 못하도록 거적 같은 포장을 씌운 차량은 흙먼지를 일으키며 빠르게 금정면으로 향했다. 그는 '금정에 무슨 군량미를 저렇게

국민보도연맹원 맹원증. ⓒ 국가기록원

꽃 같던 청춘, 회문산 능선 따라 흩뿌려지다

많이 싣고 갈까'라며 막연히 생각했다. 그런데 며칠 뒤 그 차량이 보
도연맹원을 태운 트럭인 것을 알게 된다. 거기에는 자신의 두 아들
도 타고 있었다.

냉천 신방골에서 보도연맹원을 총살시켰다는 얘기를 듣고 현장
을 찾았을 때는 이미 부패가 시작한 뒤였다. 그리고 시체 수십 구를
뒤척인 끝에 두 아들을 찾았다. 나 씨는 "외이종할머니가 아제 속옷
에 검은 베를 줘나서 시신을 구별할 수 있었다"고 했다. 당시 상황을
잘 아는 한 주민은 "경찰이 후퇴하면서 수백 명의 보도연맹원을 죽
이고 갔다"고 말했다. 이어 "냉천마을 앞 여운재 넘어 골짜기에서만
수많은 이들이 죽어나갔다"고 증언했다.

그는 "사람을 가득 태운 수십 대의 트럭이 여운재를 넘어왔다가
영암으로 갈 때는 빈 트럭으로 갔다"며 "총소리가 끊임없이 들렸다"
고 말했다. 그러면서 "그때가 한여름이었는데, 시체 썩는 냄새가 진
동했다. 총살한 사람을 그냥 버리고 간 모습이 얼마나 참혹했는지
모른다"고 치를 떨었다.

"음식 해 나르느라 겁나게 애 먹었어"

냉천마을에서 여운재를 넘어 곧장 영보마을로 향했다. 군경 토벌대
의 동선을 쫓기 위해서다. 여운재에 오르니 황금빛 들녘이 한눈에
펼쳐졌다. 빨치산이 이곳에 매복한 이유가 분명했다. 드넓은 평야
가 그림처럼 내려다보이고, '남도의 금강산金剛山' 월출산은 영암을

품어 안은 채 부챗살처럼 넓게 퍼졌다. 월출산 스무 골, 댓개비(대오리) 마디마디에서 몰아친 살바람에 응수라도 하듯 여운재에서 불어온 맞바람은 꽤나 매서웠다.

영보는 영암의 대표적인 반촌班村 마을이다. 1932년 6월 조선독립 쟁취를 위한 '영암영보농민독립만세시위사건'의 발상지일 만큼 정치·사회적으로도 영향력이 크다. 전주 최씨와 거창 신씨 집성촌인 영보는 모두 12개(내동·서당동·관곡·참새굴·노로동·솔안·홍암·장동리·운곡·송석정·선암·세류정) 부락으로 이뤄져 있으며, 또 다른 반촌 구림마을(군서면)과 함께 아직까지 마을 동계가 운영되고 있다. 그만큼 동성촌의 결속력이 대단하다.

1950년 수복 초기 영보는 군경과 빨치산의 경계였다. 낮에 영보까지 들어온 경찰이 밤이면 영암읍으로 후퇴했고, 금정에 주둔한 빨치산이 밤이면 영보까지 내려왔다. 금정으로 들어가는 길목에 있었던 만큼 좌우익 양쪽으로부터 적잖은 피해를 봤다.

가옥이 모두 불탄 상태에서 주민들은 인근에 뗏막을 짓고 생활했다. 땅을 깊게 파고, 야트막하게 움막을 지어 한겨울 칼바람을 막았다. 이마저도 3개 부락 주민들이 한 움막에서 생활할 만큼 안은 비좁았다. 그나마 서로의 온기가 겨울을 나는 버팀목이 됐다.

금정면을 수복하기에 앞서 토벌대는 영보마을 형제봉兄弟峰에 주둔했던 것으로 전해진다. 그리 높진 않지만 정면으로 월출산과 마주하고, 뒤로는 금정면(연보리)과 경계한다. 그만큼 지리적 요충지인 셈이다.

주민들은 목포 해병대가 이곳에 진지를 구축했다고 말했다. 하

여운재에서 바라본 영암읍. 좌측 끝에 있는 산이 월출산이다.

지만 1961년에 펴낸 『영암군지』에 따르면 당시 영보마을 형제봉에는 '유달부대'가 주둔했던 것으로 확인된다. 유달부대장 박준옥도 진실화해위 참고인 조사에서 "1950년 12월경 목포 청년 43명과 영암에 들어왔고, 영보 고지를 담당했다"고 진술했다. 유달부대는 우익 청년단임에도 영암경찰서 소속으로 편재돼 토벌대에서 그 존재를 인정받았다. 그만큼 전횡도 적지 않았다.

영보 주민들은 "형제봉에 음식 대느라 애를 먹었다. 군인들이 고약했다"고 털어놨다. 내동부락 정도섭 씨는 "반찬을 해갖고 가면 도로 엎어불고, 닭고기나 돼지고기 같은 그런 귀한 것만 해오라고 해서 고생이 많았다"고 했다. 그러면서 "불난 집 찾아서 금정면까지 돌아댕겼다. 불 맞은 소나 돼지를 가져다 먹고 그랬다"고 말했다. 같은

영암 영보마을 입구 영보정에서 바라본 형제봉.

부락 이재천 씨도 "밥해 날라라, 뭐 해 날라라 해서 사람 꽤나 귀찮게 했다"며 "밤에는 형제봉에 올라 보초까지 섰다"고 거들었다. 주민들은 살기 위해 ─ 좌익의 편이 아님을 보여주기 위해서라도 ─ 마을 어귀에 들어선 토벌대에 환대식을 해주곤 했다. 그리고 이 과정에서 자연스레 음식과 술대접이 요구됐다. 일부 지역에서는 환대식이 없다며 주민을 사살한 경우도 있었다.

전쟁, 힘없는 민초들만 피해 보다

익명을 요구한 김 모 씨(영보마을 거주)는 1950년 초겨울의 상황을 묻자 눈시울 먼저 붉혔다. 그의 누나(당시 19세)는 군경을 피해 금정면 다보마을(연보리)에 들어갔다가 언제부턴가 빨치산과 함께 이동했다. 1950년 늦가을 지령을 받은 누나는 강진군 성전면 월남리로 향했다. 그곳에 주둔해 있던 빨치산 부대를 다보까지 안내하는 것이 누나의 역할이었다. 이들은 토벌대에 맞서 합동작전을 계획 중이었다. 도착 예정 시각은 동 트기 전. 하지만 영암읍과 강진읍은 이미 수복이 된 상태여서 길목마다 군경이 지키고 서 있었다. 큰길을 피해 산길로 이동했고, 월출산 중턱을 넘어 강진으로 걸음을 재촉했다. 초저녁에 출발했지만 이미 시간은 자정을 넘어섰다. 월출산 천황봉天皇峯에 걸려 있던 보름달은 구정봉九井峯을 넘어 어느새 서해를 비추었다. 월남마을에 도착할 무렵 자연의 질서가 쳇바퀴 돌듯 천황봉 언저리에 또다시 동이 트기 시작했다. 별수 없이 부대 합류는 지연될 수밖에 없었다. 그리고 해질 즈음 왔던 길을 따라 금정면으로 되돌아왔다. 허나 누나는 심부름을 제대로 못 했다는 이유로 다보마을 앞 논두렁에서 죽임을 당했다.

김 씨는 "강진 지역 빨치산 부대를 언능 못 데리고 왔다고 해서 다보네 밭둑에다 놓고 패 죽였다"고 했다. 그러면서 "실탄 하나도 아끼는 사람들이라 대창이나 몽둥이로 때려 죽였다"고 말했다. 그는 이후 누나 시신을 찾아 인근 산마루에 안장시켰다.

김 씨는 "전쟁이란 결국 민초들이 피해 보는 것"이라며 "우리 같은 힘없는 사람들이 민초"라고 말했다. 이어 "인류가 시작될 때부터 자기들끼리 싸우고 전쟁하는 것을 보면 사람 사는 게 참 우습다"고 허탈해했다. "그런 덧없는 시상(세상)을 우리가 살고 있다"며 한숨을 내쉬기도 했다. 산수傘壽(80세)를 지나 미수米壽(88세)를 바라보는 그는 '인생의 허망함'을 그렇게 표현했다.

보복 학살의 제물이 된 구림

**공포에 휩싸여 닭은 울음을 멈췄고, 개는 짖는 것을 잊어버린 채 만물
이 숨을 죽였으며, 청천벽력 같은 원통하고 억울한 죽음에 당산바위
는 떨고, 당산나무는 소리 내 울지도 못한 채 슬픔을 삼키었다.**

구림 사람들이 직접 쓴 마을 공동체 이야기『호남명촌 구림』은
한국전쟁 당시 구림이 겪은 민간인 학살의 참상을 이렇게 기록했다.
구림은 동구림리·서구림리·도갑리로 구분되며, 모두 12개 부락으로
이뤄져 있다. 400년 넘게 이어온 대동계를 중심으로 해주 최씨, 낭주
최씨, 함양 박씨, 창녕 조씨 등 4개 성씨가 마을의 주축을 이룬다.

마을 뒤편 도갑사道岬寺에서 흘러내린 물줄기는 구림천이 되어
12개 마을을 살피며 크게 휘돈다. 그렇게 흘러내린 옥류玉溜는 상대
포上台浦에 갇힌 뒤 영산강榮山江 지류가 되어 서해로 몸을 푼다. 백제
왕인박사王仁博士가 일본에 문물을 전파하기 위해 배를 탄 곳도 이곳
상대포다. 구림은 영암 지역 항일운동의 구심점이었다. 그리고 이는
자연스레 사회주의 운동으로 이어졌다. 해방 후 건국준비위원회와
인민위원회가 들어선 것도 같은 일환이었다. 때문에 우익 색이 짙은
영암읍과는 대립 관계를 유지했다. 이것이 훗날 피의 학살을 불러온
배경이 되기도 했다.

도갑사 오른편 도갑재는 강진군 성전면 월하·월남마을과 연결
돼 있고, 월출산 주지봉朱芝峰 너머엔 서해를 품고 있는 목포와 곧장
통한다. 전남 서남권 빨치산들은 구림을 거쳐 영암 월출산에 들어왔

고, 그렇게 금정면과 장흥 유치면으로 흘러들었다. 이 지역 빨치산을 효과적으로 제어하기 위해선 구림마을 수복이 반드시 선결돼야만 했다.

월출산 주지봉을 병풍삼은 구림은 좌우 용마루에 안긴 채 자그마치 2200년의 역사를 품어왔다. 그러나 대표적인 양반촌이었던 만큼 반상 간의 갈등 또한 존재했다. 여기에 서호면과 학산면 사람들은 '물아래(영산강 아래) 사람'으로 취급돼 구림으로부터 홀대받았다. 이러한 시공간적 특성이 더해지면서 구림은 한국전쟁 당시 점령 세력이 바뀔 때마다 좌-우익 간 보복 학살이 이뤄졌다. 1950년 7월 국민보도연맹 사건이 그랬고, 8월 이후 인공기人共旗가 들어서면서 자행된 우익 인사에 대한 숙청이 그랬다. 그리고 10월 수복 과정에서 또다시 보복 학살의 광풍이 불어왔다. 서남지구 토벌 작전, 이른바 '구림마을 첫 포위 작전'이 그것이다. 금정면 냉천마을 토벌이 있기 정확히 두 달 전 구림은 그렇게 살육됐다.

구림마을 첫 포위 작전

작전은 이른 새벽 시작됐다. 영암경찰서장 류기병의 지휘를 받은 보안주임 김준병(경위)이 경찰 기동대 100여 명을 이끌고 구림에 도착했다. 1950년 10월 17일 새벽 5시. 산허리를 갈라놓은 지방도 819호선(왕인로)을 경계로 산간 아래에 나란히 선 경찰은 마을 뒤서부터 치기 시작했다. 후방 도주를 막기 위해서다.

영암 구림마을 뒤를 감싸고 있는 월출산의 모습. 노적봉(좌)과 주지봉(우) 사이 골짜기에 도갑사가 위치해 있다.

영암 경찰 기동대는 세 갈래로 나뉘어 12개 마을을 포위했다. 1개 소대는 영암 방면 강담안 사거리에서, 또 다른 소대는 마을 중간 시근정사거리에서, 마지막 1개 소대는 목포 방면 지와목에서 각각 마을을 훑고 상대포 방향으로 수색을 폈다. 이른 새벽 밭일을 나가던 주민들이 간간이 눈에 띄었다.

"남송정(서구림) 아랫사우 앞에 있는디, 경찰이 조르라니 섰드라고. 근디 갑자기 어디서 개떼(경찰) 왔다고 막 소리치는 소리가 들려, 그래서 봤더니 사람들이 들판에서 도망치는 모습이 보이대. 글더니 거기다 대고 경찰이 총을 쏘고 난리가 아니더라고. 어머니가 언능 피해야 쓰것다 해서 학산면으로 내뺐제. 난중에 와서 본게 들판에 사람들이 희커니 죽어 있더라고, 아따 그 꼴 못 보것씁디다."

서구림리 남송정 지장계등에서 태어나 연보리 냉천부락으로 시집간 나춘자 씨는 일곱 살 어린 기억이 지금도 생생하다. 그는 "토벌이 있기 전 유격대(빨치산)들이 개새끼(경찰을 지칭하는 비속어) 온다며

꽃 같던 청춘, 회문산 능선 따라 흩뿌려지다

산으로 내빼자고 했다"며 "그런데도 안 가려는 사람들은 좌익을 피해 울타리나 논둑 밑에 숨고들 그랬다"고 말했다. 결국 동네에 남아 있던 이들이 이날 토벌의 제물이 됐다.

나 씨가 들었다던 '개떼' 소리는 구림마을 이영월 씨가 야경夜警 중 경찰의 총격을 받고 도망가면서 외친 소리다. 그 덕에 야경을 위해 모였던 주민들이 서둘러 몸을 피할 수 있었다. 당시 주민들은 돌아가며 번(보초)을 섰다. 마을 치안을 위해, 또는 지방 좌익에 의해 어쩔 수 없이 죽창을 들었다. 그리고 수복 후 또다시 경찰 지시로 죽창을 든 채 야번을 섰다. 이리 쓸리고, 저리 쓸리는 것이 '장삼이사張三李四' 평범한 이들의 운명이다.

아랫사우 앞 들판에선 총 맞은 사람들이 그대로 바닥에 고꾸라졌다. 총상을 입고 툭 엎어진 어떤 이는 땅바닥을 벅벅 기었다. 그러자 옆에 있던 다른 이가 담장 밑에 열린 늙은 호박 하나를 따오더니 속을 꺼내 서둘러 상처에 동여맸다. 염증이나 지혈, 통증, 쇠붙이로 인한 상처에는 호박만한 게 없었다. 변변한 약이 없던 시절 호박은 그렇게도 쓰였다. 나 씨는 호박으로 총상을 싸매던 모습까지 목격한 뒤 어머니 손에 이끌려 아랫사우를 빠져나왔다. 아버지와 오빠는 험한 꼴을 피하고자 나락을 베어 놓은 베눌(낟알이 붙은 곡식을 그대로 쌓아둔 더미, '낟가리'의 전라도 방언) 아래 굴을 파고 생활했다. 낮에는 농사를 짓고, 밤에는 베눌 밑 땅굴에서 잠을 청했다. 다행히 두 사람은 첫 포위 작전이 있기 전 미암면으로 몸을 피해 험한 꼴을 면했다.

최기욱 씨(현 영암향교 전교)도 그날 현장에 있었다. 옆집에 세수하러 가는데 갑자기 총소리가 어지럽게 들려왔다. 경찰기동대가 마을을 헤집는 동안 어머니와 함께 서숙('조'의 전라도 방언)밭에 엎드린 채 숨어 있었다. 그저 빨리 끝나기만을 기다렸다. 총소리가 잠잠하더니 주변에서 수런거린 소리가 들려왔다. 토벌대였다. 일촉즉발의 상황, 어머니는 '조용히 하라'며 입을 틀어막았다. 일각의 시간이 어제 일처럼 두근거린다. 그는 당시 일곱 살이었다.

경찰에 끌려가는 딸을 담 너머로 지켜보던 어머니가 관자놀이에 총을 맞은 채 사망했고, 동구림리 알뫼들에선 경찰이 처녀 두 명을 개천으로 끌고 가 옷을 벗으라고 한 뒤 주저하던 한 명을 그대로 총살시켰다. 야경을 섰던 주민에게는 총을 겨눈 채 서로 칼싸움을 시켰고, 결국 두 사람 모두 칼에 찔려 죽었다. 대나무 밭이나 마루 밑, 심지어 합수통(시골 화장실) 인분저장소에 목만 내놓고 피한 이들만이 지옥 같은 그곳에서 살아남았다. 높은 기개와 고고한 품격을 지닌 2200년 역사의 반촌마을은 그렇게 폐허가 됐다.

이날 토벌 작전으로 주민 96명이 목숨을 잃은 것으로 전해진다. 다만, 『구림연구』는 이후 희생자를 78명이라고 기록했다. 외지로 이사하거나 연고자가 사망해 명단을 정확히 확인할 길은 없다. 2007년 진실화해위는 제적등본 등을 통해 확인 가능한 희생자 수가 44명이라고 특정 지었으며, 실제 희생자는 이를 상회할 것이라고 발표했다.

우익 인사 처형, 지와목 방화 사건

1950년 10월 초 영암읍이 수복됐으나 구림은 여전히 좌익 치하에 있었다. 구림마을 인근 도갑사 뒤편에는 빨치산이 토굴을 파고 생활했으며, 마을 자위대가 구성돼 군경의 진입을 막았다. 주민들이 야경을 선 것도 이런 분위기 속에서 이뤄졌다.

첫 포위 작전이 있기 전 구림에서는 좌익에 의한 우익 인사 처형이 이뤄졌다. 바로 지와목 방화 사건이다. 『호남명촌 구림』에 따르면 1950년 10월 7일(『영암군지』는 '4일'로 기록했으며, 진실화해위는 여러 정황상 '5일'로 추정함) 마을로 내려온 인민유격대들이 지와목에 위치한 주막에 기독교 신자 여섯 명과 경찰 가족 등이 포함된 우익 인사 28명을 감금한 뒤 불을 질렀다. 이튿날 시신은 뒤엉킨 채 새카맣게 굳어 있었다.

지와목 방화 사건이 발생한 지 3일 후 불타 없어진 주막에 합동묘를 만들었다. 이후 1976년 10월 한국반공연맹이 주축이 돼 이곳에 순절비를 세웠다. 허나 군경으로부터 피해를 입은 또 다른 주민들은 '반쪽짜리' 위령비를 보며 숨죽이는 세월을 보내야만 했다.

여기 공산괴뢰의 6·25 남침으로 집단 학살을 당한 고귀한 넋이 묻혀 있다. 공산 치하 3개월 동안 온갖 박해와 탄압을 끝까지 항거하다 1950년 10월 7일 우리 경찰이 영암읍을 수복하자 궁지에 몰린 공산 잔당은 애국지사, 대한청년단원, 교인 및 양민 등 28인을 군서면 구림리 신근정 민가에 가두고 불을 놓아 집단 학살하는 만행을 저질렀다.

…… 공산당의 잔인한 만행을 규탄하면서 여기 순절한 합동순절분묘의 비를 세운다.

— 지와목 사건 순절비 비문 중

지와목 사건이 발생하고 열흘 뒤 첫 포위 작전이 이뤄졌다. 구림에서 만난 한 주민은 "경찰 가족을 죽이니깐 분풀이로 마을 사람들을 다 죽인 것"이라고 말했다. 그는 "그래도 좌익한테 죽어서 순절비도 세우고 그랬지, 군경한테 죽으면 뭔 말도 못하고 그랬다"며 수십 년간 입 닫고 지낸 세월을 얘기했다.

1·4 후퇴, 그리고 또다시 학살

전쟁 초기 일전일퇴를 거듭한 남북 전선은 널뛰듯 급변했다. 낙동강 전선에서 9·28 수복, 그리고 압록강鴨綠江 전선에서 또다시 1·4 후퇴까지. 그렇게 7개월간 점령과 수복이 엎치락뒤치락 반복됐다.

1950년 10월 9일 국군과 유엔군이 서부전선에서 38선을 넘어 평양을 향해 북진을 시도했다. 이에 소련 공산당 정치국은 중공군 개입을 승인한다. 모택동과 스탈린의 이해관계가 맞아떨어진 결과였다. 총 일곱 차례 걸쳐 이뤄진 대공세에서 중공군은 130만 명이 넘는 병력을 파병했고, 소련은 대포와 탄약 등의 무기를 대거 공급했다. 국군은 방어태세를 갖출 겨를도 없이 밀려났다. 여기에는 중공군 개입을 무시한 유엔군 사령관 맥아더의 오판도 한몫했다. 12월

4일 평양 철수 작전이 시작됐고, 12월 14일부터 10일간 동부전선 5개 사단 병력 10만 5000명과 피난민 10만 여 명이 흥남부두에서 부산으로 해상 철수했다. 이 과정에서 수많은 이산가족이 발생했다.

중공군의 1·2차 공세가 이어지면서 12월 25일경 공산군은 38선 이북을 대부분 회복했다. 그리고 3차 공세(1950년 12월 31일~1951년 1월 8일)에서 서울 중앙청에 걸린 태극기가 인공기로 바뀌었다. 이른바 1·4 후퇴. 1951년 1월 4일 국군은 그렇게 서울에서 퇴각했다. 이후 평택-제천-삼척을 잇는 선까지 후퇴하면서 국군과 유엔군은 37도선까지 밀려났다.

전황이 급변하자 후방도 다급해졌다. 군경 토벌대의 작전은 더욱 살기를 띠었고, 후방 교란을 시도하던 빨치산들의 게릴라전도 한층 강경해졌다. 영광·함평 지역 불갑산佛甲山 토벌 작전이나 산청·함양·거창 민간인 학살 사건 등이 모두 이 시기에 발생했다.

선무공작宣撫工作을 통한 회유 작전도 수시로 이뤄졌다. 항공기를 통해 골마다 삐라가 뿌려졌고, 확성기를 이용한 귀순 권고 방송도 무시로 전개됐다. 자수할 경우 목숨을 부지할 수 있다는 것이 주 내용이었다. 효과는 컸다. 한겨울 추위와 배고픔에 하나둘 산을 내려오기 시작했다. 월출산 입산자들도 상당수 마을로 되돌아왔다. 동구림리 고산마을에서는 주민 전체가 자술서를 쓴 경우도 있다. 이렇게 자수한 이들은 영암경찰서에서 신원 특이자로 분류된 것으로 전해진다. 그런데 1·4 후퇴 후 또다시 이들에게 피울음의 먹구름이 드리운다.

구림마을에서 만난 최철호 씨는 1951년 1월 20일경 경찰이 자

영암 서구림에 사는 최철호 씨. 자수자들이 경찰에 의해 집단으로 사살당했을 때 그는 경찰 토벌대에 소속되어 있었다.

수자 140여 명을 영암에서 금정으로 넘어가는 방공호에 몰아넣은 뒤 모두 총살시켰다고 증언했다. 당시 토벌대에 참여한 최 씨는 "자수한 사람 불러들여서 방공호로 끌고 가 쏴 죽였다"며 "경찰이 그런 것"이라고 말했다.

　　일제강점기 일본에서 중학교를 다닌 뒤 해방과 함께 돌아온 그는 이내 군경을 피해 산으로 도망가야만 했다. 스물한 살, 1950년 당시 장성했던 그를 군경이 가만둘 리 만무했다. 다만, 일본에서 수학했기에 경찰도 크게 해코지하진 않았다. 1950년 12월 12일 그렇게 신분이 회복됐고, 경찰과 함께 토벌대에 참여했다.

　　"방공호 옆에만 가도 까막까치(까마귀와 까치)가 우글우글했어.

사체나 옷을 개들이 물고 댕긴게 바닥에 옷가지가 궁글러다니고 난리가 아녔제. (가족들이) 시신을 파가면 기동대들이 총을 쏴분게 (시체 찾으러 왔다가) 지게고 뭐고 그냥 놔불고 도망가뿠어. 내가 호위해서 동네 사람 세 명을 옷 보고 찾아줬는디, 하도 시체가 많은게 끄집어냈다가 이녁 식구 아니면 도로 내불고 그랬어."

최 씨는 방공호의 모습을 이같이 증언했다. 총살된 이들이 부역 혐의자로 분류돼 사살된 것인지, 아니면 보도연맹 사건과 마찬가지로 급변해진 전황에 따라 또다시 '예방 학살'을 실시한 것인지는 분명치 않다. 다만, 최 씨 증언대로라면 이들은 그저 "마을에서 생활한 자수자였다"는 것이다.

구림에서는 260명의 주민이 보복의 악순환으로 목숨을 잃었다. 전쟁의 상흔은 적개심으로 표출됐고, 이후 팽팽한 긴장감이 마을을 휘감았다. 집성촌인 까닭에 화해는 더디었고, 그 사이 60년 넘는 세월이 덧없이 흘러갔다.

한 많은 이 세상 좌와 우에 이유도 없이 영문도 모르고 죽임을 당한 임이시여. 가해자와 피해자 너와 나 낡은 구별은 영원히 사라지고 아름다운 사람들의 향기만 가득하리오. 결코 지울 수 없는 임들의 탑명을 용서와 화해의 위령탑이라 하였으니 이제 우리들의 뒤늦은 속죄를 물리치지 마시고 월출산 기슭에 고이 잠드소서.

— '용서와 화해의 위령탑' 비문 중

지난 2006년 구림은 분노의 적대감을 걷어냈다. 『호남명촌 구림』 발간은 '작은 화해'의 시작이었다. 그리고 그해 말 좌우익 만행으로 찢긴 상처를 보듬어 안자는 의미로 합동 위령제를 모셨다. 가해자를 지목하지 않은 채 오로지 희생자만을 위한 위령제가 올려졌고, 산 자와 죽은 자는 손을 맞잡았다. 왕인박사 유적지 맞은편(구림공업고등학교 언덕 뒤) '지와목 사건 순절비'와 '용서와 화해의 위령탑'은 그렇게 한자리에 세워졌다.

지리산 품은 구례의 한(恨), 섬진강 따라 굽이치다

좌우 대립의 정점에서 '학살의 피' 흘린 사람들

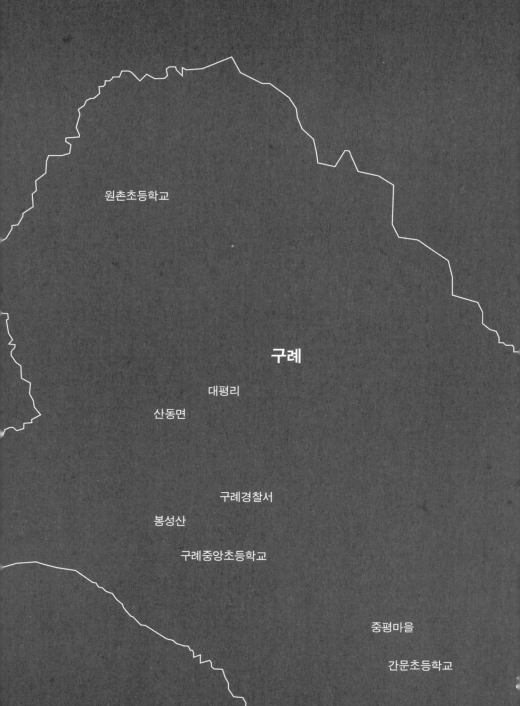

남원

원촌초등학교

구례

대평리

산동면

구례경찰서

봉성산

구례중앙초등학교

중평마을

간문초등학교

"그때만 생각하면 내가 너무
원망스럽고, 나이가 들수록
애석하고 죄스러워……."

봉성산에 메아리치는 억울한 망자의 울림

1948년 10월, 전남 여수 주둔의 국방경비대(국군의 전신) 제14연대는 제주도 4·3 사건 진압 출동을 거부하고 대한민국 단독정부를 저지한다는 명분으로 여수와 순천 시내를 장악, 차례로 구례를 점령하였다. 지창수, 김지회 등 좌익계 군인들이 중심이 돼 '조국 통일', '인민해방'을 기치로 봉기를 일으키면서 시작된 여수·순천 사건(여순 사건)은 그렇게 조용하던 전남 동부 지역을 피울음의 역사로 뒤바꿔놓았다.

미국의 진압 작전 개입과 정부의 계엄령 선포로 대대적인 소탕 작전이 단행됐고, 순천은 10월 23일, 여수는 27일 군경에 의해 완전 진압됐다. 그러나 봉기군을 포함한 남조선노동당(남로당) 등 지방 좌익 세력 일부는 인근 산악 지대인 지리산에 은거하며 빨치산으로 활동, 구례 주둔 군경과 유격전을 벌이며 대치 상태를 이어갔다. 낮에는 군경이, 밤에는 14연대 반란군이 점령하기를 수차례. 이러한 좌우 대립의 정점에서 그저 다락 한쪽 귀퉁이에 몸을 숨긴 채 솜이불 하나 끌어안고, 부르르 떨린 주먹 입에 틀어막으며 죽음의 공포에 내몰렸던 이는 군인도 경찰도 반란군도 아닌, 아무 이유도 명분도 모르는 그저 목숨 하나 부지하기 힘든 산골 마을의 순박한 촌부村夫, 村婦였다.

구례를 찾은 것은 2007년과 2015년 두 차례다. 진실화해위는 지난 2007년 여순 사건 당시 구례경찰서 임시보호실 민간인 집단 학살 사건과 관련, 구례 봉성산鳳城山 유해 발굴 개토제開土祭를 진행한 바 있다. 하지만 유족들의 기대와 달리 12구로 추정되는 유해만 발굴됐을 뿐 의문의 실타래는 여전히 풀리지 않은 채 남아 있다. 8년여의 시간이 흐른 뒤 다시 찾은 구례는 과거의 아픔을 고스란히 삼켜내고 있었다. 아직도 그날의 억울한 영혼이 뒤섞여 절규하는 듯한 봉성산 능선 자락에는 70여 년을 숨죽여 참아온 망자의 고요한 울림만이 메아리치는 듯했다.

잊을 수 없는 공포, 67년 전 봉성산에는

1948년 11월 19일 새벽, 군인과 경찰이 여순 사건 연루자로 지목돼 상무관 임시보호실에 수감된 민간인 72명을 경찰서 옆 연병장으로 끌어냈다. 지창수 일당이 제주 폭동 진압 동원을 거부하며 여수에서 반란을 일으킨 지 꼭 한 달이 되는 날이었다.

당시 구례 산동면 원촌초등학교에는 반란군 토벌을 목적으로 국군 제5여단 소속 전주 3연대 1·2대대가 주둔했고, 구례중앙초등학교를 비롯한 구례 지역 곳곳에는 국군 제2여단 소속 군산 12연대 (1·2·3대대)가 배치돼 있었다. 군 토벌대는 주둔지에서 여순 사건 연루자 색출 및 연행 등의 임무를 수행했다. 하지만 이 과정에서 협박에 못 이겨 반란군에 먹을 것을 제공하거나 이들과 핏줄로 이어진 무고한 이들이 대거 연행됐다. 구례읍을 비롯해 지리산과 백운산白雲山을 연결하는 문척면, 간전면 주민들이 피해를 입은 것도 이 때문이다. 반란군이 지리산 주둔지에서 가까운 곳을 습격, 이곳에서 식량을 확보하면서 애먼 주민들만 반란군으로 오해받는 어처구니없는

구례읍에서 바라본 봉성산.

일을 당한 것이다. 더욱이 간전면 중평부락(수평리) 이돈천 씨는 경찰에 끌려가는 동네 친구를 향해 "어이, 어디간가"라고 한마디 했다가 함께 연행돼 변을 당하기도 했다. 군경이 어떤 규칙이나 규율 없이 죄 없는 민간인을 닥치는 대로 연행해 학살했음을 방증하는 대목이다.

　총살 집행 하루 전인 11월 18일 저녁, 공교롭게도 반란군은 12연대 주둔지인 구례중앙초등학교와 구례경찰서를 급습하기 시작했다. 전날 이뤄진 공격은 19일 새벽까지 이어졌다. 군경은 이러한 반란군의 습격을 연행된 주민들을 구출하기 위한 공격으로 판단, 교전이 있은 뒤 곧바로 상무관 임시보호실 수감자들에 대한 총살형을 집행했다. 주민들은 '설마' 하는 마음으로 순순히 군경의 지시를 따랐지만, 연병장에서 기다리고 있던 것은 서슬 퍼런 총검이었다. 군과 경찰은 그들을 향해 서슴없이 총구를 겨누고 방아쇠를 당겼다. 총구에선 노란 불꽃이 일었고, 외마디 비명과 함께 검붉은 핏줄기는 굵은 모래알이 되어 바닥에 흩어졌다.

군경은 이튿날 총살당한 사체를 국군 토벌대가 매복해 있던 봉성산 정상 너머 서쪽 사면에 매장했다. 말이 매장이지 사체를 늘어놓고 흙을 흩뿌려 놓은 것에 불과했다. 천우신조로 두 명이 살아남았지만 나머지 희생자는 모두 그곳에 유기된 채 방치됐다. 그나마 군이나 경찰에 인맥이 있던 일부 유족들은 새벽을 틈타 시체를 수습했다는 소문이 들렸지만 정확하진 않다.

13년간 꼽추 행세, 총부리를 피하다

"마치 가을에 무 구덩이 파듯이 요상하게 파놓고 그냥 흙으로 덮어놓은 채 묻었더라고, 그래서 시체 확인도 못하고 장소만 그 근처인 것만 확인하고 돌아왔지……."

조규태 씨는 1948년 11월 19일의 한 많은 봉성산을 이렇게 기억하고 있었다. 참혹했던 광경이 뇌리에 스쳤는지 조 씨의 낯빛이 순간 일그러졌다. 당시 열여섯 살이었던 그는 "우리 일가 중에 그런 사상(좌익)을 가진 사람도 없는데, 가족이 총살됐다는 얘기를 듣고

혹 매형이 죽은 건 아닌가 싶어 봉성산에 시체를 확인하러 갔다"고 말했다.

조 씨의 매형은 일제 말 강제징병을 피하고자 지리산에 숨어들었다. 해방 후 마을로 내려온 그는 이 과정에서 배일사상排日思想을 갖게 됐다. 당시 배일사상을 가진 사람들이 사회주의 운동을 하곤 했는데, 이 때문에 그런 사상을 가졌다는 이유만으로 무고한 사람들이 학살당하는 경우가 부지기수였다. 형님이 우익 청년 단체인 대한청년단(한청단) 본부에서 활동 중이었고, 나이가 어리다는 이유로 시체를 확인할 수 있었던 조 씨는 "14연대가 구례를 습격하고 미처 산으로 가지 못한 이들이 있었기 때문에 동네 젊은 사람들은 심문 절차나 신분 확인 없이 닥치는 대로 잡아다 총살시켰다"고 회상한다.

당시 봉성산에는 국군 토벌대가 진지를 구축하며 매복해 있었다. 입산하려던 반란군을 색출하기 위함이다. 하지만 주민이라 할지라도 반군으로 의심되면 심문 없이 그 자리에서 총살당했기 때문에 산에 매복해 있는 군인은 주민들에게 공포 그 자체였다. 조 씨는 당시 기억을 더듬으며 긴장한 듯 떨린 목소리를 이어갔다.

다행히도 매형은 그곳에 없었다. 여순 사건을 미리 예측했는지 어느 때부터 꼽추행세를 하며 철저하게 은둔생활을 해온 것이다. 이러한 노력으로 군경의 총부리를 피할 수 있었던 그는 1961년 5·16 군사쿠데타가 일어날 때까지 무려 13년간 꼽추 행세를 했다. 이미 20여 년 전 고인이 된 그가 당시 겪었을 공포를 짐작케 하는 부분이다. 그러면서 혹시라도 발각될까 두려워 박정조(본명)라는 이름 대신 박병표(가명)란 이름으로 살아왔다. 그런 조심성 덕에 그는 다행히 혼란스러운 시대의 비극을 피할 수 있었다.

피비린내 속에 피어난 끈끈한 인간애

조 씨는 매형 이야기가 끝날 무렵 기막힌 사연 하나를 더 털어놓았다. 그는 "젊은 사람은 죄가 있고 없고 간에 모두 죽임을 당했다"며 당시 구례경찰서 옆 연병장에서 총살당한 72명의 이야기를 이어갔다.

11월 18일 젊은 사람들에 대한 조사를 한다며 토금부락(문척면 금정리)에서만 18~19명 정도가 연행됐고, 그 안에 조한우도 끼어 있었다. 조사를 한다고 했지만 이들은 이미 '반란군 동조자'로 분류돼 총살형이 기다리고 있었다.

당시 구례군청에 근무하던 조한우의 아버지 조희봉 씨는 아들의 소식을 듣고 부랴부랴 경찰에 선을 댔다. 하지만 되돌릴 수 없었다. 그리고 이튿날 조한우를 비롯해 72명의 젊은이들은 양손이 포박된 채 경찰서를 빠져나왔고, 경찰서 연병장에서 전부 사살됐다. 그렇게 총살당한 주민들의 원혼은 그곳 연병장에 사무친 채 차가운 주검이 돼 경찰서 앞 딱딱한 콘크리트 바닥에 내던져졌고, 일그러진 표정은 가마니에 덮인 채 방치됐다. 그런데 천우신조일까 아니면 경찰이 손을 썼던 것일까. 죽음과 공포의 현장에서 유독 조한우만이 양 무릎이 관통된 채 목숨을 부지한 것이다.

훗날 여순사건구례유족회장 박찬근 씨로부터 들은 바에 따르면 조 씨 일가 중 구례경찰서 형사가 있었고, 이 형사가 조한우의 총살을 맡아 목숨을 부지할 수 있었다고 한다. 의도적으로 다리를 쐈던 것이다. 조규태 씨는 해당 형사의 이름이 조귀준이라고 이를 확인해 줬다.

경찰이 민간인을 동원, 총살시킨 72명을 바지게(발채를 얹은 지게)에 들쳐 메고 봉성산에 한꺼번에 매장한 것은 그 뒷날이다. 당시 운반 책임자는 김재천 씨. 아들의 생존을 알고 있던 조희봉은 김재천을 찾아가 눈물로 호소했다. 아버지의 간절함이 통했을까? 김 씨는 군인들 눈을 피해 백련리 저수지 옆에 조한우를 내려놓았고, 그 일가인 조규태 씨 측에 이를 알렸다. 조 씨 일가는 새벽을 틈타 조한우를 집 마구간으로 옮겼다. 차마 발각될까 두려워 집 안에는 들이지도 못했다. 그는 '총살된 사람을 숨겨뒀다 걸리면 일가족이 몰살당할 수도 있는데, 어떻게 보호할 생각을 했느냐'는 물음에 "반란군도 아니고 민간인이니깐 그랬지. 아직 살아 있는 사람을 어떻게 나 몰라라 할 수 있냐"며 군인과 경찰의 민간인 학살에 분노를 내비쳤다.

1948년 11월 유난히 차가웠던 그해 겨울, 앞으로 닥칠 참혹한 상황을 암시하듯 이곳의 겨울은 여느 때보다 빠르게 찾아왔다. 그리고 군경의 날카로운 총부리와 공포의 피비린내 속에서도 이들은 지리산의 푸근함과 섬진강蟾津江의 잔잔한 강줄기처럼 끈끈한 인간애人間愛를 나누고 있었다.

아버지를 죽음으로 몰았다는 자책과 분노

여순사건구례유족회장 박찬근 씨는 군경에 의한 민간인 학살로 아버지를 잃었다. 당시 박 씨의 나이 겨우 13세. 구례중앙초등학교 6학년이던 그는 여느 아이와 마찬가지로 철부지 어린아이에 불과했다.

경찰이 그의 집을 찾아온 건 1948년 11월 18일 목요일 오전 11시경. 박 씨는 집 근처 골목에서 친구들과 제기차기를 하며 놀고 있었다. 이때 누군가 뚜벅뚜벅 걸어왔다. 칼빈 총을 어깨에 멘 군 헌병과 구례경찰서 형사였다.

운명의 장난이었을까.

"박덕서 집이 어디냐?"

동네 아저씨 같은 나긋나긋한 목소리로 경찰이 물어왔다. 잠시 정적이 흐른 듯 했지만 거부할 수는 없었다. 박 씨는 "우리 아버지인데요"라며 이들을 안내했다. 긴장된 순간만큼 집으로 가는 골목은 좁다랗고 길었다. 아버지 이야기를 하는 내내 그는 자신을 자책하고 책망하듯 허탈해했다. 그리고 잠시 긴 한숨을 내쉬더니 다시 말을 이어갔다.

경찰이 야수로 돌변한 것은 사립문에 들었을 때였다.

"김창렬이 집 어딨어!"

차갑고 날카로운 목소리가 마당에 울렸다. 누군지 모르지만 이내 짐작 가는 사람이 한 명 있었다. 박 씨의 집은 지리산 자락의 대구산大邱山 아래였기에 반란군들의 왕래가 잦았다. 때문에 할머니와 어머니는 다른 곳에 피해 있었고, 할아버지와 아버지 그리고 박 씨만이 집에 남아 생활했다. 경찰이 들이닥치기 며칠 전 아버지 친구 중 한 명이 밤이면 집에 와 잠을 청하고 새벽녘이면 다시 산으로 들어가곤 했다. 아버지는 자신의 친구가 빨치산이란 걸 알면서도 죽마고우였던 그를 외면할 수 없었다. 그리고 이를 어떻게 알았는지 경찰이 들이닥친 것이다.

이미 모든 정황을 알고 있던 군경은 집 안 곳곳을 뒤졌다. 이내 보따리 세 개를 확인한 그들은 곧바로 아버지를 연행했다. 마치 수의壽衣를 걸치듯 하얀 두루마기를 챙겨 입은 아버지는 할아버지에게 "다녀오겠습니다"라고 인사를 건넨 뒤 그들을 따라 나섰고, 그길로 마지막이 됐다. 박 씨의 아버지는 구례경찰서에서 사살된 72명 가운데 한 명이다.

"그때만 생각하면 내가 너무 원망스럽고, 나이가 들수록 애석하고 죄스러워……."

상기된 박 씨의 얼굴에는 스스로에 대한 자책과 책망, 그리고 그날의 죄스러움이 가득했다. 총살 집행 후 석 달간 봉성산은 출입이 금지됐다. 그가 아버지 유해를 찾아 봉성산에 오른 것도 이듬해 3월이다. 할아버지와 마을 장정 두 명과 함께였지만 아버지를 찾을 순 없었다. 곳곳에 시신이 널브러져 있고, 뒤엉킨 시신은 부패돼 신원을 확인하기 어려웠다. 더욱이 썩은 추깃물(송장이 썩어서 흐르는 물)에서 풍기는 악취를 견디는 것도 쉽지 않았다. 결국 그는 빈손으로 내려왔다. 얼마 후 할아버지는 화병으로 인한 이질痢疾로 돌아가셨다.

1948년 11월의 구례는 열세 살 어린아이가 감당하기 어려운 상

박찬근 씨의 아버지는 여순 사건 당시 반란군을 보호했다는 이유로 총살돼 봉성산에 버려졌다.

황이었다. 어머니는 아무 내색 없었지만, 간혹 멍하니 하늘을 바라보는 시선에 아버지를 죽인 자들에 대한 원망이 서려 있었다. 어머니의 시선 끝에 아버지를 죽인 자들을 데려온 자신의 모습도 함께 있는 것 같아 더더욱 괴로웠다.

할아버지마저 돌아가신 뒤 홀로 남은 어머니를 바라보는 것은 또 다른 고통이었다. 어머니도 경찰서에 세 번이나 불려갔지만, 다행히 무혐의로 풀려나 목숨을 부지할 수 있었다. 하지만 죽은 아버지의 삶을 덧칠하고 있는 붉은 빛으로부터 결코 자유로울 수 없었다. 그 누구도 어머니에게 살갑게 대하지 않았다. 만석꾼까지는 아니었지만, 천석꾼 정도는 됐던 집안의 가세도 날로 기울었다. 전답田

⅏ 한 마지기를 팔아 1년을 생활하고, 이듬해 또 한 마지기를 팔아가면서 연명하는 식이었다.

"사는 게 아니었지."

31세에 홀몸이 된 어머니의 삶에 대해 박 씨는 그렇게 표현했다.

2007년 박 씨를 처음 만났을 때 그의 어머니는 90세의 나이로 노환에 시달리고 있었다. 외로움이 누구보다 더할 터지만 그 누구도 만나려 하지 않았다. 그의 어머니로부터 그날의 기억을 듣고자 했지만, 박 씨는 한사코 고개를 가로저었다. 무엇 때문인지 당시 이야기만 나오면 고래고래 소리를 치고, 역정을 낸다는 것이었다. 아마 이는 60년 세월이 흘렀음에도 그 어둠과 공포에서 헤어나지 못한 이유에서였을 게다.

2015년 1월 박 씨를 다시 찾았을 때 어머니의 안부부터 물었다. 박 씨는 착잡한 표정을 지어보이며 "5년 전 돌아가셨다"고 했다. 그러고 보니 박 씨의 얼굴도 무척이나 수척해 보였다. '건강은 좀 어떠세요'라고 물으니 최근 위암 수술을 받고 항암 치료 중이라는 답변이 돌아왔다. 그의 눈망울은 모든 것을 체념한 듯 슬픔으로 가득 차 있었다. 참으로 한 많은 인생이었다. 박 씨도 그의 어머니도…….

산수유 마을의 비극, '산동 학살' 사건

2015년 1월 25일 간전면에 이어 구례에서 가장 많은 민간인이 학살된 것으로 알려진 산동면으로 향했다. 봄볕보다 따스한 샛노란 봄의

백운산을 중심으로 동쪽은 하동, 서쪽은 구례, 남쪽은 곡성이 자리한다. 그리고 섬진강 너머엔 본령인 지리산이 위치해 있다. 굽이굽이 선혈이 물결치는 백운산은 전남 동남부 권역 빨치산의 중심지였다.

전령 '산동'은 핏빛보다 고은 붉은 영嶺이 되어 차가운 겨울을 비추고 있었다. 이곳은 산수유로 유명하다. 곳곳이 산수유 군락지로 겨우내 영글었던 꽃망울이 터지면서 남도의 이른 봄을 가장 먼저 알린다. 또 지리산 온천랜드가 자리 잡고 있어 해마다 많은 이들이 몰려온다. 하지만 70여 년 전 이곳에서 발생한 '통한의 비극'을 아는 이는 그리 많지 않다.

　　구례경찰서 정보계장을 지낸 이 모 씨는 2007년 진실화해위 조사에서 "1968~1969년경 경찰서 근무 당시 '사살자 명부'를 본 기억이 있다"고 증언했다. 그는 "산동면이 가장 많은 500명 정도 죽었고, 이어 간전면이 300~400여 명가량 됐다"고 고백했다. 구례 전체적으로는 2000여 명 정도가 사살됐다는 말도 덧붙였다. 하지만 경찰서에 연행되지 않고 구례 곳곳에서 즉결 처분된 이들까지 포함하면 이보다 훨씬 많은 민간인이 사살됐을 것으로 추정된다. 유족들은 3000명 이상이 죽었을 것이라고 입을 모은다. 그럼에도 진실화해위 조사를 통해 확인된 희생자는 165명에 불과하다.

이 씨가 봤다던 '사살자 명부'는 현재 소각된 상태다. 그는 "1982~1983년 무렵 연좌제 폐지 명령이 내려와 조사 내용을 소각했다"고 털어놨다. 국가폭력의 주요 단서가 정부의 지시하에 소실된 것이다.

지리산 자락에 있는 산동면은 반군의 근거지였다. 이 때문에 소탕 작전을 펴는 군경과 빨치산 간 게릴라전도 수시로 이뤄졌다. 이 과정에서 수많은 이들이 학살의 피를 흘린 것은 물론이다. 한국전쟁 전후 대부분의 민간인 학살이 그러했듯 주로 군경에 의한 피해가 컸다. 산동면 대양부락(대평리)에서 만난 한준희 씨도 그중 한 명이다.

한 씨는 1949년 1월 11일(음력 12월 13일) 군경에 의해 아버지(당시 31세)를 잃었다. 빨치산이 동네에 내려와 한 씨 집 송아지를 끌고 간 것이 이유였다. 먹을 것을 제공했다며 총살시킨 것이다. 빨갱이 부역자의 아들이라는 멍에는 평생 한 씨를 따라다녔다. 1974년 서울 서대문구청 청소과에 근무했지만, 어떻게 알았는지 구청 간부들로부터 '빨갱이' 소리와 함께 끊임없이 '사직 압박'을 받았다. 결국 사표를 낸 그는 서울에서 정상적인 생활을 하기 어렵다고 판단, 고향인 구례에 내려와 농사를 지었다.

백인기 중령의 자결, 그리고 백선엽의 토벌

구례 지역 민간인 희생이 컸던 것은 제12연대장 백인기 중령의 죽음이 주요 배경이 됐다. 1948년 11월 14일 백인기 중령은 구례에서 남원으로 작전 회의 참석차 이동하던 중 매복한 반군에 의해 집중 사격을 받고 산동면 시상리 대나무숲에서 자결했다. 행방이 묘연했던 그의 시신은 다음 날 군경의 집중 수색 끝에 발견됐다. 영관급 지휘관의 죽음은 군 토벌대에게도 적잖은 충격이었다.

사건은 이랬다. 11월 3일 간전면 간문초등학교 하사관 교육 대원 100여 명이 교육 후 주민들로부터 귀대 대접을 받았다. 박찬근 씨 아버지는 이날 돼지 세 마리를 직접 잡아 군인들에게 제공했다. 그리고 새벽녘 경계가 느슨한 틈을 타 반란군의 기습 공격이 시작된다. 간전지서와 간문초등학교가 일시에 점령됐고, 교육 대원 상당수도 포로로 붙잡혔다. 다음 날 새벽 백인기 중령이 군 토벌대를 이끌고 추격에 나섰지만, 반란군의 주력을 찾는 데에는 실패했다. 생포된 교육 대원은 대부분 풀려났지만, 게릴라전은 이후에도 며칠간 계속됐다. 그리고 이러한 공격은 군 토벌대에 적잖은 피해를 가져다줬다.

호남 방면 전투사령부 사령관 원용덕 대령은 관련 소식을 듣고 남원에 있던 전투사령부로 각 지휘관을 즉각 소집했다. 공비 토벌 작

산동면 대평리에서 만난 한준희 씨. 한 씨의 아버지는 반란군에게 먹을 것을 제공했다는
이유로 총살당했다.

전 회의를 위해서다. 당시 사령부는 지리산을 기준으로 북지구와 남
지구로 구분돼 있었다. 북지구는 남원을 주둔지로 제2여단(여단장 원
용덕 대령, 호남 방면 전투사령부 사령관 겸임)이, 남지구는 순천을 주둔지
로 제5여단(여단장 김백일 중령)이 관할했다. 원용덕 사령관의 명령에
따라 11월 14일 백인기는 구례를 출발해 남원으로 급히 향했다. 그런
데 소집 명령을 사전에 도청한 반군이 40여 명의 병력을 이끌고 길목
에 매복, 백인기 중령 일행을 기습 공격한 것이다.

> 백인기 중령이 오후 5시경 부하 5명을 인솔하고 지형 정찰차 구례로부
> 터 남원으로 가던 도중 40여 명의 무장 폭도에 포위되어 응전한 끝에

백 중령은 최후의 일발을 자기 두부에 쏘아 죽음으로 군인의 명예를 사수하였다.

— 1948년 11월 19일 자 ≪동아일보≫ 기사 "백중령자문순절" 중

백인기 중령 사망 날짜는 다소 엇갈린다. ≪동아일보≫ 기사를 비롯한 일부 보고서에는 백인기가 11월 4일 사망한 것으로 나와 있는 반면, 미군 정보 보고서와 백인기 전사통지서에는 11월 14일 구례지구 전투에서 전사한 것으로 기록돼 있다. 당시 전투 상황 등을 감안할 때 후자가 좀 더 유력시 된다.

백인기 중령 전사 이후 위기감에 휩싸인 국군의 토벌 작전은 더욱 흉포해졌고, 주민들은 더 많은 피를 흘러야만 했다. 특히 백인기 중령 사망 뒤 부연대장이던 백선엽 소령이 연대장 대리로 부대를 이끌면서 토벌 작전은 한층 더 과감해졌다. 일제강점기 독립군을 때려잡던 간도특설대 출신답게 백선엽의 작전은 거침이 없었다. 이런 상황 속에서 지리산에 은거한 김지회는 봉성산을 일시 점령하고, 지창수 부대는 군 토벌대의 대대본부를 공격하라는 명령을 하달받는다. 바로 11월 19일 반란군의 구례중앙초등학교 습격 사건이다.

가장 치열한 격전이 전개되었던 19일 상오 5시경 800명으로 추산되는 반도는 구례 읍내를 포위하고 일부 시가까지 돌입하여 약 3시간에 걸쳐 시가전이 전개됐는데, 아군은 이 반도들을 삼리 지점까지 진격하여 전과를 거뒀다.

— 1948년 11월 23일 자 ≪동광신문≫ 기사 중

한준희 씨는 1980년 '빨갱이 낙인'에 대한 억울함을 호소하며 구례경찰서에 진정을 요구했으나, 규명이 어렵다는 이유로 거부당했다. 사진은 구례경찰서가 보낸 결과 통지서.

《동광신문》은 해당 교전에서 군 토벌대가 사체 200구, 포로 75명, 소대장 3명, 중대장 1명, 김지회 비서 1명, 박격포 1점, 기관총 7점 등의 전과를 올렸으며, 일반 폭도 300여 명 중 일부가 사살됐다고 보도했다. 아방 피해는 전사 12명, 부상 24명이라고 전했다. 미군 정보 보고서는 "11월 19일 04시 15분부터 17시까지 제12연대는 반란자 203명을 사살했고 37명을 체포했으며, 남로당원 450명도 체포했다"고 보고했다. 여기에 11월 19일 새벽 김지회가 포로로 잡혔다는 정보를 입수한 5여단장 김백일 중령은 군 토벌대를 직접 지휘하기 위해 다음 날 오전 11시 구례로 출동하기도 했다. 여수 14연대 반란군을 이끈 김지회는 1949년 4월 9일 토벌대의 공격을 받고

꽃 같던 청춘, 회문산 능선 따라 흩뿌려지다

지리산 뱀사골 입구 반선마을(남원시 산내면)에서 사망했다. 어쨌든 이날은 아니었다.

여러 보고서와 국내 언론 보도 등을 종합해보면 이날 게릴라전에서 국군이 적지 않은 성과를 거둔 것은 분명해 보인다. 하지만 여기에는 상당수 민간인도 포함돼 있었다. 교전 뒤 곧바로 행해진 72명(구례경찰서 임시 구금자)에 대한 총살 집행도 마찬가지다. 백선엽은 11월 20일 공을 인정받아 17연대장으로 승전했고, 송석하 중령이 그 뒤를 이어 12연대장으로 부임했다. 백선엽이 이끈 국군 제17연대는 이후 빨치산 토벌에서 혁혁한 공을 세웠고, 그 전공은 민간인 학살의 피 위에 세워졌다.

자기가 묻힐 구덩이를 파다

한준희 씨는 아버지 얘기에 앞서 1948년 11월 대평리(대양·대음·방곡·평촌·신평부락) 주민 모두가 한꺼번에 몰살당할 뻔한 이야기를 들려줬다. 공교롭게도 백인기 중령이 자결한 그 즈음이다. 군경은 당시 아홉 살이던 한 씨를 포함해 대평리 주민 100여 명을 대양부락과 대음부락 사이 뒷산으로 끌고 갔다. 무리에는 한 씨 또래의 어린아이도 상당수 포함돼 있었다. 군인들은 젊은 사람들에게 구덩이를 파라고 지시했다. 자신이 묻힐 구덩이를 직접 파도록 한 것이다. 한 씨는 당시 군인들이 마을 사람들을 "닥치는 대로 끌고 갔다"며 "마을 사람과 함께 구덩이 파는 것을 지켜봤다"고 했다. 그러면서 "'이제 죽는구나, 저기에 묻히는구나' 생각하며 동네 사람 모두가 공포에 떨었다"고 말했다.

그런데 구덩이를 파고 총살이 집행되기 직전 이들은 가까스로 목숨을 건졌다. 누군가 오더니 총살형을 멈추도록 지시한 것이다. 하지만 분이 풀리지 않았던 군인들은 정씨 성을 가진 이들만 따로 불러냈다. 한 군인이 정씨 성의 반군에게 죽임을 당할 뻔했다는 이유에서다. 그렇게 불려 나온 '정 씨'들은 인근에서 무참히 살해됐다.

산동 원촌초등학교에 주둔하던 국군 제5여단 소속 3연대 2대대(대대장 조재미)는 소대 단위(30여 명)로 부락 수색 작전을 폈고, 한 번 나가면 50~100명의 민간인을 끌고 와 감금시켰다. 연행자가 너무 많아 눕지 못한 채 앞사람 등에 머리를 대고 잠을 자기도 했다. 그리고 취조 도중 이상한 점이 발견되면 20~30명씩 묶어 사살 장소로 이동해 총살시켰다. 2005년 『구례군지』에 따르면 감금된 주민들에게는 매일 오전 10시 소금으로 간을 한 한 덩이 주먹밥이 하루 식사로 제공됐다. 또 일부 증언에 따르면 좌익 활동을 불라며 수시로 전기 고문도 횡행했던 것으로 전해진다. 옷을 활딱 벗긴 채 얼음이 언 집 시랑(처마) 끝에 묶어놓고 몽둥이로 패대기쳤으며, 지붕에 대롱대롱 매단 채 온몸을 두들겨 맞았다. 이것이 취조고 심문이었다.

당시 군경은 이성적인 판단을 하지 못했다. 정치 철학자 한나 아렌트Hannah Arendt가 주장한 '악의 평범성'처럼 선과 악의 판단보다는 단순한 명령 수행자 내지는 내가 죽지 않기 위해 누군가를 죽여야 하는 것, 그 이상도 이하도 아니었다. 하지만 이 같은 광기 속에서도 인간의 상식과 양심에 따라 행동한 이들이 곳곳에서 발견된다. 이들에게는 좌니, 우니 이런 것은 중요하지 않았다. 상부의 지시 이행 이전에 무고한 사람들의 목숨이 더 중요했다. 구례경찰서 안종삼 서장도 마찬가지다.

상부 지시 어기고 보도연맹원 전원 석방

"그분이 구례 사람 여럿 살렸어."

한준희 씨는 안 서장에 대해 이렇게 말했다. 1949년 7월 구례경찰서장에 부임한 안 서장은 1950년 7월 24일 상부의 사살 명령을 어기고 구례경찰서 유치장과 상무관에 감금된 보도연맹원 480명(800여 명의 보도연맹원 가운데 좌익색이 짙은 인물만 재선별한 인원) 전원을 풀어줘 좌우익 간 피의 보복을 멈춘 인물이다. 그리고 이 같은 사실은 진실화해위 조사가 진행 중이던 2009년에서야 세간에 알려졌다.

보도연맹원 석방 이틀 전 상부는 퇴각 명령과 함께 이들에 대한 사살 명령도 함께 내렸다. 안 서장은 중대 결단을 해야만 했다. 1950년 7월 24일 오전 11시. 보도연맹원을 연병장에 집결시킨 뒤 단상에 오른 그는 "여러분 모두 방면하겠다. 내가 반역으로 몰려 죽을지 모르지만, 혹시 내가 죽거든 나의 혼이 여러분 각자 가슴에 들어가 지킬 것이니 새사람이 돼 달라"는 말과 함께 이들 모두를 집으로 돌려보냈다. 결국 안 서장의 용기 있는 조처로 한국전쟁 당시 피비린내 나는 타 지역과 달리 구례는 평온을 유지할 수 있었고, 인민군(또는 지방 좌익)에 의한 보복 학살도 발생하지 않았다.

2015년 구례를 찾은 날 안 서장의 아들 안극순 씨를 어렵게 만났다. 그는 아버지의 결단에 대해 "마냥 좌우로 나뉘어져 많은 이들이 억울하게 죽임을 당하지 않았느냐"며 "여순 사건 때 민간인들이 학살당하는 것을 보면서 많은 것을 느끼셨던 것 같다"고 말했다. 보도연맹원 석방에는 지역 유지들의 힘도 컸다. 여순 사건으로 학살의 피를 경험한 이들은 보도연맹원 구금 소식에 구례경찰서를 찾아갔고, 안 서장을 설득했다.

　　물론, 반대 의견이 전혀 없었던 것은 아니다. 안극순 씨는 이에 대해 "경찰서 내 몇몇 간부가 반대하긴 했지만, 경황이 없었다"고 말했다. 그는 "석방 당시 인민군이 전주에서 남원으로 들어오고 있다는 연락을 받고 부랴부랴 후퇴해야 하는 상황이었다"며 "보도연맹원 사살 문제를 놓고 논쟁할 시간이 없었다"고 했다. 남원에서 구례까지는 25km 남짓에 불과하다. 인민군이 목전에 와 있는 상황에서 이 문제로 시간을 지체할 수 없었던 것이다. 그는 이어 "전시였고, 급박한 상황이라 정부에서도 '항명'에 대한 특별한 조치 없이 넘어갔다"며 이후 상황에 대해서도 언급했다. 현재 구례경찰서에는 안 서장을 추모하기 위한 동상이 세워져 있다.

배상금 주기 싫다는 국가, 분노한 유족들

여순사건구례유족회장 박찬근 씨로부터 황당한 얘기를 전해 들었다. 국가가 배상을 거부한다는 것이었다. 내용은 이러하다. 진실화해위

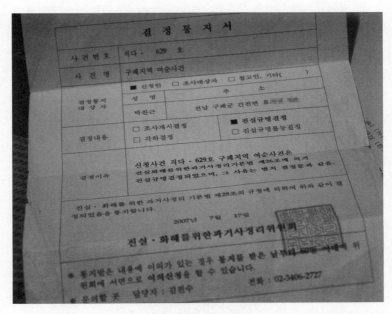

박찬근 씨가 진실화해위로부터 받은 진실규명결정통지서. 2007년 진실화해위는 학살
사건 희생자와 유가족에 대한 사과와 배상을 정부에 권고했으나 받아들여지지 않았다.

에서 관련 사실을 확인한 뒤 이에 대한 결정통지서를 통보하면 3년
이내(이마저도 특별한 경우에 해당)에 소송을 통해 배상받아야 한다는
것. 즉, 이 기간 내에 소송을 걸지 않으면 어떤 배·보상도 받지 못한
다는 얘기였다.

유족들은 진실화해위에서 보내온 진실규명결정통지서만 믿고
있었다. 진실화해위 측으로부터 재판을 통해 배상받아야 한다는 등
의 내용도 전해 듣지 못했다. 이후 관련 사실을 알게 된 유족들은 뒤
늦게 재판을 준비했지만, 이미 시간이 경과한 후였다. 유족들은 줄

줄이 패소했고, 또 한 번 억장이 무너졌다. 더욱이 국가는 배상은커녕 제대로 된 사과조차 하지 않았다. 진실화해위는 국가의 사과를 권고했지만, 정부는 외면했다. 유족들은 다시 한 번 울분을 토했다.

여순사건구례유족회는 2015년 1월 27일 재판 여부와 관련한 유족 회의를 가졌다. 박찬근 회장은 이후 통화에서 "시간은 지났지만, 어쨌든 소송을 걸어보기로 했다"고 말했다. 박 씨는 앞서 만남에서 "시골에서 농사를 짓거나 70세 이상 고령자가 많아 재판 비용을 마련하는 것도 쉽지 않다"고 토로한 바 있다.

한국전쟁 전후 민간인 학살 사건 관련 유족들은 현재 소멸시효와 관계없이 배·보상을 받을 수 있도록 특별법 제정을 요구하고 있다. 그것이 국가폭력에 의한 희생이라면 더더욱 그렇게 해야 한다고 주장하고 있다. 하지만 정치권은 이를 받아들이지 않고 있다.

박찬근 씨는 "억울한 사람이 없도록 정치권과 법이 도와야 하는데, 참……"이라며 긴 한숨을 내쉬었다.

골골이 서린 상흔,
어찌 말로 다하리오

인민군 복장한 국군, 대량학살 불러오다

담양

광주

하갈마을

월곡마을   수양산

맹리   백아산   저심

북면

서유초등학교

용촌마을

화순

도포배미

도장마을

북구래마을   순천

천태산

화학산

"우리 아부지들이 그런 시상을
살았어. 그런 거 생각하면 짠해."

빨치산 전남총사령부와 국군 11사단의 '견벽청야' 작전

1950년 11월, 전남 화순과 담양군 접경지인 수양산首陽山(해발 593m)에 200여 명의 빨치산 부대가 주둔했다는 정보가 입수된다. 한국전쟁 당시 반군의 근거지였던 화순은 1950년 7월 인민군이 점령해 9월 퇴각한 이후 10월부터 1952년 4월까지 1년 반 동안 빨치산과 군경 간 치열한 교전이 벌어졌던 곳이다.

특히, 화순 북면에 위치한 백아산(해발 810m)은 무등산과 지리산을 잇는 지리적 요충지로 김선우가 이끈 인민유격대 전남총사령부가 주둔했으며, 백아산 기슭 용촌마을(북면 용곡리)에는 조선노동당 전남도당(위원장 박영발) 본부가 설치돼 있었다. 또 화순 남단 도암면에 있는 화학산(해발 614m)은 영암, 장흥, 보성의 경계와 맞닿아 있는 천혜 요새로 동학농민혁명 당시 동학군이 주둔했을 만큼 산세가 험해 전남 동남부 지역 빨치산들의 중심지가 됐던 곳이다.

전남도당은 당초 광주에 있었다. 하지만 9월 15일 인천 상륙작전 이후 전세가 뒤바뀌면서 중앙당의 지하당 개편 지시와 함께 이곳 화순으로 옮겨졌다. 이후 당 조직을 비합법 체제로 전환한 도당은 조직위원회를 통해 인민유격대 전남총사령부와 그 산하 6개 지구대 창설에 대한 결정서를 채택함으로써 빨치산 체제를 재정비한다. 화순을 중심으로 둘러싼 6개 지구는 무등산(해발 1187m)의 광주지구, 담양 추월산潭陽秋(해발 731m) 가마골의 노령지구, 구례와 광양의 가교인 백운산(해발 1218m)지구, 화순과 순천에 걸쳐 있는 모후산母后山(해발 919m)지구, 장흥군 유치면을 비롯한 전남 동남부권의 유치지구, 영광과 함평을 근거지로 한 불갑산(해발 516m)지구 등으로 분류된다.

빨치산은 이곳 산악 지대를 근거지로 호남 지역 교란 작전을 폈고, 군경과 끈질기게 대치하며 게릴라전을 이어갔다. 훗날 백아산을 비롯해 화순 곳곳에서 후퇴한 이들은 최후의 보루인 지리산으로 들어가 마지막 항전을 펴기도 했다.

호남 지역 공비 토벌을 진두지휘한 국군 제11사단은 1950년 10월부터 이듬해 3월까지 모두 4기에 걸쳐 백아산 고립 작전을 폈다. 1950년 8월 27일 경북 영천에서 공비 소탕 목적으로 창설된 11사단은 전북 남원에 사단본부를 차리고, 상주에 9연대(연대장 오익경 대령), 전주에 13연대(연대장 최석용 대령), 광주에 20연대(연대장 박기병 대령), 남원에 공병대대를 배치해 작전을 수행했다.

11사단은 이곳에서 수많은 이들의 피로 얼룩진 이른바 '견벽청야' 작전을 통해 반군이 이용할 수 있는 인적·물적 자원을 모두 없앴다. '견벽청야堅壁淸野'는 『손자병법孫子兵法』에 나오는 말로, '성벽을 굳게 하고 들에 있는 것을 말끔히 치운다'는 의미를 지닌 일명 초토화 작전이다.

국방부 전사편찬위원회(현 군사편찬위원회)가 발간한 『최덕신 증언록』에 따르면, 최덕신은 부하 지휘관들에게 '견벽청야' 작전을 설명하면서 "공비 100명을 사살했다고 할 것 같으면, 그중에 상당한 부분이 양민일 것임을 각오해야 한다"라고 말하기도 했다. 11사단의 악명 높은 작전은 함평 민간인 학살 사건(524명 사망), 거창 민간인 학살 사건(719명 사망), 산청·함양 민간인 학살 사건(705명 사망) 등을 불러온다. 그리고 이러한 무분별한 학살의 비극은 화순도 비켜갈 수 없었다.

비극의 시작, "겁도 안 나게 죽였어"

치이익, 치익……. '하갈마을에 빨치산 주둔 파악, 이동 후 전원 소탕 바람.'

1950년 11월 10일. 백아산 빨치산 부대 고립 작전을 펴기 위해 화순 이서면으로 향하던 국군 12중대(11사단 20연대 3대대)는 급히 상부의 무전을 받고 하갈마을이 있는 담양군 대덕면 갈전리로 향한다. 하지만 이들이 도착하기 하루 전 반군은 이미 수양산을 벗어나 빨치산 전남총사령부가 있던 백아산으로 후퇴한 뒤였다. 산정·월곡·하갈마을의 비극은 이런 상황 속에서 발생한다.

수양산을 넘어온 12중대는 산 아래 산정마을(담양군 대덕면 운산리)에 다다랐다. 산정과 하갈마을(대덕면 갈전리)은 고개 하나를 사이에 두고 마주한다. 또 산정 아랫동네인 저심마을(대덕면 운산리)을 지나면 이곳의 행정구역은 화순군 북면 맹리로 바뀐다. 그리고 월곡마을과 하갈마을은 화순과 담양의 경계가 되는 887번 지방도로를 사이에 두고 접해 있다. 이런 지리적 특성 때문에 행정구역만 다를 뿐 이곳 모두 화순 생활권에 포함돼 있다.

산정 주민 모두를 집결시킨 군인은 마을 인민위원장과 그 가족부터 찾았다. 1950년 7월 인민군이 화순을 점령한 이후 퇴각기인 9

월 말까지 이들은 리里와 면面 단위에 리 인민위원장(이장)과 면 인민위원장(면장)을 두고 화순 곳곳을 통제해왔다. 또 여성동맹위원장(부녀회장)을 두기도 했다.

당시 산정마을 리 인민위원장이던 고광하 씨는 출타 중이었고, 그의 모친 박 모 씨(당시 56세)와 형 고광을(당시 37세), 동생 고광철(당시 21세), 고광하의 부인 박길남 씨(당시 23세)가 군인들 앞에 섰다. 또 여성동맹위원장 김영랑 씨(당시 25세)도 함께 불러냈다. 머리에 총구를 겨눈 한 군인이 고광하가 없는 것을 탓하며 "네놈들 모두 빨갱이와 똑같다"고 말한 뒤 그대로 방아쇠를 당겼다. 관자놀이에선 붉은 핏줄기가 분수처럼 쏟아졌다. 뒤이어 나머지 주민들도 일렬로 세워 총살시켰다. 특무상사처럼 보이는 한 부사관은 총대로 엎어진 이들을 휘저으며 신음하는 이들에게 재차 사격을 가했다. 결국 그 자리에서만 20여 명이 목숨을 잃었다.

그곳에 정연태 씨(당시 20세)도 있었다. 조선대학교 법학과 1학년이던 그는 어수선한 시기 학교에 가지 않은 채 집에 있었다. 정 씨 가슴팍에 차가운 총부리가 들어왔다. 그는 "조선대 학생인데, 왜 우리를 죽이느냐"라고 따지듯 물었다. 공포감 때문에 목소리는 울먹였지만, 죽음을 목전에 둔 탓에 눈빛은 결기로 가득했다. 갑작스러운 상황에 군인들도 당황한 듯했다. 하지만 여차하면 방아쇠를 당길 기세로 이내 정 씨를 매섭게 쏘아봤다. 차가운 분위기를 뚫고 군 장교 중 한 명이 "아무개 교수 아느냐"고 물었다. 정 씨는 "제 은사님"이라고 답했다. 그러자 군인들은 그의 신분을 확인한 뒤 총을 거뒀고, 그에게 길 안내를 지시했다.

빨치산으로 변복한 국군은 마을 주민들에게 '인민공화국 만세'를 강요한 뒤 총살시켰다. 당시 주민들이 학살됐던 언덕에 오르자 하갈마을 전경이 한눈에 들어온다.

　　정 씨의 안내를 받은 12중대는 산정과 내심마을을 지나 맹리로 향했다. 맹리 2구인 월곡마을에 도착하자 또다시 야수로 돌변한 군인들이 사람들을 이리저리 끌어냈다. 그런 뒤 젊은 사람 위주로 빨갱이 부역 혐의를 추궁했다. 이 과정에서 정보순 씨(당시 38세)가 그 자리에서 사살됐고, 그의 부친 정충래 씨(당시 74세)는 "왜 내 아들을 죽이느냐"고 항의하다 자식 뒤를 이었다. 당시 11세의 소년으로 사건 현장을 목격한 정보순 씨 아들 정문기 씨는 진실화해위 조사에서 그날 상황을 이렇게 증언했다.

오후 3~4시경, 갑자기 1개 분대 규모의 인민군 복장에 인공기를 총에 매단 사람들이 집으로 들어와 수색하면서 부친(정보순)에게 '동무는 아주 대장을 할 만하네요!'라고 말하면서 포박해 마을 앞으로 데리고 나갔다. 부친을 포함한 주민들에게 '인민공화국 만세'를 부르라고 강요하며 구타했는데, 그중 일부 주민은 끝까지 만세를 안 부르려고 했지만 분명 인민군인 것 같고, 또 구타와 위협이 있어서 죽지 않으려는 생각에 만세를 부를 수밖에 없었다. 그날 끝까지 만세를 부르지 않았던 몇몇은 죽지 않고 살아났던 걸로 기억한다. …… 모여 있던 사람들이 보는 가운데 부친(정보순)이 먼저 총탄에 맞으셨다. 조부(정충래)께서는 당신 자식이 죽는 모습을 보면서 항의했고, 그래서 결국 조부도 부친의 뒤를 이어 그 사람들 총에 목숨을 잃은 것이다.

2015년 1월 27일 맹리에서 만난 임봉림 씨는 "겁도 안 나게 사람들을 죽였다"고 했다. 당시 여섯 살이었던 그는 한쪽 길섶을 가리키며 "저기에 사람들을 눕혀놓고 총질을 해댔다"고 말했다. 그러면서 "우리 아부지들이 그런 시상(세상)을 살았어. 그런 거 생각하면 짠해"라며 눈시울을 붉혔다. 당신 스스로 한 많은 삶을 살았지만 부모 세대는 더했다는 것이다. 12중대는 이곳에서 몇몇 젊은이를 포박한 뒤 길 건너 하갈마을로 이동했다. 그리고 하갈마을 사람들에 대한 대대적인 '피의 학살'이 단행된다.

핏빛으로 물든 수양산 자락의 늦가을 들녘

널브러진 팔은 감각이 없었다. 솟구치는 선홍의 핏줄기 속에 드러난 하얀 뼈마디가 아슬아슬 손목을 지탱하고 있었다. 늦가을 추위는 만신창이가 된 그의 살점을 차갑게 파고들었고, 뜨거운 눈물은 목을 타고 한없이 흘러내렸다. 이대로 죽는다는 생각에 서러움이 물밀 듯 몰려왔지만, 공포감에 휩싸인 그는 소리 내 흐느끼지도 못한 채 고통을 삼켰다. 통증은 점차 사라지고 정신은 시나브로 희미해져갔다. 주민 수십 명과 함께 총살당한 핏빛 가득한 월곡마을 뒷산 구릉은 이내 가을볕 따스한 들녘으로 바뀌었다. 그리고 죽음의 문턱에 선 그는 늦가을 햇살을 등에 댄 채 한가로이 보리밭을 갈고 있었다.

1950년 11월 10일 이른 새벽부터 일어난 류동호 씨(당시 17세). 여느 때와 같은 일상의 시작이었다. 황금빛 보리를 수확하는 상상을 하며 간간이 흥얼거리기도 했다. '가을 안개는 풍년을 부른다'고 했던가. 때마침 이무기 같은 하얀 안개가 마을 건너편 수양산 허리를 휘감고 있었다. 전날 빨치산들이 식량을 약탈해간 탓에 먹을 것이 부족했던 그는 점심을 대충 때우고, 냉수로 곯은 배를 채운 뒤 다시 괭이를 집어 들었다. 오후 4시경, 늦가을 찬바람을 타고 어디선가 인민군가 소리가 나지막이 들려왔다. 그때까지만 해도 앞으로 닥칠 피의 공포를 전혀 예상하지 못했다. 이것이 대량학살을 앞둔 전주곡일 줄은 그 누구도 상상하지 못했다. 주민들은 빨치산 이동로인 하갈에 살면서 인민유격대원들을 자주 봤기에 이번에도 그러려니 했다. 류 씨도 크게 신경 쓰지 않고 괭이질을 이어갔다.

하지만 이번엔 달랐다. 인공기를 들고 인민군 복장을 한 괴한들은 동네를 쑥대밭으로 만들기 시작했다. 집집마다 다니며 사람들을 끌어냈고, 남녀노소 가리지 않았다. 보리밭을 갈던 류 씨도 어느새 한 무리의 주민들 틈에 섞여 있었다. 괴한들은 마을 주민을 구타하며 '인민공화국 만세'를 강요했다. 머뭇거리면 여지없이 윽박질이 가해졌다. 전날 마을에 머물던 빨치산 부대로 착각한 주민들은 이내 동조했고, 눈치를 보던 이들이 하나둘 '인민공화국 만세'를 외쳤다. 그렇게 이들은 '용공분자容共分子'로 분류됐다.

인민군 위장 국군, '빨갱이 부역자' 강요

모든 것이 '함정'인 것을 아는 데 걸린 시간은 그리 길지 않았다. 인민군 복장을 한 10여 명의 무리 뒤로 1개 중대(100여 명) 규모의 군병력이 후방을 지원하며 마을 입구에 들어섰다. 어처구니없게도 이들은 수양산을 넘어온 12중대 군인들이었다. 동향 파악을 위해 인민군으로 위장한 선발대가 먼저 마을에 들어왔던 것이다. 그리고 '빨갱이 부역자'를 가려낸다는 명분하에 사람들을 마구잡이로 폭행하고, 강요에 의한 '동조'를 얻어냈다.

그러나 일부 군인들은 주민들에게 태극기를 보여주며 자신이 국군임을 알렸던 것으로 전해진다. 맹리에서 만난 한 주민은 "사람들만 보면 무조건 총살했지만, 몇몇 양심 있는 군인도 있었다"고 했다. 그러면서 "괴뢰군 복장을 한 사람 중 일부는 뒷주머니에 태극기

하갈마을에서 총살장으로 올라가는 길. 전선으로 포박된 주민들은 영문도 모른 채 군인들에 의해 끌려가 죽임을 당했다.

를 꽂아 넣고 일부러 이를 보여주기도 했다"고 털어놨다. 실제로 현장에서 이를 목격한 박종섭 씨는 2008년 진실화해위 조사에서 "군인들이 갈전리와 월곡에서 인민군 군복으로 갈아입고 주민들을 속였는데, 몇몇은 몰래 태극기를 보여줬다"고 증언한 바 있다. 태극기를 본 주민들은 구타를 당하는 속에서도 '대한민국 만세'를 외쳤고, 이들은 결국 목숨을 부지할 수 있었다.

　　군인은 마을 사람들을 연령별로 분류했다. 아직 나이가 어렸던 류 씨는 조심스레 학생들 틈에 끼어 있었다. 그런데 한 군인이 그의 큰 키를 보며 "이 새끼는 왜 여기 있어, 저쪽으로 안 가?"라며 신경질적인 목소리로 류 씨를 어른들 틈으로 내보냈다. 친구들과 분리된 그 순간 류 씨는 직감적으로 '죽음'을 예감했다.

그는 40여 명의 어른들 틈에 섞여 하갈마을과 맞닿아 있는 월곡마을 뒷산으로 끌려갔다. 전선으로 포박된 이들은 머리를 숙인 채 앞 사람 뒤꿈치를 바라보며 한발 한발 걸음을 내딛었다. 행여 머리를 들었다간 거침없이 개머리판이 들어왔다. 총살장으로 끌려가는 자식을 바라보며 몇몇 노인들이 마을 앞에서 발만 동동거린 채 오열했다. 산 중턱에서 이를 본 군인들은 하갈마을 쪽으로 기관총을 난사했다. 그 통에 박영자 씨(당시 15세) 어머니는 다리에 총상을 입었다. 박 씨의 오빠 박남종 씨(당시 31세)는 이날 총살장에 끌려가 군인들에 의해 목숨을 잃었다.

40여 명 집단 사살, 아이 울음소리에 '확인 사살'

"사격⋯⋯."

조금 뒤 다시 이어진 "확인 사살".

차갑고 날카로운 중대장 목소리와 함께 기관단총이 불을 뿜었다. 쏟아져 나온 총알을 맞고 사람들은 곧바로 땅바닥에 고꾸라졌고, 수양산에 부딪혀 되돌아온 한스러운 굉음은 하갈 주민의 오열과 뒤섞였다. 오후 4시경 마을을 덮친 군인들은 어둑해지는 6~7시경 총살형을 집행했다. 그리고 '끝났다'고 생각한 이들은 무기를 챙겨 들고 산을 내려오려 했다. 그런데 그 순간 피범벅이 된 시체더미 속에서 찢어지는 듯한 애기 울음소리가 터져 나왔다.

"이놈들이 아직 살아 있네."

중대장의 말과 함께 "확인 사살"이란 명령이 다시 떨어졌다. 그리고 곧바로 2차 총격이 가해졌다. 어머니 등 뒤에서 겨우 총탄을 피한 한 아이의 울음은 그제야 멈췄다. 당시 죽은 아이의 신원은 정확치 않으나, 최정휴(당시 61세)·최영휴(당시 58세)·최병철(당시 38세)·박귀순(당시 39세)·최영주(당시 17세)·최정애(당시 6세)·최경례(당시 1세, 호적 미등재) 등 일가족 일곱 명이 몰살된 것으로 확인된 가운데 갓난아이인 최경례일 것으로 추정된다. 최 씨 가족이 이렇듯 변을 당한 것은 국군을 인민군으로 착각한 최정휴 씨(할아버지)가 가족을 살리기 위해 자신의 숙부(최병희)와 당숙(최병호)이 몇 개월 전 보도연맹 사건으로 희생된 사실을 알렸기 때문이다. 군인은 이들 모두를 '좌익분자'로 판단했다.

최일주 씨도 당시 현장에서 형을 잃었다. 하갈마을에서 만난 그는 "60세 중반이던 아버지는 군인들에 의해 논바닥에서 심한 매질을 당했고, 형님(최길주, 당시 20세)은 군인에게 끌려가 목숨을 잃었다"고 했다. 최 씨는 "그때 내 나이가 열여섯 살이었는데, 내 밑으로 열세 살, 열 살 동생과 함께 산으로 도망가서 우리 세 형제는 다행히 목숨을 부지할 수 있었다"고 회고했다.

40여 명의 무고한 주민들은 고향 마을이 내려다보이는 산 중턱에서 한스런 죽음을 맞이했다. 그리고 총살 집행을 끝낸 군인들은 '한 마을을 끝냈다'는 듯한 표정을 내보이며 "출발"이라는 소리와 함께 유유히 그 장소를 떠났다. 12중대는 이후 하갈을 지나 다음 장소인 서유초등학교(화순 북면 서유리) 쪽으로 방향을 틀어 작전을 이어갔다.

삶과 죽음의 경계, 사선(死線)을 넘다

얼마나 시간이 지났을까. 끈적한 피비린내 속에서 신음소리가 새 나
왔다. 팔과 허리에 총상을 입은 류동호 씨는 온기가 남아 있는 시체
들 사이에서 가는 숨을 내쉬었다. 서너 시간 전 보리밭을 갈던 열일
곱 살 학생은 참혹한 고통과 공포, 그리고 추위 속에서 사투를 벌이
다 서서히 정신을 잃어갔다.

　류 씨가 다시 정신을 차렸을 때는 대여섯 시간이 지난 후였다.
사경을 헤맨 끝에 겨우 깨어난 그는 나뒹구는 시체더미 속에서 산
사람이 자신 말고 누군가 또 있음을 알아차렸다. 순간 뭔지 모를 안
도감이 밀려왔다. 이날 총살로 40여 명 가운데 일고여덟 명이 목숨
을 부지했고, 이들 중 현재까지 생존한 이는 류 씨가 유일하다. 그는
"천운이었다"고 했다. 또 "하늘이 돕지 않고서야 어떻게 살 수 있었
겠느냐"는 말도 덧붙였다. 그렇게 살아난 류 씨는 다른 생존자와 함
께 죽을힘을 다해 그곳에서 빠져나왔다.

　갈전리에서 만난 류 씨의 팔은 참혹했던 당시의 흔적이 고스란
히 배어 있었다. 총상 자국은 깊게 패어 있었고, 힘줄이 끊겼는지 손
은 불구가 돼 펴지지 않았다. '팔을 보여줄 수 있냐'는 요구에 자신의
옷을 걷어 보인 그는 일그러진 표정을 한 채 애써 팔에서 눈을 뗐다.
류 씨는 "총상을 입고 혼이 나갔다. 정신을 잃었다"고 했다. 그러면
서 "2차 사격만 없었어도 더 많은 이들이 살았을 것"이라고 안타까워
했다. 그는 "시체 속에서 아기가 울더라고, 그러더니 '이놈들 봐라'
하면서 군인들이 다시 확인 사살을 하는 거야, 그 통에 다 죽었지."

총살 현장에서 살아남은 류동호 씨가 총상을 입은 자신의 팔을 내보이며 당시 상황을 설명하고 있다.

라고 말했다. 당시 상황을 회고하는 류 씨의 표정은 무척이나 힘들어보였다.

　마을로 내려온 그는 병원에도 가지 못한 채 집에서 총상을 치료했다. 그는 "아주까리(피마자) 껍질을 벗기면 하얀 알맹이가 나오는데, 그것을 숯검정, 송진과 함께 버무려 고약을 만들어 상처에 발랐다"고 했다. 그러면서 "팔에서 구더기를 직접 뺐다"는 말도 했다. 몇 개월간 그렇게 민간요법으로 치료한 끝에 상처가 아물었고, 지금의 팔을 얻었다.

전남 동남부권 도피처, '화학산 빨치산' 소탕

호남 지역 공비 토벌에 나선 국군 11사단은 백아산 고립 작전과 함께 화학산 빨치산 부대 소탕 작전도 함께 진행했다. 화순 도암면에 위치한 화학산은 전남 동남부 지역과 연결돼 있어 이 지역 빨치산들이 정보를 교환하고 게릴라전에 대한 작전을 모의했던 주요 근거지다. 화학산에 은거한 반군들은 백아산 기슭의 전남도당 본부와 빨치산 전남총사령부의 지령을 받아 군경과의 항전을 거듭했다. 마지막까지 거세게 저항한 장흥군 유치지구대도 이곳 화학산에서 군경 토벌대에 맞서 혈전을 치렀다. 이 같은 항거로 도암면은 1951년 3월까지 수복되지 못한 채 반군의 체제하에 있었다.

화학산 토벌 작전은 11사단 예하부대인 국군 20연대와 9연대가 맡았다. 20연대 1대대와 3대대는 도암면에서 작전을 수행했고, 9연대 2대대는 이양면과 청풍면에서 합동작전을 폈다. 그리고 이 과정에서 수많은 민간인들이 대거 죽임을 당했다. 여기에 국군을 따라온 우익 청년단에 의한 구타와 학살 역시 빈번하게 이뤄지면서 주민들의 피해를 키웠다.

1951년 3월, 화학산 기슭에 위치한 복구래마을(도암면 운월리) 사람들은 고향을 떠나 인근 부락으로 모두 피해 있었다. 형학남 씨(당시 31세)도 친척이 살고 있는 동두산마을(도암면 원천리)로 몸을 피했다. 그런데 작전 중이던 20연대 3대대 군인들에 의해 형 씨는 이곳 젊은이들과 함께 '빨갱이 부역자'로 분류됐다. 젊기 때문에 반군에 동조했을 가능성이 높다는 것이 이들의 죄목이었다. 그리고 논

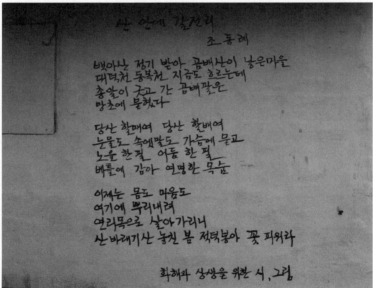

한국전쟁 당시 국군에 의해 '피의 학살'을 당한 하갈마을에는 현재 화해와 상생, 평화를
주제로 한 벽화가 곳곳에 그려져 있다.

바닥에 쭈그린 이들을 향해 심한 매질이 이어졌다. 군인 뒤를 따르던 또 다른 민간인(우익 청년)들은 도리깨(곡식을 두들겨 알갱이를 털어내는 데 쓰는 연장)를 든 채 마구잡이로 이들을 폭행했다. 그 와중에 형 씨는 머리를 심하게 얻어맞고 그대로 쓰러졌다. 시뻘건 피가 턱을 타고 바닥에 줄줄 흘러내렸지만, 흥분한 우익 청년들의 매질은 멈추지 않았다.

형 씨를 비롯한 대여섯 명의 청년들은 포승줄에 묶인 채 이동했고, 그 안에는 전쟁 전 경찰기동대에서 근무한 하동완 씨도 포함돼 있었다. 그런데 도암면 벽동마을(벽지리)과 정천마을(정천리) 사이 강산재를 지날 무렵 하 씨는 국군 중위가 된 친구를 만나게 된다. 그는 억울함을 호소했고, 그렇게 죽음의 문턱에서 이들은 가까스로 풀려났다. 하지만 고통 속에서 가는 숨만 내쉬던 형 씨를 본 군인들은 "너무 맞아 풀어줘도 혼자 갈 수 없을 것이다. 어차피 며칠 못 가 죽을 거, 그냥 총살하는 게 낫겠다"고 말한 뒤 그 자리에서 총살시켰다. 겨우 붙어 있던 숨은 그제야 멈췄다.

암울한 현대사의 비극, 좌우에 선 형제

1951년 3월 17일(음력 2월 10일), 도암면 수색 작전에 나선 국군 20연대 3대대는 해망산海望山(해발 359m)을 넘어 도암면 도장마을(도장리)에 도착했다. 산을 넘기 전 도곡면을 지나오면서 이미 수십 명의 민간인들 심장에 총구를 겨눈 만큼 이들의 토벌 작전에는 거침이 없었다.

도장마을 도포배미 언덕의 모습. 하우스 앞에 기관총을 거치한 뒤 그 아래 논에 모인 주민들을 향해 그대로 난사했다.

　　해망산 기슭 도포배미 언덕 아래에 위치한 가옥 — 주민들은 집터가 넓은 이곳을 '큰집'이라고 불렀다 — 에서는 좌익 인사들이 회의를 열곤했다. 군 토벌 작전이 있기 전날에도 빨치산들은 이곳에 모여 작전 회의를 진행했다. 훤히 켜진 불빛 사이로 간간이 인민군가 소리가 새어나왔다. 자정을 넘긴 시각, 빨치산 부대 연락병이 '큰집'을 찾았다. 군 토벌대의 '도장리 습격 작전' 계획을 전해 듣고 이를 급히 알려주고자 함이었다. 이들은 서둘러 흔적을 지운 뒤 해망산 우측(좌측은 도곡리 방향) 천태산天台山(도암면 천태리) 너머 화학산으로 숨어들었다.

　　어스름한 하늘이 열리더니 도장마을 한가운데에 난데없는 포탄이 떨어졌다. 그런 뒤 뇌성 같은 총성이 이어졌다. 3대대는 아비규

　　　　꽃 같던 청춘, 회문산 능선 따라 흩뿌려지다

중앙에 있는 가옥이 한국전쟁 초기 빨치산들이 모여 회의를 열었던 장소(큰집)이다.

환 속에 사람들을 끌어냈다. 이 과정에서 김민동 씨(당시 44세)와 김
연순 씨(당시 34세)는 군인들 지시에 능장을 부렸다며 그 즉시 사살됐
다. 도곡에서 작전 중이던 3대대는 전날 빨치산 간부들이 이곳 도장
마을에 모여 회의한다는 정보를 입수하고 서둘러 작전을 수행했다.
하지만 군 동향을 사전에 파악한 빨치산들은 2대대가 도착하기 전
마을을 떠나 이미 화학산으로 빠져나간 뒤였다.

군인들은 마을 위쪽 해망산 기슭 도포배미 언덕으로 사람들을
끌고 갔다. 새벽녘 어안이 벙벙했던 주민들은 아직 어둑한 상황에서
서로를 확인했다. 울먹인 아이, 아기를 업은 새댁, 핫바지 차림의 문
씨, 다리가 불편한 김 노인까지. 표정 곳곳에 공포심이 가득했다. 칼
빈 총을 멘 군 간부 한 명이 도포배미에 오른 주민을 향해 소리쳤다.

도장마을에서 바라본 해망산.

"대한민국에 공이 있거나, 군 또는 경찰 가족은 이쪽으로 서라."

주민들은 이내 갈리기 시작했다. 당시 열세 살이던 김범순 씨도 서둘러 자리를 이동했다. 경찰이던 그의 큰형님(김학순, 사망 당시 25세)은 1948년 10월, 여순 사건 진압 도중 14연대 반란군에 의해 순직했다.

도포배미 언덕 한 부분에 선 김 씨는 "이 자리야, 이 자리!"라며 그날 상황을 재현했다. 그는 "그땐 몰랐는데, 나중에 군대 가서 본게 소대장쯤 돼 보이는 사람이 군이나 경찰 가족은 이쪽에 모이라고 했다"며 "그래서 우린 살았지"라고 다소 흥분한 듯 말을 이었다.

김 씨는 얄궂은 사연 하나를 더 털어놓았다. 바로 자신의 둘째 형 김보순 씨 얘기였다. 그는 큰형과 달리 전쟁 도중 좌의 편에 섰

꽃 같던 청춘, 회문산 능선 따라 흩뿌려지다

다. 1950년 인민군 점령 시기 의용군으로 징집된 둘째 형(당시 21세)은 빨치산으로 활동 중 국군과 치열하게 맞섰다. 1·4 후퇴 이후 포로로 붙잡혀 거제포로수용소에 수감된 그는 1953년 6월 18일 반공포로 석방 조치에 따라 마산으로 후송된 뒤 고향인 화순으로 돌아왔다. 피를 나눈 두 형제는 시대의 격랑 속에서 각각 상대 진영에 총구를 겨눠야만 했다. 좌와 우로 나뉜 암울한 현대사가 가져온 또 다른 비극이었다.

살기 위한 몸부림, 북한 의용군 지원

김보순 씨로부터 이에 대해 좀 더 자세한 얘기를 듣고자 했다. 하지만 그와의 만남은 이태 후인 2017년 2월에서야 이뤄졌다.

1950년 6월, 세상은 바뀌었다. 전쟁 사흘 만에 서울이 함락됐고, 낙동강 이남을 제외한 전 지역이 빠르게 좌익 치하가 됐다. 북한 인민군 탱크가 광주 산동교(북구 동림동)를 통해 호남의 중심부까지 들어온 것은 7월 23일. 군경이 모두 후퇴한 상황에서 인민군은 아무런 저항 없이 호남 구석구석을 점령했다. 3개월여간 이어진 인공기는 그렇게 시작됐다.

달라진 세상의 틈바구니에서 어떻게든 가는 목숨을 부지해야만 했다. 때마침 1950년 7월 1일 북한 최고위민위원회 상임위원회는 '전시동원령'을 선포, 이에 근거한 인민의용군 모집을 공식화했다. 북한 군사위원회 제4차 회의에서 '인민의용군조직위원회' 구성이 결정됐고, 서울을 비롯한 주요 도시에 훈련소가 설치됐다. 단기 군사 정치 훈련을 거친 의용군은 인민군(정규군) 편입이 가능하도록 방침까지 세워졌다.

김보순 씨는 마치 생존 본능처럼 의용군에 지원했다. 경찰 가족이기에 마냥 있다간 죽을 수 있다는 판단도 섰다. 스무 살 이상 지원자는 화순중학교에 마련된 임시 훈련장에서 의용군 제식훈련을 받았다. 그런 뒤 담양 지실마을(남면 지촌리) 합숙소로 이동했다. 김보순 씨는 당시 스물한 살이었다.

무등산 북쪽 원효사元曉寺와 동쪽 서봉사터에서 흘러내린 물줄기가 하나 되어 떨어지는 지촌리는 식영정息影亭과 환벽당環碧堂, 소쇄원瀟灑園이 '일동삼승一洞三勝'을 이루는 명승이다. 증암천을 경계로 충효동(광주광역시 북구)은 임진왜란 당시 의병장이던 김덕령金德齡 장군을 낳았고, 지실의 여러 정자와 누각에선 송강松江 정철鄭澈이 수학하며 가사문학을 꽃피웠다. 김 씨는 이곳 지실에서 여러 날을 지낸 뒤 노란색 의용군 군복을 지급받았다. 역사의 질곡에 내던져질 것을 아는지 모르는지, 노르께한 피복을 받아안자 완장을 찬 듯 뭔가 으스댄 기분이었다.

낙동강 '8월 공세'(1950년 8월 4~25일)가 한창이던 때 이들은 무슨 영문에선지 전투에 참여하지 않고 곧장 북으로 향했다. 보름달이 훤히 뜬 8월 15일 지실을 떠나 전북 진안으로, 경북 안동과 태백산太白山을 넘어 동해안 철로를 타고 북으로 쭉 거슬러 올라갔다. 한반도의 등허리를 끼고 강원 통천에서 원산으로 다시 함흥을 거쳐 러시아와 맞닿아 있는 함경도까지 다다랐다. 남도의 땡볕이 어느새 서리가

꽃 같던 청춘, 회문산 능선 따라 흩뿌려지다

을(서리가 내리는 늦가을)로 바뀌어 앞으로 닥칠 맹추위를 예고했다.

함경도의 겨울은 척박하기 그지없다. 혹한의 추위는 영하 30도를 밑돌고, 허벅지까지 쌓인 눈에 고립되는 경우도 허다하다. 조선 초 함경도 육진六鎭을 개척한 김종서가 시조 「호기가豪氣歌」에서 "삭풍朔風은 나무 끝에 불고 명월明月은 눈 속에 찬데"라고 한 것은 괜한 말이 아니었다. 한반도에서 가장 춥고 오지라는 삼수갑산三水甲山도 이곳 함경도에 위치해 있다. 함경도에서 겨울을 나는 것만으로도 이들에겐 극한 훈련이었다.

1950년 12월, 드디어 출정식이다. 거친 눈보라를 뚫고 남으로 진격하기 시작했다. 강원도에 이르자 의용군이던 신분은 인민군으로 편재가 바뀌었다. 비로소 북한 정규군 소속이 된 것이다. 샛노란 의용군 복장에서 그럴싸한 인민군 동복이 주어진 것도 이때다. 남으로 진군하는 내내 고향에 가까워지고 있다는 설렘과 전투에 참여할 것이라는 두려움이 어지럽게 교차했다.

동부전선, 그리고 포로가 되다

9·28 수복의 설욕전은 매서웠다. 중공군의 합류와 소련제 무기를 앞세운 이들의 전투력은 막강했고, 거침없는 남진에 국군은 또다시 패주해야만 했다. 1951년 1월 4일 서울에서 철수한 국군과 유엔군은 평택-원주-삼척을 잇는 'D 라인'에서 재반격의 기회를 노렸다. 이른바 선더볼트Thunderbolt 작전(1951년 1월 25일~2월 20일)이다. 1월 25일

경기도 수원·이천 방어선을 돌파하며 작전이 시작됐고, 안양과 군포를 잇는 수리산修理山에서 첫 전투가 벌어졌다. 그리고 용인, 삼척 등을 빠르게 수복한 유엔군은 2월 20일 관악산冠岳山을 점령했다. 이에 앞서 2월 10일 만조에 맞춰 전개된 2차 인천 상륙 작전 성공은 재반격의 모멘텀momentum을 만들어줬다.

1951년 1월 1일 '신정공세'(중공군 3차 대공세)로 남하한 김보순 씨는 강원도에서 출발해 1월 중순 소백산小白山 어깨너머 충북 단양까지 진입했다. 북한군은 춘천에서 홍천(집결지)으로, 다시 횡성·원주·제천·단양·풍기·예천·안동(집결지)을 거쳐 마지막 의성까지 남진했다. 그 선봉에 인민군 10사단이 있었다. 『호국경찰전사』에 따르면 춘천·원주·대구를 잇는 선으로 침투한 10사단은 대구 팔공산八公山 침입에 실패한 뒤 청송 쪽으로 북상해 퇴주했다. 한국현대사의 권위자 도진순 창원대 교수는 예천 산성동 미군 폭격 사건과 관련한 자신의 논문에서 인민군 10사단이 경북 예천군 학가산鶴駕山(882고지)까지 주둔했다고 전했다. 도 교수는 이외에도 북한 2사단과 5사단 일부 병력이 인근 지역을 결집 장소로 활용했다고 주장했다. 김보순 씨는 자신의 인민군 소속과 관련해 "사단은 모르겠고, 3대대인 것만 기억난다"고 말했다.

북한군은 원주·제천·단양·풍기로 이어지는 주공급로를 장악하고자 했다. 그렇게 되면 수세에서 공세로 전환하려던 연합군의 전선이 다시 후퇴하게 되고, 비교적 안정적인 서부전선마저도 크게 흔들릴 수 있다. 1951년 1월, 충북·경북을 아우르는 소백산맥小白山脈 지대가 한국전쟁의 승패를 가늠하는 격전지가 된 것은 바로 이런 이유에서다. 유엔군의 화력이 집중된 동부전선은 미美 10군단이 작전을 총괄했다. 1월 중순 10군단장 에드워드 M. 아몬드Edward M. Almond 소장은 한국군 8사단을 황강(제천), 2사단을 단양, 5사단을 영주에 배속시켰다. 또한 미군 7사단과 187공수연대 전투단도 함께 배치했다. 이들은 한겨울에도 북한군이 은거할 수 없도록 마을을 초토화시켰다. 미8군 사령관 매슈 B. 리지웨이Matthew B. Ridgway 중장은 1월 5일 "네이팜으로 마을을 소각하는napalming of villages" 작전도 고려해야 한다고 말하기도 했다. 그리고 1월 19일 예천 산성동 미군 폭격 사건과 20일 단양 곡계굴 미군 폭격 사건이 연이어 발생한다. 이 사건으로 민간인 피난민 500여 명(산성동 350여 명과 곡계굴 150여 명)이 미 전투기의 네이팜탄과 기총 사격에 의해 희생됐다.

나는 중공군이 점령한 지역을 방문하고 충격을 받았다. 그곳에서 만행은 거의 없었다. …… 당신들은 군대를 보호하기 위해 전적인 권한을 가진다. 그러나 적에 점령되지 않았던 마을이나 도시를 기총소사나 폭탄으로 무제한 파괴하는 것까지 허용되는 것은 아니다.

중공군 점령 지역에 민간인 피해가 없음을 뒤늦게 안 리지웨이가 휘하 군단장에게 내린 지시문이다. 이러한 명령은 서울을 재탈환한 뒤 38선을 중심으로 전선이 고착화된 1951년 3월에서야 이뤄졌다. 한반도에서 핵무기 사용을 주장한 유엔군 사령관 맥아더가 경질되고 리지웨이가 그 후임이 되기 바로 한 달 전의 일이다.

"남이냐, 북이냐" … "남이요"

김보순 씨는 1월 중순 충북 단양에서 풍기 방향으로 남진 중이었다. 하지만 유엔군의 반격에 더 이상 진격이 쉽지 않았다. 더욱이 동상까지 얻어 제 몸 하나 추스르기도 어려운 상태였다. 단양에서 치료를 받던 그는 결국 1월 22일 유엔군 포로가 됐다.

"운이 좋았어."

그는 대뜸 이렇게 얘기했다.

"유엔군이 아닌 국군에 잡혔다면 분명 그 자리에서 총살됐을 것"이라고 말하기도 했다. 그렇게 소속 부대원 예닐곱 명과 함께 경북 영주비행장에서 후송돼 부산 포로수용소로 이동했고, 이곳에서 동상을 치료한 뒤 거제포로수용소로 옮겨 왔다.

한 공간에 두 개의 조국이 존재한 곳, 거제포로수용소는 남북 대치의 또 다른 상징이자 축소판이다. 포로 20만 명은 친공과 반공으로 나뉘어 분열했고, 갇힌 우리 속에서 또다시 편이 갈려 대치했다. 수용소는 포로와 군인뿐만 아니라, 포로들 간에도 미묘한 긴장감이 흘렀다. 북송을 거부한 반공 포로와 송환을 희망한 친공 포로가 맞서면서 유혈 사태가 빚어졌고, 친공이 장악한 몇몇 수용소는 막사를 드나드는 것조차 쉽지 않았다.

결국, 1952년 2월 친공 포로의 공격으로 미군 한 명이 사망하고 포로 77명이 숨졌으며, 3월에는 막사 옆을 지나던 경비대 행렬에 반공 포로가 투석을 가한 것이 계기가 돼 포로 10여 명이 그 자리에서 목숨을 잃었다. 다만, '투석 사건'과 관련해 김보순 씨는 그간의 통설

도장마을 도포배미 언덕에 오른 김보순 씨(좌)와 김범순 씨(우).

을 뒤집는 주장을 폈다. 그는 "(군인들이) 한 사람 앞에 돌 몇 개씩 쥐어주며 (친공 포로들에게) 던지라고 했다. 맞아서 소리 지르는 사람, 울부짖는 사람도 있었다"고 증언했다. 국군과 반공포로가 무력 진압의 빌미를 먼저 제공했다는 설명이다.

사달은 1952년 5월 7일 벌어졌다. 거제포로수용소장 프랜시스 T. 도드Francis T. Dodd 준장이 친공 포로에게 납치되는 사건이 발생한 것이다. 세계 전쟁사에서도 유례를 찾아볼 수 없는 전무후무한 일이었다. '포로의 포로'가 된 도드는 비록 3일 만에 풀려났지만, 수용소는 이후 일대 혼란에 빠졌고, 수용소장 역시 두 번이나 교체되는 불명예를 안았다. 1952년 5월 리지웨이 후임으로 유엔군 총사령관에 오른 마크 W. 클라크Mark W. Clark 대장은 수용소 치안에 대한 강경책을 구사했고, 신임 수용소장인 헤이든 L. 보트너Hayden L. Boatner 준장이 6월 10일 공수특전대와 탱크를 앞세운 대대적인 무력 진압을 시도하면서 '거제도 포로 소요 사건'은 도드 석방 한 달 만에 일단락됐다.

친공과 반공이 첨예하게 대립하던 3월, 전국 각지에서 정보과 형사들이 몰려왔다. 수용소 한켠 하얀 천막 안에선 수많은 포로가 무릎을 꿇은 채 심사관 앞에 섰다. 개인 신상카드를 받아든 이들은 곧바로 면회를 시작했다. 전향 심사다. 김보순 씨 고향인 화순경찰서에서도 사람이 나왔다.

"남이냐, 북이냐."

질문은 거두절미했다.

"남입니다."

답변 역시 짧고 간결했다.

"남이냐, 북이냐 그 한마디만 묻는다. 남으로 갈 것이냐, 북으로 갈 것이냐를 묻는 것인데, 나는 남으로 가겠다고 했다. 특별한 이유는 없다. 형님이 경찰이었고, 오랫동안 고향을 떠나오면서 집에 가고 싶다는 생각이 간절했다."

포로들은 심사 후 분리 수용됐고, 6월 소요 사태 진압 후 북송을 희망하는 포로들은 거제를 비롯해 용초도龍草島, 봉암도蜂巖島 등지로 옮겨졌다. 반면, 송환을 거부한 이들은 제주·광주·논산·마산·영천·부산 등지로 흩어져 수용됐다. 1952년 8월, 북송을 거부한 김 씨는 아침부터 이송 준비를 서둘렀다. 이를 본 친공 포로들이 수용소를 나서는 트럭에 대고 있는 힘껏 가래침을 당기더니 '퉤' 하고 내뱉었다. 그런 다음 쌍욕을 찌글어댔다. '배신자'라는 비아냥과 야유가 곳곳에서 쏟아졌다.

마산 포로수용소에 도착한 첫날 무장한 군인이 수용소 인근에 집결했다. 인민군이 온다는 소식에 지역 유지들이 군경에 치안 유지를 요청한 것이었다. 반공 포로임을 알리려는 듯 이송된 포로들은 큰소리로 군가와 애국가를 복창했다. 군경과 시민들은 그제야 철수했다.

1952년 추수 무렵 김보순 씨는 화순으로 돌아왔다. 다행히 동생과 가족들은 무사했다. 안도감과 미안함이 한꺼번에 밀려왔다. 그는 몇 개월 고향에서 지낸 뒤 이듬해 3월 6일 국군에 재입대했다. 논산에서 훈련받고 국군 1사단에 배치돼 다시 인민군에 총부리를 겨눈 그는 서부전선의 끝자락, 경기 연천에서 7·27 정전협정을 맞았다. 한국전쟁 3년, 20대 초반의 한 청년은 역사의 소용돌이 속에서 때로는 인민군이, 또 때로는 국군이 되어 또 다른 자신에게 방아쇠를 당겨야만 했다. 그렇게 그는 모진 자신을 지켜냈다.

"뭣 땜시 죽인다요", 도장마을 나순례 씨의 용기

도포배미 앞 논에는 100여 명이 넘는 주민이 모여 있었다. 군인들은 군경 가족을 제외한 아이와 노인, 그리고 여성과 청장년 남성을 구분해 따로 줄을 세웠다. 그 줄이 무엇을 의미하는지 주민들도 금세 직감했다.

산에서 매복하던 시커먼 무리가 위장막을 걷어내며 내려오더니 사람들이 모여 있는 논 바로 위 언덕에 기관총을 거치하기 시작했다. 군인들은 남성 쪽을 바라보며 총구를 낮춘 뒤 그대로 방아쇠를 당겼다. 노란 불꽃을 뿜은 화기는 주민들을 거침없이 집어삼켰고, 사지를 뚫고 나온 총탄과 핏빛으로 논바닥은 붉게 뜯겼다. 20여 명의 남성들은 몸이 갈기갈기 찢긴 채 그 자리에서 쓰러졌다. 주민들의 통곡 소리에 도포배미는 순간 아수라장이 됐다. 군인들 편에 있던 군경 가족도 일제히 얼굴을 돌리며 끔찍한 현장에서 눈을 피했다. 모든 게 부지불식간에 이뤄진 일이었다. 당시 현장에 있었던 김범순 씨는 "거총시켜서 그대로 난사했다. 정말 비참하게 죽었다"고 말했다. 그는 "좌익에서 활동한 사람들은 다 나오라고 했는데, 없으니까 아무도 안 나갔고, 그래서 다 죽인 것"이라며 분노했다. 그러면서 "전쟁은 정말 없어야 한다"고 치를 떨었다.

도장마을에서 만난 김잠귀 씨 부친은 총격이 가해지기 직전 재빨리 여자들 쪽으로 몸을 숨겨 총탄을 피할 수 있었다. 김 씨는 "체격이 크지 않았던 아버지께선 얼른 줄을 바꿔 살아남았다. 여자 쪽은 아마도 살 것 같다는 판단을 하셨던 것 같다"고 말했다.

장년층을 사살한 기관총의 가늠쇠는 어느새 여성 쪽을 향했다. 그때였다. 세 살배기 아이를 등에 업은 나순례 씨(당시 29세)가 갑자기 뛰쳐나가더니 총부리를 틀어잡았다. 방금 전 난사로 총열은 뜨거웠지만, 나 씨는 아랑곳하지 않았다.

그는 군인들을 보며 처절하게 울부짖었다.

"뭣 땜시 우리를 죽인다요? 아무 죄 없는 우리를 제발 살려주시오."

공포감에 떤 채 아무 말 없던 몇몇 주민과 아이들이 하나둘 흐느끼기 시작했다. 냉혈한처럼 보였던 군인들도 그 모습에 차츰 동요하기 시작했다. 결국 이날의 학살은 멈췄고, 군인들은 싸늘하게 널브러진 시체를 방치한 채 급히 철수했다. 하지만 열 살 어린아이를 포함해 마을 주민 20여 명이 목숨을 잃은 뒤였다. 주민들은 시체를 건드리지 말라는 군인 지시에 시신도 수습하지 못한 채 거적으로 대충 덮어두고 마을을 떠나야만 했다. 이후 마을을 다시 찾은 주민들은 시신을 대발쌈(대나무로 이엄을 엮은 관)에 넣어 땅에 묻고 통곡의 장례를 치렀다.

2015년 겨울 도장마을을 방문했을 때 나 씨 등에 업혀 있던 아이를 만났다. 세 살 어린아이는 어느새 고희古稀를 바라보는 나이가 됐다. 도장마을에 여전히 터를 이루며 살던 형시문 씨는 어머니 행동에 대해 "아마도 어린 나를 업고 있어 그런 용기가 나왔던 게 아닌가 싶다"며 "자식을 둔 어머니니깐 가능했다"고 말했다. 나순례 씨는 이미 10여 년 전 고인이 됐다. 하지만 마지막 순간까지도 그날 얘기를 꺼내는 것을 꺼려했다. 절체절명의 순간 엄청난 용기를 보인 나순례 씨에게도 당시 기억은 치 떨리는 공포였고, 가슴 메이는 상처였다. 형 씨는 "어머니로부터 어떤 얘기도 듣지 못했다. 그때 일을 물어보면 되레 화를 내시곤 했다"고 털어놨다. 나 씨의 용기 있는 행동으로 이날 학살은 멈췄고, 주민 100여 명 이상이 목숨을 부지할 수 있었다.

2017년 2월, 도장마을을 다시 방문했을 때 형시문 씨 안부부터 찾았다. 공교롭게도 그는 몇 개월 전 세상을 떠나고 없었다. 짧은 시간 이뤄진 인터뷰, 그 속에 담긴 수백 가지 표정과 눈짓을 다시 한 번

군경의 총구를 붙잡고 울부짖었던 나순례 씨의 아들 형시문 씨. 그는 현재 고인이 됐다.

곱씹었다. 슬픔의 파편이 한 조각, 한 조각 역사가 되어 그들 가슴 속에 박혀 있다.

　　현재 도장마을 주민들은 학살이 있던 음력 2월 10일 합동 위령 제를 모시고 있다. 또 나순례 씨 공적비 건립도 논의 중에 있다. 한 주민은 "동네 사람 모두 그분에게 감사드리고 있다"며 "절대 잊을 수 없는 은혜"라고 거듭 감사의 뜻을 전했다.

불갑산 꽃무릇에 배인
선불(仙佛)의 절규

5중대의 인간 사냥, 그리고 마지막 살육 '대보름 작전'

영광

장성

불갑사

월악리

정산리

불갑산

월악산

팔열부정각

용천사

지변마을

월야리

모평마을

함평

"살 꼬실라지는 소리가 픽픽 나고,
골 뒤는 소리가 퉁퉁거렸지······."

×××

종일 비가 내렸다. 3월 말 거친 비바람은 제법 쌀쌀했고, 낮인데도 날
은 어둑했다. 잔뜩 낀 먹구름 사이로 연초록 새악시가 옥토를 뚫고
방실댔지만, 가라앉은 마음은 한없이 무겁기만 했다. 정유년(1597년)
지아비를 잃은 '팔열부八烈婦'가 안쓰럽게 남산뫼를 가리켰다. 지변마
을 건너 외롭게 떠 있는 남산뫼는 핏빛 같은 속살을 드러낸 채 을씨
년스럽게 마을을 내려 봤다. 200여 명의 원혼이 뒤섞여 응어리 된 구
릉은 60년 넘는 세월 동안 삼도천三途川이 돼 그 자리를 지켜선 채 말
이 없었다.

　1950년 12월 7일(음력 10월 27일) 아침, 함평군 월야면 월악리(지
변·내동·성주마을)와 월야리(동산·괴정·송계·순촌마을) 앞 남산뫼에 까
마귀 떼 같은 한 무리의 군인들이 중대장 지시에 분주하게 움직였
다. 이어 작전 준비를 끝낸 이들은 그 자리에 매복한 채 중대장의 수
신호를 기다렸다.

　같은 시각, 월악리와 월야리 주민들은 뭔가에 홀린 듯 이른 새
벽부터 잠이 깼다. 전날 군인들이 인근 정산리(장교·동촌마을)에서
70여 명의 주민을 학살했다는 소식을 듣고 기분이 뒤숭숭한 탓에 잠
을 설쳤다. 몇몇 젊은이들은 험한 꼴을 피하고자 서둘러 동네를 벗
어나 몸을 숨기기도 했다. 정산리뿐만 아니라 계림리에서도 60여 명
의 무고한 이들이 무자비한 총검에 죽임을 당한 터라 이곳만은 군인
들 발길이 미치지 않길 바라며 어른들은 뜬눈으로 밤을 지새웠다.
하지만 이러한 걱정은 금세 현실이 됐다.

토끼몰이식 작전과 남산뫼 대학살

작전은 토끼몰이식으로 이뤄졌다. 동이 터오자 어슴푸레 비췄던 마을이 한눈에 들어왔고, 7개 마을을 둘러싼 군인들은 가가호호를 뒤지며 사람들을 끌어냈다. 빨치산이 전날 파손한 도로를 복구해야 한다며 안심시키는가 하면, 나오지 않다가 발각되면 그 자리에서 총살시키겠다고 위협하기도 했다.

아침을 먹고 막 상을 치우던 정진억 씨(당시 11세, 지변마을) 집에 군인이 들어온 건 오전 9시경. M1 소총을 든 군인은 험한 표정을 내보이며 정 씨 가족을 다짜고짜 잡아챘다. 어안이 벙벙했던 정 씨는 우물쭈물했고, 군인은 "이 새끼 빨리 안 나가!"라며 정 씨의 어깨를 총대로 내리쩍었다. 중심을 잃은 그가 토방에 나가떨어지자 둘째형 진상 씨(당시 15세)가 울먹이며 달려와 동생을 일으켜 세웠다. 집 안에는 아버지 정정모 씨와 둘째 형 그리고 정 씨가 있었다.

군인이 들이닥치기 전 정 씨의 큰형 진덕 씨(당시 19세)는 청년 몇 명과 함께 마을에서 조금 떨어진 연당 방죽(연당제) 수문으로 향했다. 정산과 계림리 다음은 월악리라 판단하고 미리 몸을 피하고자 했던 것이다. 그런데 일행 중 한명이 '마을에 별일 없는 것 같으니 그냥 집으로 가자'고 했고, 함께 있던 이들이 동조하면서 발걸음을 되돌렸다. 결국 운명運命은 이들 편이 아니었던 게다. 마을에 들어선 지한 시진이 지났을까. 동네 입구 구렁길에서 군인들이 까맣게 몰려왔다. 황급히 피하려 했지만, 이미 늦은 뒤였다. 후방에 매복한 군인에게 발각되면서 이들은 그대로 포박됐다.

남산뫼에서 바라본 지변마을 모습. 왼쪽 끝에 팔열부정각이 서 있다. 1681년 지어진 정각은 1957년 정유재란 때 정절을 지킨 열부 여덟 명을 기리기 위해 세워졌다.

그 시각 큰형을 제외한 정 씨 가족은 마을 어귀에 있는 팔열부정각八烈婦旌閣으로 이동했다. 정각 주변에는 이미 수백 명의 주민이 한데 모여 있었다. 정확한 숫자를 가늠하긴 어렵지만 당시 현장에 있던 몇몇 증언자에 따르면 대략 800여 명 이상 모였던 것으로 전해진다. 이들은 팔열부정각 옆 논에 집결한 뒤 남산뫼로 자리를 옮겼다. 군인들은 남산뫼에 오른 주민을 연령별로 분류한 뒤 또다시 남산뫼 뒤편 완만한 곳으로 끌고 갔다. 겁에 질린 주민들 등 뒤로 아늑한 형상의 불갑산이 희미하게 들어왔다.

꽃 같던 청춘, 회문산 능선 따라 흩뿌려지다

세 번에 걸친 확인 사살

매서운 눈빛의 중대장이 험상궂은 표정을 한 채 소리쳤다.

"군경 가족 또는 국방경비대 가족들은 나와."

목소리는 낮고 차가웠다. 몇 초간 침묵이 흐른 뒤 한 청년이 증명을 내보이며 대열 앞에 섰다. 그는 "호국군 소위로 복무하다가 미처 후퇴하지 못하고 처가에 숨어 있었다"고 신분을 밝혔다. 중대장은 아무런 감흥 없이 청년을 쏘아보더니 "뒤로 돌아"라고 명령했다. 그런 뒤 허리춤에 차고 있던 권총을 빼 그대로 방아쇠를 당겼다. 이어 두발을 더 명중시켰다. 컥컥거리며 피를 토한 청년은 "대한민국만세"를 외쳤고, 그대로 엎어져 축 늘어졌다. 당시 죽은 청년은 월악리 인근 계림리 시목마을에 사는 스물두 살의 정병오 씨다.

냉혈한 같은 중대장은 큰소리로 "이놈은 진짜 나쁜 놈이다. 우리가 마을에 들어온 지 언제인데, 여태 나오지 않다가 이제야 나오느냐"고 성을 냈다. 화가 가라앉지 않은 듯 "사상이 의심스러운 괘씸한 놈"이라며 핏대를 세웠다. 험한 분위기는 얼음장처럼 차갑게 바뀌었고, 설마 했던 주민들은 그제야 '아, 큰일 났구나' 하는 불안감에 휩싸였다.

군인들은 마흔다섯 살 이상 어른과 열 살 미만 아이들에게 간단한 가재도구를 챙겨 면소재지로 가라고 돌려보냈다. 또 10~14세('10~16세'라는 증언도 있음) 아이들에게는 성냥을 쥐어주며 집에 불을 지르라고 지시했다. 이제 15세(또는 17세) 이상 45세 미만의 사람만 남았다. 몇몇 노인은 자녀와 떨어질 수 없어 무리에 남기도 했다. 중

지변마을 건너 외롭게 떠 있는 남산뫼. 한국전쟁 당시 군인들은 마을 소개 작전을 편다는 명목하에 주민들을 마구잡이로 끌고 간 뒤 이곳 남산뫼에서 처참하게 살육했다.

대장은 이들을 향해 "지금부터 명당자리를 잡아주겠다"라고 말한 뒤 그 아래 움푹 파인 곳으로 이동했다.

비탈진 곳에 들어서니 덩그러니 놓인 무덤 위로 세 자루의 기관총이 설치됐다. 총구는 며칠 전 풍악소리가 요란했던 월악산月岳山(월야면 외치리) 쪽을 내려 봤다. 그 밑으로 사람들을 몰아넣고, "엎드려"라는 소리와 함께 일제히 총격이 가해졌다. 사람들은 흉측한 몰골로 쓰러졌고, 일부는 시체 속에 파묻혀 숨어들었다. 비명과 울음소리로 남산뫼는 순간 아비규환이 됐다.

한차례 사격이 끝난 뒤 중대장이 나섰다.

"산 사람은 하늘이 돌봤으니 살려주겠다. 일어나라."

그 말을 듣고 50여 명이 눈치를 보며 일어섰다. 현장에서 목숨

꽃 같던 청춘, 회문산 능선 따라 흩뿌려지다

을 부지한 양채문 씨(당시 19세, 현재 작고)도 '정말 하늘이 돕는구나'
라고 생각하며 몸을 일으켰다. 하지만 곧이어 2차 총격이 가해졌다.
천우신조로 살아난 이들은 결국 그렇게 허무하게 죽어갔다.

"이번엔 진짜 살려주겠다. 산 사람은 일어나라."

중대장의 목소리가 또다시 들렸다. 하지만 아무도 믿지 않았다.
그러자 "정말 살려주겠다. 진짜다"고 재차 약속했다. 그 말에 10여 명
이 조심스레 고개를 들었다. 발목에 총상을 입은 양 씨는 죽은 척 꼼
짝 않고 누워 있었다. 옆 사람에게 집중된 조준 사격 탓에 온통 피범
벅이 됐지만, 군인들 눈을 피할 수 있어 도리어 다행이었다.

중대장은 나머지 생존자들에게 "동네에 가서 불을 끄라"고 지
시했다. 그런 뒤 마을로 향하는 이들의 뒤통수에 대고 기관총을 갈
겨댔다. 결국 몇 발자국 못 떼고 이들 역시 그 자리에서 쓰러졌다.
총살이 끝난 뒤에도 군인들은 엎어져 있는 시신을 총대로 휘두르며
꿈틀거리는 이가 있으면 가차 없이 확인 사살했다. 그렇게 200여 명
이상이 싸늘한 주검이 됐다. 한스런 남산뫼 머리 위로 때마침 이슬
비가 보슬보슬 내리기 시작했다.

"아버지, 아버지, 아버지…"

남산뫼 학살이 이뤄진 그 시각 정 씨 가족은 면소재지로 향했다. 그
런데 불을 지르고 뒤늦게 마을을 빠져나온 진상 씨 친구 이귀범이
"진상아, 니그 형 총 맞고 아버지만 찾드라"며 형의 소식을 일러줬

다. 군인이 빠져나간 뒤 남산뫼 현장을 몰래 찾은 그가 진덕 씨를 본 것이었다. 연당 방죽에 있는 줄만 알았던 형이 남산뫼에 있다는 얘기에 가족은 깜짝 놀랐다. 수백 명이 모여 있어 미처 형을 발견하지 못했던 게다. 가재도구를 짊어진 채 힘겹게 이동하던 아버지는 정씨 형제를 붙잡고 뛰다시피 남산뫼로 되돌아왔다.

남산뫼는 충격과 공포 그 자체였다. 말로 형용할 수 없는 끔찍한 참상이 정 씨 눈에 들어왔다. 동네를 빠져나올 때 요란한 기관총 소리가 지축을 흔들더니 결국 사달이 나고야 말았던 것이다. 기관총을 거치한 듯한 언덕은 노란 탄피로 뒤덮여 있었다. 어찌나 많은 탄피가 깔렸던지 그 위를 걸을 때마다 자갈밭을 걷는 듯 부스럭댔다. 피 묻은 탄피는 차갑고 미끄러웠다. 몇 걸음 옮길 때마다 자꾸만 넘어져 몸을 잔뜩 낮춘 채 엉거주춤 기어갔다. 매캐한 화약 냄새와 비릿한 피 내음에 숨통이 막혔다.

언덕 밑으로 수많은 이들이 흉물스런 얼굴을 한 채 널브러져 있었고, 이슬비와 함께 씻긴 시뻘건 피는 남산뫼를 적신 채 그 아래로 졸졸 흘러내렸다. 이들은 남성과 여성이 분리된 채 싸늘하게 굳어 있었다. 순간, 무리 속에서 신음하는 형이 보였다. 큰형의 무릎은 두부처럼 으깨져 있었고, 박살난 무릎 아래로 피범벅 된 다리가 힘없이 덜렁거렸다. 아버지는 짊어온 이불의 호창을 뜯고 두꺼운 솜을 댄 뒤 서둘러 진덕 씨 무릎을 감쌌다. 조금 뒤 눈을 뜬 형은 "아버지, 아버지, 아버지……" 하고 부르더니 이내 눈을 감았다. 그러고는 깨어나지 않았다. 이들 부자父子는 주검이 된 진덕 씨를 틀어잡고 악을 쓰며 통곡했다.

군인들은 묘지 위에 기관총을 거치한 뒤 주민들을 향해 그대로 난사했다. 당시 기관총을 거치한 묘는 그대로 남아 있지만, 그 아래 주민이 모여 있던 장소는 현재 조립식 건물과 나무가 식재돼 있다.

2015년 3월 함평읍에서 정 씨와 마주했다. 팔순을 바라보는 그의 표정은 더 이상 원망도, 분노도 없어 보였다. 하지만 당시 기억을 떠올리는 그의 눈망울은 금방이라도 눈물이 터질 것처럼 슬퍼보였다.

"현장에 처음에만 갔어도 분명 형은 살았을 거시여."

정 씨가 내뱉은 첫 마디다. 그만큼 안타까움이 배어 있는 말투였다. 그는 "물팍을 정통으로 맞았지만, 초기에 지혈만 했어도……"라며 거듭 애석해했다. 망연자실한 정 씨 가족은 싸늘하게 식은 형을 인근에 묻고 한스러운 남산뫼를 빠져나왔다.

동갑내기 정일웅과 김일호의 사연

#1. 나는 그날 지옥을 봤다

군인들이 온다기에 새벽까지 또래 친구들과 함께 태극기를 만든 정일웅 씨(당시 19세)도 남산뫼 현장에 있었다. 낮에는 대한민국, 밤에는 인민공화국이던 상황에서 주민들은 어떡해서든 가는 목숨을 부지해야만 했다. 태극기를 만드는 것도, 빨치산에 음식을 내준 것도 선택의 여지가 없던 주민들이 할 수 있는 최소한의 조치였다. 하지만 상당수 주민들은 좌의 편에 섰다고, 또는 우의 편에 섰다며 보복 학살을 당하기 일쑤였다. 특히, 군경에 의한 토벌은 무차별적인 학살로 변질됐고, 그것이 자의든 타의든 관계없이 맹목적이며 광범위하게 이뤄졌다.

15~45세(또는 17~45세) 무리에 섞여 있던 정 씨는 불현듯 드는 불안감 때문에 어떻게든 대열에서 이탈하려 했다. 하지만 방도가 없었다. 그 순간 한 군인이 정 씨를 향해 "너는 뭐야"라며 쏘아봤다. 일병 계급장을 단 사병이었다. 앳된 얼굴을 하고 있었지만 표정은 다부졌다. 정 씨는 중학교 학생증을 내보이며 겁에 질린 눈으로 쳐다봤다.

서울공립공업중학교(현 서울공업고등학교, 1950년 중학교의 수업연한은 6년이었음. 1951년 3월 20일 법률 제178호 2차 교육법 개정 이후 '중학교 3년·고등학교 3년'으로 학제가 변경됐고 그해 9월1일부터 전격적으로 시행됨) 5학년이던 그는 전쟁 후 작은집인 광주로 피난 왔다가, 외가인 장성으로, 다시 큰집인 이곳 함평 월야로 옮겨왔다.

"너 이리 와."

정 씨를 옆에 세운 병사가 소매를 끄집어냈다. 그런 뒤 "임마, 너는 여기 있어" 하고는 자리에 앉혔다. 그때였다. 소위 계급장을 단 장교가 다짜고짜 "넌 왜 여기 있어, 저리로 들어가"라며 대열로 밀어 넣었다. 병사는 "소대장님, 제가 잘 아는 학생입니다. 제가 이 학생을 보증하겠습니다"라며 막아섰다. 두 사람은 전혀 일면식도 없는 사이였다. '나만 따로 해치우나' 했던 마음은 그제야 '난 괜찮구나'라는 안도감으로 바뀌었다.

중대장의 발포 명령과 함께 중화기에서 불꽃이 일었다. 흉측한 몰골로 사람들이 쓰러졌고, 핏빛 가득한 남산뫼는 절규로 가득 찼다. 지옥이 따로 없었다. 피비린내가 사방에 진동했고, 신음이 여기저기서 새어 나왔다. 한차례 사격이 끝날 무렵 어미 등에 업혀 총탄 세례를 피한 한 아이가 울부짖었다. 통곡 소리를 뚫고 나온 아기의 울음은 귓전을 찢듯 앙칼졌다. 중대장은 숨이 끊긴 어미 품에서 아기를 꺼낸 뒤 빤히 쳐다봤다. 그런 뒤 어떤 마음에선지 잘 쌓여진 포대기를 정 씨에게 건넸다.

"야 너, 이 아기 잘 키워."

뽀얀 얼굴에 방금 전 난사로 튀긴 핏자국이 선명했다. 정 씨는 아이를 받아 안고 지옥 같은 남산뫼를 빠져나왔다. 등 뒤에서 응사할지도 모른다는 생각에 아기를 등에 업은 채 정신없이 그곳에서 뛰쳐나왔다. 뒤를 돌아볼 엄두조차 낼 수 없었다.

아이를 둘러업고 면소재지로 향하던 중 순천마을(월야리)에 살던 한 할머니가 대뜸 아기를 보더니 "아이고, 내 새끼"라며 낚아챘다.

"자기 손주라는데, 따지고 말고 할 새가 없었지."

정 씨는 그렇게 아기를 넘기고 줄행랑쳤다.

#2. "잘 아는 사이입니다……"

마을 소개疎開 작전을 앞두고 분위기는 무거웠다. 개인화기를 짊어진 이들의 표정에는 비장함마저 감돌았다. 중대장 당번병인 김일호 일병은 직속상관의 명령에 따라 이른 아침부터 부산하게 움직였다.

남산뫼로 이동한 5중대는 중대장의 지시를 받으며 주민들을 끌어내기 시작했다. 남녀노소 구분하지 않았다. 발포 허가까지 떨어져 여차하면 그 즉시 사살도 가능했다. 당번병 김일호는 줄곧 중대장 뒤를 따랐다. 악을 쓰며 사람들을 끌어 모은 중대장은 주민들을 향해 마구잡이로 총질을 했고, 감정이 격해질 때면 대검으로 사람들을 난도질했다. 그런 중대장이 무섭기도, 어처구니없기도 했다.

제주에 살던 김일호 씨는 면사무소로부터 무조건 입대하라는 통보를 받고 1950년 9월 입대했다. 제주 4·3 사건으로 인한 트라우마 때문인지 한국전쟁 당시 제주에서는 강제 입영되거나, '빨갱이가 아님'을 보여주기 위해 해병대에 자원입대하는 경우가 적지 않았다. 이미 결혼까지 했지만 선택의 여지가 없었다. 김 씨는 제주 한림초등학교에서 신병 교육을 받은 뒤 국군 제11사단 20연대 2대대 5중대로 자대 배치를 받고 권준옥 대위를 만났다. 이후 당번병이 된 그는 권 대위와 함께 호남 토벌 작전을 위해 광주로 이동했고, 다시 함평으로 옮겨 왔다. 김 일병은 이제 갓 입대한 신출내기였다. 군인이라고는 하나 여전히 학생티를 벗지 못한 앳된 모습이었다. 그런 그에

함평 조투 님 전

함평 조청 업무에 얼마나 수고 하심 니께-
저는 군대 생활 중 함평군 월야면 월악리
양민 학살 (추상 153 명) 현장을 철저히
목격한 중대장 연락 병 이 였음니다-
근무 소속은 11 사단 20 연대 5중대 였고
중대장은 벗속옥 세상을 떠난 영혼 앞에
진실 이 밝혀질 것임니다- 생존자(鄭一權)
은 양민학살 현장에서 생존 토록 하였음니다-
앞으로 조사금 하고 상면 시기가 올것 임니다-
두서 없이 이만 줄이겠음니다-

1997 12 23
김일호

함평 조투 님 귀하-
5중대 군생활 생존자-
1 제주도 북군 한경면 금등리 00P 김 공원   T 73-2260
2. "   " 한림읍 귀덕리   87 이 평옥   T P6-3P05
3. "   " 애월읍 수산리   18P1 양 영연   T PP-1454
양민 학살 출동지 해보 면소재지 출동시간 아침 3. 4.30분
추의: 나주군 영상간 우역 백사장 양민 학살 현장을
11 사단 20 연대 5중대 도 일부 개입 되였음니다-

남산뫼 학살 당시 5중대에서 군 생활을 한 김일호 씨가 지난 1997년 함평군청 측에 진술한 자필 편지. 김 씨는 함평뿐만 아니라 나주 지역 학살도 5중대가 관여했다고 설명했다.
ⓒ 함평사건희생자유족회

게 권 대위는 마치 이성을 잃은 사람처럼 느껴졌다.

남산뫼는 수많은 사람들로 넘쳐났다. 이들 가운데 총살 대상자는 이미 정해져 있었다. 15세(혹은 17세)부터 45세까지. 왜 죽는지, 왜 죽여야 하는지도 모른 채 지휘관의 지시에 따랐다. 전쟁이라는 극한 상황과 억압된 분위기 속에서 '양심'이 들어설 공간은 없었다. 단지 명령에 따를 뿐이라며 위안 삼는 사이 이들의 죄책감도 무뎌졌다.

김 일병 눈에 까까머리 학생이 들어왔다. 소개바지(솜바지의 제주 방언)를 어푸덩 입고 나온 그는 어른들 틈에서 불안했던지 연신 눈동자를 좌우로 굴려댔다. 그 모습이 전날 동촌마을(월야면 정산리)에서 학살된 이들의 표정과 교차됐다. 순간, 저 학생만은 살려야겠다는 생각이 뇌리에 꽂혔다. 어떻게든 저 무리에서 빼내야만 했다.

"양심이니 뭐니 거창한 설명은 모르겠습니다. 순간적으로 저 사람을 살려야겠다는 생각만 떠올랐습니다."

김 씨는 훗날 자신의 행동에 대해 이같이 말했다. 그리고 소대장에게 거짓말로 둘러댔다.

"잘 아는 사이입니다……."

소대장은 알겠다는 듯 본체만체 지나갔다.

#3. 두 번의 인연, 그리고 20년 후 재회

월야(남산뫼)를 나와 해보면 소재지에 다다른 정일웅 씨는 경찰 손에 이끌려 우익 학생단체인 전국학생총연맹(학련) 사무실로 갔다. 사실상 감금이었다. 우익이 아니면 모두 잠재적 빨갱이로 의심받던 시대다. 학살 현장에서 살아 돌아온 정 씨는 그것 하나만으로도 엄청난

꽃 같던 청춘, 회문산 능선 따라 흩뿌려지다

1997년 제주를 찾은 정일웅 씨(가운데)와 한국전쟁 당시 함평 소개 작전을 폈던 5중대 연락병 김일호 씨(왼쪽에서 두 번째)가 재회했다. 왼쪽부터 고 김영택 씨(전 진실화해위 위원), 김일호 씨, 정일웅, 정근욱 씨(함평사건희생자유족회 회장), 서수정 씨(전 함평 군의회 부의장).

구타의 대상이었다. 심한 매질로 몸은 성한 데가 없었고, 얼굴은 만신창이가 됐다. 그 끔찍한 남산뢰에서도 살아남았지만 더 이상 버티는 것이 쉽지 않았다.

그날도 흠씬 두들겨 맞은 날이었다. 학련 사무실 앞에서 멍하니 쭈그려 앉아 있던 그를 먼저 보고 반긴 건 남산뢰에서 자신을 살려준 은인이었다. 정 씨 몰골을 살피던 그는 "내가 잘 아는 사람인데, 무슨 일이냐"라며 학련에 단단히 엄포를 놓았고, 그날 이후로 구타는 멈췄다. 그리고 월야로 돌아올 수 있었다. 그는 "내 이름은 김일호다. 무슨 일 있으면 중대본부로 나를 찾아오라"며 안심시켰다. 그

2017년 2월 제주 취재 중 제주시 연동에서 김일호 씨의 아내 조동문 씨를 만났다. 김일호 씨는 취재진이 제주를 찾기 한 달 전 이미 고인이 돼 있었다.

리고 자신이 제주도 한림면 출신이라는 얘기도 해줬다. 정 씨는 "그 사람이 나를 두 번 살렸다"고 말했다.

정일웅 씨는 김일호 씨를 찾기 위해 몇 차례 제주를 찾았다. 은혜를 갚는다기보다 "이렇게 살아서 자식 낳고 잘 살고 있다. 다 당신 덕이다. 고맙다"란 말을 꼭 해주고 싶었다. 그게 도리라 생각했다. 하지만 김 씨를 찾는 것이 쉽지 않았다. 한림면사무소까지 가서 '김일호'란 이름을 찾았지만, 모두 허사였다. 훗날 한림면이 한경면과 한림읍으로 분리되면서 그의 이름이 검색되지 않은 사실을 알게 됐다.

정 씨는 행여 전쟁 중에 전사했나 싶어 서울과 제주국립묘지를 찾아 전사자 명단을 뒤지기도 했다. 하지만 거기에도 김 씨는 없었다. 그러기를 몇 년, 김 씨의 소식을 전해온 건 엉뚱하게도 고향 후배였다.

"어느 날 제주에서 살던 후배가 찾아오더니 '김일호란 사람 아느냐'고 하는 것 아니겠어요."

정 씨는 흥분을 감추지 못했다. 사연은 이랬다. 후배 작업장 인근에 살던 김일호 씨가 우연히 후배가 함평 월야 출신인 것을 알고 '정일웅을 아느냐'고 물었던 것이다. 두 사람은 그렇게 연락이 닿았고, 정 씨는 자신이 살고 있는 광주에 김 씨 부부를 초대해 함께 시간을 보내기도 했다. 남산뫼 학살이 있은 지 꼬박 20년의 시간이 흐른 뒤였다.

2017년 2월 제주시 연동에 사는 김일호 씨를 찾았다. 안타깝게도 김 씨는 방문하기 한 달 전인 1월 4일 이미 세상을 떠나고 없었다. 2년 전 통화했을 때 건강이 좋지 않아 대화가 쉽지 않던 그였다. 급격한 건강 악화로 거친 숨을 몰아쉬던 그는 무거운 삶의 짐을 내려놓은 채 그렇게 영면했다. 공교롭게도 전쟁 통에 인연을 맺은 '벗' 정일웅 씨도 비슷한 시기 한 많은 생을 마감했다. 김 씨의 부인 조동문 씨는 "두 번이나 살려준 것도 그렇고, 또 남편을 찾으러 백방으로 수소문한 것도 그렇고, 두 사람 인연이 보통은 아니다"고 말했다.

불타는 장작더미 속에 내던져진 사람들

"그날 엄청 눈이 많이 왔제, 앞이 보이지 않을 만큼 쏟아졌은게……."

백발이 성한 노인이 몸서리치는 그때의 악몽을 더듬었다. 1951
년 1월 12일(음력 12월 5일), 왠지 모르게 기분이 들떴다. 여기에 하얀
눈까지 더해져 어린애들은 마냥 신나 했다. 해보면 상곡리 모평마을
윤경중 씨도 별반 다르지 않았다.

불갑산 토벌 작전을 앞두고 모평마을 주민 일부는 마을을 떠나
있었다. 윤 씨도 부모님과 함께 매형네가 있는 용산리 성뫼로 피해
있었다. 하지만 당시 시골 사람들은 어찌 그리도 우직했는지, 고향
을 떠나면 안 될 것처럼 여겨 그냥 집에 머문 경우가 상당했다. 여기
에 스스로 떳떳했기에 마을을 떠날 필요성 또한 느꼈다. 윤 씨의 할
머니, 작은어머니, 종형 그리고 당숙과 당숙모도 이런 이유로 고향
에 남아 있었다.

섣달 초나흗날(음력 12월 4일) 윤 씨는 큰어머니 제사 때문에 모
평을 찾았다가 마을 어귀까지 따라나선 사촌 형 윤형중 씨(당시 15세)
를 설득해 성뫼로 함께 왔다. 설득보다는 억지로 끌고 오다시피 해
데리고 왔다. 그리고 그 이튿날 모평마을에서 사달이 발생한다.

"아침에 일어났는데, 총소리가 콩 볶는 소리처럼 요란하게 들려
요. 그래서 봤더니 분명 모평 쪽인 거야."

윤 씨의 미간이 찌푸려지더니 금세 굳어졌다. 총소리를 들은 아
버지도 안절부절못했다. 불안함 마음을 부여잡고 윤 씨는 사촌 형과
한달음에 모평으로 내달렸다. 마을 입구 쌍구룡에 들어서니 검은 연

군인들은 마을 입구 언덕빼기 야산에 주민들을 끌어 모은 뒤 일제히 총격을 가했고, 일부 살아 있는 사람을 장작더미에 밀어 넣기도 했다.

기와 함께 논바닥에 쓰러진 이들이 얼핏얼핏 보이기 시작했다. 허나 이는 서곡에 불과했다.

잔등('고개'의 전라도 방언)에서 바라본 마을의 모습은 이루 말할 수 없을 만큼 참혹했다. 하얗게 쌓인 눈 위로 시체들이 내팽개쳐져 있고, 검붉은 핏자국은 흰옷을 적신 채 눈밭에 질펀했다. 윤 씨는 "시체가 말도 못하게 많았다. 마치 나락을 훑고 짚 무더기를 여기저기 내던져 놓은 것 같았다"고 회고했다.

저 멀리 논두렁을 보니 쓰러진 할머니가 눈에 들어왔다. 그 옆에 작은어머니, 종형, 당숙, 당숙모도 함께 있었다. 윤 씨는 이날 13명의 가족을 잃었다. 그의 아버지는 "어떻게든 데리고 나왔어야 했는데……"라며 땅을 치고 통곡했다. 아버지가 그렇게 목 놓아 울던

마을 입구에서 바라본 모평마을 전경. 윤경중 씨가 보았다는 화장터가 사진 우측 끝에 위치해 있다.

모습은 그때가 처음이었다.

추운 날씨에 송장이 굳어 가매장하는 것도 쉽지 않았다. 윤 씨는 "꽁꽁 얼어 움직이지 않는 몸을 억지로 폈다. 어쩔 수 없이 팔을 분질러 수의를 입히기도 했다"고 처참했던 당시 기억을 끄집어냈다. 윤 씨는 마을 입구 구릉에 연기가 피어나는 것을 보고 홀리듯 그곳으로 향했다. 가까이 다가가자 매캐한 냄새에 속이 뒤틀렸다. 그는 이곳에서 평생 보지 말았어야 할 장면을 목격하고 만다.

활활 타고 있던 장작더미 위에 아무렇게나 내던져진 시체들이 검게 타고 있었다. 군인들은 불을 쬐라며 사람들을 이곳으로 불러냈고, 일제히 총격을 가했다. 살아 있는 사람을 불구덩이 속에 집어넣기도 했다.

"살 꼬실라지는 소리가 픽픽 나고, 골 튀는 소리가 퉁퉁거렸지……."

윤 씨는 잠시 동안 말이 없었다.

"대검으로 난자, 하나하나 차근차근 죽였다"

장재수 씨는 65년 전 그날이 어제 일처럼 생생하다. 눈앞에서 군인의 대검에 아버지가 난도질됐고, 어머니와 두 동생을 비롯한 가족 여덟 명이 끔찍하게 죽임을 당했다. 그는 길섶에 엎드린 채 가족이 죽어가는 모습을 지켜보며 그저 떨어야만 했다. 아무것도 할 수 없는 것에 대한 죄책감, 나만이라도 살아야 한다는 비통함이 그를 더욱 비참하게 만들었다.

장 씨의 집은 전쟁 당시 용천사龍泉寺(해보면 광암리) 바로 밑에 있었다. 빨치산 본거지인 용천사는 군경의 우선 토벌 대상 지역이다. 이 때문에 장 씨 가족 모두 살림을 뒤로한 채 해보면 대창리로 피해 있었다. 아흔두 살 고령의 할머니만이 "설마 늙은이를 어떻게 하겠어"라며 터를 지켰다. 골방에 있던 할머니는 결국 군인이 지른 화마 속에서 시커먼 잿더미가 됐다.

군인이 마을에 들이닥친 것은 한 해의 끝자락, 1950년 12월 31일이었다. 면소재지로 이동하라며 대창리 주민 수십 명을 상곡리 쌍구룡에 집결시킨 뒤 길옆에 줄줄이 앉혔다. 그러고는 한 사람씩 불러내 그대로 총살시켰다. 이유는 하나. '너희 중 빨갱이가 있지 않느냐'는 것이었다. 보다 못한 장 씨의 아버지 장진섭 씨(당시 48세)가 '죄 없는 사람들을 왜 죽이느냐'며 항의했다. 총살로는 안 되겠다 싶었는지 대검을 장착한 병사를 부른 중대장이 이내 칼을 뽑아들었다. 그러고는 장 씨 아버지 복부를 그대로 난자했다. 물컹한 창자가 벌어진 틈을 비집고 한꺼번에 쏟아져 나왔다. 놀란 어머니와 동생들, 그리고 작은아버지 내외가 쓰러진 아버지를 부둥키며 통곡하자 군인들은 이들을 향해 기관총을 난사했다. 엎드린 채 고개를 숙이고 있던 장 씨만이 현장에서 살아남았다. 허나 모진 목숨을 부지한 그날의 죄스러움은 평생 그를 괴롭혔다.

"쓰러진 아버지를 안고 가족들이 울고불고 난리가 났는디, 군인들이 거기다 대고 기관총을 긁어불드만. 막내(당시 1세)가 어머니 등에 업혀 있고, 동생 재님이(당시 11세)와 이님이(당시 8세)도 그 자리에 있었는디……. 총 맞은 어머니가 다리를 덜덜 떨면서 돌아가시는디, 아따 진짜 징그런 꼴 봤어. 나는 무서운게 그대로 엎어져 있었제. 결국 나 빼고 가족 모두가 몰살되불었어."

분노에 찬 장 씨 눈에 금세 이슬이 맺혔다.

이날 오전 10시부터 소란을 떨기 시작한 5중대는 점심 때부터 '인간 사냥'을 시작했고, 오후 4시경 본부중대가 있는 면소재지(해보면)로 향했다. 한차례 화마가 휩쓸고 간 쌍구룡에는 70명 이상의 희생자가 발생했다.

홀로 남은 장 씨는 처참한 몰골의 가족을 뒤로한 채 진외갓집(아버지의 외갓집)으로 갔다. 하지만 '빨갱이 부역자'라는 오명을 뒤집어쓸까 봐 이곳에서도 장 씨를 쉽게 거두진 못했다. 먹을 것은 고사하고

장재수 씨는 군인들에 의한 양민학살이 끝난 뒤에야 비로소 "전쟁이 끝났다"라고 말했다. 2016년 그는 고인이 됐다.

잠자리도 제대로 내주지 않았다. 동족상잔의 비극은 이처럼 인척 간의 불신 또한 키웠다. 결국, 며칠 못 가 누나네로 거처를 옮겨야만 했다. 매형이 신광지서 경찰이었기 때문에 이곳은 비교적 안전했다. 허나 마냥 신세질 순 없었다. 미안하던 차에 사람들이 광암리 마을로 들어간다는 소식을 듣고 집으로 돌아왔다.

까맣게 폐허가 된 집, 그리고 홀로 세상에 남겨진 열다섯 살 소년. 누가 가자고 할 것도 없이 자연스레 불갑산으로 흘러들었다. 입산入山이 무엇을 의미하는지 알 길 없는 그는 그렇게 자신의 처지와 비슷한 이들과 산중 생활을 시작하게 됐고, 이곳에서 '대보름 작전'을 만나게 된다. 이후 생사를 건 탈출 끝에 산을 빠져나왔고, 또다시 누나 집에 숨어들었다.

"전쟁이 그렇게 대충 끝났다."

지난날을 회고한 장 씨가 인터뷰 말미에 꺼낸 말이다. 전쟁은 전장에서만 이뤄지지 않는다. 총칼을 든 군인들만의 몫도 아니다. 아군과 적군 사이에 끼어 있는 민간인들은 몇 곱절 이상의 피와 고통, 그리고 가슴 메이는 아픔과 살 떨리는 공포를 겪어야만 한다. 이들에게는 이것이 '진짜 전쟁'이고 또한 '지옥'이다.

공포의 5중대, 그리고 권준옥 대위

해보면 소재지에 중대본부를 꾸린 국군 제11사단 20연대 2대대 5중대는 불갑산 토벌 작전을 위한 전초 작업으로 함평 지역 소개 작전을 폈다. 명령 계통은 최덕신 준장(11사단장), 박기병 대령(20연대장), 유갑열 소령(2대대장), 권준옥 대위(5중대장)였다. 특히, 권 대위는 함평 지역 민간인 집단 총살 사건을 직접 명령한 장본인이기도 하다.

월야지서 토벌 중대장이었던 오정인 씨는 2006년 12월 진실화해위 조사에서 "권준옥 대위가 중대 작전 회의에서 대대로부터 내려온 공문을 보며 '공산주의자라고 의심되는 사람은 무조건 50명씩 죽이라'는 명령을 했다"고 진술한 바 있다. 5중대는 죄 없는 민간인을 학살한 뒤 농기구 등을 노획 무기의 전과로 보고하기도 했다.

월야면 정산리 장교마을 강영주 씨(당시 27세, 현재 작고)가 팔에 관통상을 입은 채 불구가 됐고, 강 씨 등에 업힌 두 살배기 아들 안종필 군은 엉덩이에 총탄 네 발을 맞고 극적으로 살아났다. 강 씨의 맏이 종탁 군(당시 7세)을 포함해 22명은 현장에서 목숨을 잃었다. 장교뿐만 아니라 동촌·죽림마을(계림리)까지 포함하면 이날 첫 학살지에서만 150여 명 가량이 숨을 거뒀다. 그리고 이튿날 남산뫼 학살로 200명 이상이 억울한 죽임을 당했다.

월야면 외치리에선 세대별로 줄을 세운 뒤 장남만 골라 총살시켰으며, 해보면 상곡리(모평마을)와 쌍구룡(대창리와 상곡리 경계) 등지에서도 무차별적인 학살이 이뤄졌다. 여기에 1951년 2월 20일(음력 1월 15일) 불갑산 토벌을 위한 '대보름 작전'이 전개되면서 민간인이 빨치산으로 분류돼 한스러운 죽음을 맞이했다.

이에 앞서 12월 5일, 5중대는 월야면 계림리 시목마을 앞 한새 들녘에서 장성 방면 길을 확보하던 중 마을 뒷산에 매복한 빨치산과 전투(일명 '한새들 전투')를 벌이다 하사 김영광과 일병 김추길을 잃는다. 이들의 호적 사망 기록을 보면 '서기 1950년 12월 2일 오전 함평 전투 지구에서 전사'라고 표기돼 있다.

국군과 빨치산 간 유격전은 3일과 4일에도 이뤄졌다. 3일은 전사자 수습 과정에서, 4일은 전사한 병사들의 시체를 반군이 난도질한 것에 대한 보복 차원에서다. 이어 5일 해보초등학교(해보면 금덕리)에서 전사자를 화장한 권 대위는 중대원들 앞에서 "너희의 죽음을 헛되게 하지 않도록 하겠다"고 다짐한다. 붉게 달아오른 장작더미가 흰 연기를 내뿜으며 장사葬事를 지내는 동안 멀리 월악산에서

함평 지역 소개 작전을 벌인 5중대의 중대본부 막사가 있던 문장꽃무릇시장 입구. 오랜 시간이 지난 뒤 현재는 2층 건물이 들어서 있다.

게릴라전 승리를 자축하는 듯 허공에 쏴대는 총성과 풍악소리가 요란했다. 그리고 다음 날인 6일부터 이듬해 1월 23일까지 40여 일간 5중대에 의한 본격적인 '인간 사냥'이 시작된 것이다. 권 대위가 연대 병기장교로 방출되고, 이영오 중위가 신임 중대장으로 부임한 이후까지다. 특히, 불갑산 인근 동삼면(월야면·해보면·나산면)이 큰 피해를 봤다.

　　권 대위의 만행은 학살에만 그치지 않았다. 부녀자를 강간하고 겁탈하는 등 반윤리적 행태도 빈번하게 이뤄졌다. 군인들은 순찰 중

젊은 여자가 지나가면 가만 두지 않았고, 가정집을 급습해 부녀자를 강간하고 반항할 경우 그 즉시 사살하기도 했다. 어떤 집은 시어머니와 며느리 그리고 그의 딸이 한꺼번에 몹쓸 짓을 당하기도 했다. 작전 중 외모가 출중한 여자를 만나면 중대본부로 끌고 와 겁탈하는 것은 물론 뚜쟁이(중개인)까지 둬가면서 매일 밤 여자를 공급받았다는 얘기도 전해온다.

남산뫼 학살 당시 젊은 여자들이 급히 머리를 올리거나 이웃집 아기를 안고 나간 것도 군인들이 욕보인다는 소문에 따른 것이다. 그리고 남산뫼 현장에서 한 여성을 중대본부로 끌고 가려하자 이를 막아선 그녀의 아버지를 군인이 총살시켰다는 증언도 있다. 월야면 학도연맹 선전부장이었던 이녹범 씨는 2006년 12월 진실화해위 조사에서 "박기병 대령(연대장)이 해보면 중대본부를 불시에 방문했는데, 권준옥 대위가 중대 막사에 젊은 여자와 함께 있다 발각돼 입창 조처를 받은 바 있다"고 말해 이 같은 주장을 뒷받침하고 있다.

학살의 주동자인 권준옥 대위는 6·25 전공으로 충무무공훈장을 받고, 1961년 중령으로 예편했다. 특이한 점은 예편 뒤 그가 권준옥이라는 이름을 버리고 권영구로 개명한 사실이다. 민간인 학살 피해자들로부터 협박과 위협을 받고 개명했다는 얘기도 있지만 정확하진 않다. 퇴임 후 낚시 가게를 운영하던 그는 1990년 63세의 나이로 사망한 것으로 전해진다.

산으로 산으로, 처참한 산중 생활

주민들은 군경의 무자비한 총검을 피하기 위해 불갑산에 모여들었다. 함평, 영광뿐 아니라 인근 장성에서도 수많은 이가 이곳으로 몰려왔다. 불갑산은 그만큼 이들에게 유일한 도피처였던 셈이다. 몇몇 생존자들은 불갑산 대보름 작전이 있기 전까지 대략 6만 명 내외가 이곳 불갑산에서 생활했다고 말했다.

산중 생활은 결코 만만치 않았다. 추위와 배고픔에 시달려야 했고, 무엇보다 공포감에 하루하루를 떨어야만 했다. 여기에 일부 증언에 따르면 빨치산의 감시도 있었던 것으로 전해진다. 앞서 소개한 장재수 씨는 "대보름 작전이 있기 전 대다수의 빨치산 병력은 산을 빠져나갔다"고 했다. 그는 그러나 "빨치산이 주민들을 방패막이로 삼기 위해 마지막까지 산을 못 내려가게 했다"고 전했다. 장 씨는 또 "대보름 작전 때 용천사를 사수하기 위한 함호대咸虎隊(소대쯤 되는 작은 부대)가 불갑산에 남아 있었다"며 "다만, 이들은 민간인들 때문에 제대로 총도 못 쏘고 그랬지만, 군인들은 인정사정 볼 것 없이 포를 쏘고 난리가 아니었다"고 회상했다.

월야면 외치리 정길진 씨도 짐꾼으로 산에 올랐다가 발목이 잡혀 산중 생활을 하게 됐다. 그는 "빨치산이 보급투쟁(민가에서 먹을 것 등을 구해오는 작전)한 뒤 식량을 이고 오라고 해서 불갑산에 갔다가 이들에게 붙잡혀 마을로 내려올 수 없었다"고 말했다. 함평에서 만난 정태진 씨 역시 "빨치산에 한 번 붙들리면 나올 수 없었다. 감시가 워낙 심했다"고 비슷한 증언을 내놓았다. 또 "부락별로 급식을 했는데, 주먹밥 수준으로 식사를 때웠다"며 산중 생활의 어려움을 토해내기도 했다. 그러면서 "짚이나 가마니를 땅에 깔고, 위에는 소가죽이나 거적때기를 씌워 한겨울을 보냈다"며 "참으로 비참한 생활을했다"고 당시 기억을 끄집어냈다.

어렵게 산을 빠져나온 이들도 무사하진 못했다. 군경의 보복 학살이 기다리고 있었던 것이다. 각 마을에는 경찰의 밀대(세작)가 주민들 사이에 숨어 있었다. 이들은 마을 동향을 파악한 뒤 입산자나좌익분자로 의심되는 사람을 파출소에 신고했다. 불갑산을 빠져나온 정태진 씨 부친도 1951년 3월 20일(음력 2월 13일) 자수를 위해 마을을 찾았다가 밀대의 신고를 받고 출동한 경찰에 의해 목숨을 잃었다. 정 씨 부자는 대보름 작전이 있기 직전 산을 내려와 영광에서 숨어 지냈다. 이후 자수를 하기 위해 고향을 찾았다가 변을 당한 것이다. 다행히 정 씨는 아직 어리다는 이유로 살아남았다.

마지막 살육전, 불갑산 '대보름 작전'

불갑산은 당시 인민유격대 전남총사령부 산하 불갑지구사령부(사령관 박정현)가 들어서 있었다. 불갑산 남서부 줄기에 해당하는 모악산母岳山 용천사에 불갑지구당(위원장 김용우) 본부가 설치됐고, 무장투쟁을 위한 훈련장도 마련됐다. 또 1951년 2월까지 ≪불갑산 빨치산≫이라는 기관지를 발행할 만큼 세도 강했다. 이들은 함평·영광·장성·무안·목포 등 전남 서북권을 관할하며 군경과 끈질기게 대치

전남 함평 월야면 동촌마을에서 바라본 불갑산. 불갑산은 한국전쟁 당시 인민유격대 불갑지구사령부가 들어섰던 곳으로 군경 토벌대의 주요 표적이 됐다. 그만큼 민간인들의 피해 또한 클 수밖에 없었다.

했다.

　당초 모악산으로 불린 불갑산은 백제 시대 불갑사佛甲寺가 들어서면서 그 지명을 얻게 됐다. 하지만 용천사 부근(함평)은 여전히 모악산으로 불리며 함평과 영광을 구분 짓는다. 불갑산은 기껏해야 높이가 516m에 불과하다. 1000m가 넘는 산들과 비교하면 크기나 위세가 초라하다. 그러나 이 지역 '산들의 어머니'답게 월악산(해발 167m), 군유산君遊山(해발 400m), 장암산場岩山(해발 482m) 등 주변의 낮은 산을 거느리며 함평과 영광의 경계에 우뚝 서 있다. 여기에 여러 능선과 봉우리가 얽혀 있어 골이 깊고 숲이 울창하며, 북으로는 노령산맥蘆嶺山脈과 연결돼 있어 보급투쟁이나 게릴라전이 용이했다. 이 지역 좌익들이 불갑산을 본거지로 삼은 것은 바로 이런 이유에서다.

국군은 불갑산 토벌 작전을 위해 마을을 소개하던 중 수많은 민간인을 학살했다. 그리고 빨치산이 후퇴한 뒤 민간인만 남은 이곳 불갑산에서 마지막 살육전이 벌어진다. 이른바 '대보름 작전'이다.

1951년 2월 20일(음력 1월 15일) 구름 한 점 없이 맑은 정월 대보름날이었다. 휘영청 밝은 달은 불갑산 구석구석을 비췄고, 용천사 뒤편 삼나무숲은 달빛에 일렁였다. 마른 가지 아래로 수천 명의 주민들이 몸을 숨긴 채 우왕좌왕했다. 용천사 주변을 감싼 골짜기에는 군경의 총검을 피해 모여든 주민들로 인산인해를 이뤘다. 당시 이곳에서 생활한 한 주민은 "사람들이 꽉 들어차 제대로 움직일 공간도 부족했다"고 말했다.

'대보름 작전'은 국군 제11사단 20연대 2대대를 중심으로 연대 중포중대, 대전차포중대, 수색소대 등이 참여했다. 여기에 지역 경찰 병력은 물론 청년방위대 등 우익 단체까지 동원된 대규모 토벌 작전이었다. 함평 해보면·나산면·신광면을 비롯해 영광 불갑면·묘량면 등지에서 밀고 온 군경은 불갑산 한 덩어리를 두고 연대 작전을 폈다. 이들은 포위망을 좁혀가며 숨통을 조였고, 그렇게 반군의 근거지로 향했다. 하지만 대보름 작전이 있기 직전 빨치산은 불갑산을 벗어나 장성의 태청산太淸山(해발 583m)으로 후퇴했고, 일부는 나주 금성산錦城山(해발 450m)으로 숨어들었다.

연결된 능선 없이 봉우리만 덜렁 있는 태청산은 빨치산이 은거하기에 부적합한 곳이다. 그럼에도 태청산을 택한 것은 그만큼 상황이 급박했음을 말해준다. 결국 이들은 3월에 이뤄진 군경 합동작전으로 전멸했고, 금성산에 들어간 빨치산은 영산강을 건너 장흥군 유

치면 국사봉으로 이동했다. 인민유격대 전남 제3지구인 유치지구사
령부가 위치해 있는 곳이다.

불갑산에서 군경을 기다린 건 비무장한 민간인이었다. 함평에
서 만난 대부분의 생존자들은 "빨치산은 이미 도망갔고, 무기도 없
는 일반인만 있었다"고 했다. 그러나 군경은 개의치 않았다. 이들 모
두를 '빨갱이'로 간주하고 보이는 즉시 사살했다. 지금도 용천사 뒤
편 산책로에는 그날의 상흔이 고스란히 남아 있다.

군인들은 해보면 광암리 가정마을 뒷산 부근 방공호(길이 180m)
에 사람들을 몰아넣고 그대로 난사하기도 했다. 당시 현장에서 살아
난 문만섭 씨(당시 17세)는 이곳에 300여 구의 유해가 매장됐고, 가족
단위로 불갑산에 올랐다가 총살당한 사람이 많았다고 증언했다.
2009년 6월 진실화해위는 이곳 방공호에서 민간인 유해 발굴을 위한
개토제를 실시한 바 있다. 여성과 유아, 어린이 등으로 추정되는 유
해가 100여 구 이상 발견됐고, 이들이 사용한 것으로 보이는 비녀·반
지·거울·수저·신발 등 240여 점의 생활용품도 함께 나왔다. 또 M1
과 칼빈용 탄피, 탄두 등도 무더기로 발굴됐다.

불갑산 일대에서 희생된 민간인은 1000명에서 최대 3000명에
이를 것으로 추정된다. 하지만 여전히 그날의 의문은 풀리지 않은
채 불갑산의 봉분은 굳게 닫혀 있다. 60년 세월이 흐른 뒤 잠시나마
세상의 빛을 보는 듯 했지만, 또다시 봉인된 채 기약이 없다. 그사
이 불갑산 선불仙佛은 이곳 꽃무릇의 붉은 거름이 돼 삭아 없어지고
있다.

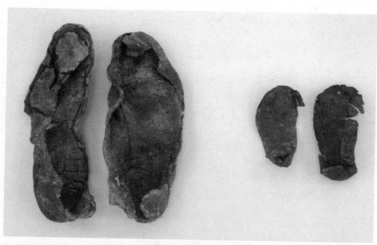

지난 2009년 불갑산 인근에 조성된 방공호(길이 180m) 발굴 작업을 벌인 결과, 100구가 넘는 유해와 이들이 사용한 것으로 보이는 여러 생활용품이 다량 발굴됐다. ⓒ 진실화해위

'보도연맹' 노기현 씨 흉탄 맞고 살아나다

이승만 정부는 전쟁 전 좌익에 가담한 이들에 대한 검속과 즉결 처분을 통해 좌익을 뿌리째 뽑고자 했다. 특히, 전쟁 중 인민군에 동조할 것을 우려해 죄 없는 이들을 무차별적으로 학살했다. 이것이 바로 보도연맹 사건이다. 전국적으로 최소 10만 명에서 최대 30만 명의 맹원이 학살된 것으로 전해진다. 함평 신광면 계천리 노기현 씨도 보도연맹원이라는 이유로 구금된 뒤 경찰에 의해 즉결 처분됐다. 하지만 그는 흉탄을 맞고 기적적으로 살아남았다.

1950년 7월 11일 신광지서로 출두하라는 연락을 받고 파출소로 향했다. 경찰은 '임시 수용하려는 것이니 순순히 응하라'며 안심시켰다. 전쟁 전 숙부가 좌익 활동을 했다는 이유로 경찰서에 연행돼 모진 고문을 받은 그는 경찰의 권유로 1949년 10월경 보도연맹에 가입했다. 하지만 그는 좌익이 아니었다.

노 씨는 신광지서에서 하룻밤을 보낸 뒤 다음 날 새벽 함평여자중학교(현 함평교육청)로 이송됐다. 함께 구금된 사람은 모두 222명. 경찰은 아침저녁으로 점호를 취했고, '222명'이 나올 때까지 '번호 다시'를 외쳤다. 노 씨는 "'이백이십이 번호 끝'이 나와야만 밥을 먹이거나 잠을 재웠다"며 "이 때문에 222명인 것을 안다"고 말했다. 어떤 이유에서인지 며칠 뒤 세 명은 풀려나 219명만이 그곳에 남아 있었다.

그렇게 2주가 지난 7월 23일, 경찰은 이들의 신발을 벗기고 한 사람씩 손을 뒤로 묶은 뒤 또다시 셋씩 묶어 차에 태웠다. 세 사람이 한꺼번에 묶이다보니 차에 오르는 것이 쉽지 않았다. 함평여중 앞

한국전쟁 당시 군경은 보도연맹원을 갑·을·병 세 종으로 분류해 처형했다. 당시 병종으로 분류된 노기현 씨는 나산면 넙태에 끌려가 총살당했으나 관통상만 입고 기적적으로 살아남았다.

큰 바위에 올라 경찰의 호각 소리에 일제히 차에 뛰어올랐다. 그렇게 이들은 트럭 12대에 분승돼 나산면 넙태로 끌려갔다. 트럭 한 차에 38식 소총을 휴대한 경찰 네 명이 동승해 고개를 들지 못하도록 감시했다.

넙태에 도착한 이들은 3인이 한 조가 돼 앞으로 걸어갔다. 그리고 등 뒤에서 총격이 가해졌다. 오발 등의 실수를 최소화하기 위해 경찰 한 명당 맹원 한 사람씩 조준 사격했다. 노 씨는 귀를 맞고 살아났지만, 이를 확인한 경찰이 다시 총격을 가했다. 오른쪽 등을 가격한 총알은 그의 쇄골 뼈를 뚫고 그대로 땅에 처박혔다. 기절한 노씨가 정신을 차렸을 때는 많은 이들이 시신을 수습하고 있을 때였다. 몇몇 가족은 지게에 관을 이고 와 주검을 수습하기도 했다. 사람들의 도움으로 그는 집으로 돌아왔고, 그 이튿날 인민군이 함평에 들어왔다.

함평경찰서는 좌익 가담 여부에 따라 보도연맹원을 갑·을·병으로 분류해 사살했다. 먼저 갑종으로 분류된 이들은 7월 13일 전라남도경찰국 경비선 선상에서 총살돼 신안군 비금면 앞바다에 수장됐고, 을종은 7월 21일 학교면 고막리 얼음재에서 죽임을 당했다. 그리고 병종이 이곳 넙태에서 희생됐다.

노 씨는 물음에 한사코 답하기를 꺼려했다.

"지금 와서 이런 얘기한들 무슨 소용이 있느냐"며 손사래를 쳤다. 하지만 거듭된 설득에 "고맙다"는 말과 함께 악몽 같은 지난날을 꺼내놓았다. 자신의 얘기에 귀 기울여준 것에 대한 고마움의 표시였다.

'빨갱이'라는 꼬리표, 그리고 연좌제

1960년 4·19 혁명으로 이승만 정부가 무너지면서 막혔던 언론의 자유도 되살아났다. 곳곳에선 한국전쟁 전후 민간인 학살에 대한 보도가 쏟아졌고, 진상규명을 요구하는 목소리도 높아졌다. 함평 민간인 학살 사건도 당시 ≪한국일보≫가 최초 보도(1960년 5월 21일 자 "나는 시체더미서 살아나왔다")하면서 세간에 알려지기 시작했다. 이후 국회

진상조사단이 꾸려지면서 현장 조사도 진행됐다. 하지만 거기까지였다. 의지는 약했고, 군부의 회유와 협박도 빈번하게 이뤄졌다. 조사가 제대로 이뤄질 리 만무했다.

더욱이 1961년 곧바로 터진 5·16 군사쿠데타로 민간인 학살 사건은 또다시 묻히게 됐다. 이 같은 상황은 군사 정권 내내 계속됐고, 민주주의의 싹을 밀어 올린 1987년 6월 항쟁까지 이어졌다. 피해자들은 죄인인 양 숨죽여 지내왔고, 가해자인 국가는 연좌제까지 걸린 이들을 더더욱 옭아맸다. 앞서 소개한 정일웅 씨는 5·16 군사쿠데타 이후 곧바로 수배자 신세가 됐다. 함평민간인학살유족회는 이적 단체로 낙인찍혔고, 관련자나 증언자 모두 수감됐다. 이후 무죄로 풀려났지만, 더 이상 이에 대한 언급을 피하게 됐다.

이런 사실이 재조명된 것은 진실화해위 조사가 이뤄지면서부터다. 일부 유족은 명예를 회복하고 배·보상을 받기도 했다. 하지만 과거 이야기를 꺼려하는 유족들은 여전히 입을 굳게 다문 채 말이 없다. 그만큼 당시의 아픔과 잔상이 크고 또렷하게 남아 이들을 괴롭히기 때문이다.

해보면 모평마을에서 만난 윤경중 씨는 연좌제에 걸려 1964년 경찰간부시험을 합격하고도 채용이 거부됐다. 그는 "대학을 졸업하고 취직 시험을 봐도 사상이 의심스럽다고 해 굉장히 괄시를 받았다"며 "정보 계통으로는 갈 수도 없었고, 그나마 교직은 제재를 덜 받아 학교에서 교편을 잡게 됐다"고 설명했다. 그는 또 1980년 5·18 광주민주항쟁 당시 시골 학교로 전근가게 된 배경을 전하기도 했다. 윤 씨는 "5·18 때 장학사가 찾아와 학생들을 선동해 데모한다며 시골로 가라고 했다. 그래서 영광으로 발령을 받아 근무했다."고 말했다. 물론 그는 학생을 선동한 적이 없었다. 윤 씨는 "1987년까지 정보과 형사들이 따라다녔다. 아무것도 안 해도 '빨갱이'라는 꼬리표가 늘 붙어 다녔다"며 그간의 설움을 토해냈다.

정태진 씨 역시 1966년 군 제대 후 국가안전기획부(안기부)에 특채로 들어갔지만, 신원조회로 탈락돼 채용이 거부됐다. 그는 "연좌제에 걸려 취직도 못하고 결국 농사밖에 지을 것이 없었다"고 하소연했다. 함평에서 만난 한 주민은 "어떻게 그걸 잊겠어요, 아마도 죽어서나 잊겠죠"라며 울분을 토했다. 그 말이 듣는 이의 마음을 더욱 억눌렀다. 그는 "당해본 사람이 아니면 그 맴(마음)을 모른다"고 말했다.

현재까지 확인된 함평 집단 학살 희생자는 1164명. 이 가운데 898명이 진실규명을 받았고, 266명은 미신청자로 남아 있다. 유족들은 개별 소송을 통해 배상받을 수 있지만, 대다수가 고령인데다 시골에서 농사를 짓는 이들로선 비용 면에서나 정신적으로 국가를 상대로 소를 제기하는 것이 결코 쉬운 일이 아니다. 더욱이 국가에 대한 손해배상 청구는 진실규명 결정 후 3년 이내에만 가능하도록 법원이 못 박았다. 피해자들은 이런 사실조차 몰랐고, 훗날 이를 알았을 때는 이미 3년이 지난 뒤였다. 이는 대부분의 전국 유족들이 겪고 있는 어려움이다.

함평은 1차 조사(2007년 7월~2008년 12월)와 2차 조사(2009년 3월~11월)를 통해 진상규명이 이뤄졌다. 2차 조사에서는 모두 486명이 진실규명을 받았고, 이 가운데 좌익으로부터 피해를 본 경우(적대

모평마을에서 만난 윤경중 씨. 윤 씨는 한국전쟁 당시 군인들에 의한 양민학살로 가족 13명을 잃었다. 그 후에도 연좌제에 걸려 여러 불이익을 겪었다. 그는 현재 고인이 됐다.

세력 사건)를 제외한 상당수 피해자가 배상을 받았다. 문제는 진실화해위 출범 초기에 이뤄진 1차 조사의 피해 당사자들이다. 이들은 '3년 이내 소 제기' 규정을 몰라 대다수가 구제를 받지 못했다. 같은 사건, 같은 사람으로 인한 학살인데도 누군가는 배상을 받고, 또 다른 누군가는 그렇지 못하는 어처구니없는 일이 발생하고 있는 셈이다. 관련법 제·개정이 절실한 이유다.

　아침부터 시작된 비가 오후 늦게까지 계속 됐다. 산등성이, 마을 구석마다 굵은 빗줄기가 건땅을 적셨다. 하지만 3월 말 춘분春分을 맞이한 함평의 단비는 먹구름 타고 낙하한 애끓는 슬픔이요, 이름 모를 영가靈駕들의 피울음이자 통한의 눈물이었다. 또한 불갑산 능선 따라 배어 있는 가슴 찢어지는 절규였다.

　그들의 넋이 불갑산 꽃무릇이 돼 푸르게 피어올랐다. 죽은 자는
산 자를, 산 자는 죽은 자를 애타게 그리워하듯…….

꽃 같던 청춘,
회문산 능선 따라
흩뿌려지다

패잔의 기록, 빨치산 투쟁과 조선노동당 전북도당

임실

정읍

오봉리
옥산리
쌍치
회문산
둔전리
낙덕정

순창

한정당

"명주 베에 붉은 물이 들면
빨아도 빠지지 않아.
어린놈 머리통에 빨갱이 물이 들면
별수 없어, 그냥 죽여야 해."

×××

"○ ○ ○ 이하 29명 사형!"

재판장의 사형 언도와 함께 법정 안 양옆으로 늘어선 헌병들이 '찰카닥' 장탄을 했다. 행여 있을지 모를 난동에 대비한 실탄 장착이었다. 이어 기세등등한 군인들이 '빨갱이 사형수'를 서둘러 재판장에서 끌어냈다.

재판은 하루 만에 끝났다. 취조 뒤 검사가 몇 장의 서류를 넘기며 한 사람, 한 사람의 죄상을 읊어내자 소령 계급장을 단 재판장은 아무런 감흥 없이 사형을 언도했다. 방청객도, 변론도 필요 없는 군사재판이 순식간에 마무리됐다. 착잡하고 무거운 마음을 대변하듯 임시 재판장으로 쓰인 전라남도경찰국 옆 기와집 '무덕전武德殿'을 빠져나올 즈음 뿌연 이슬비가 앞을 가렸다. 하지만 몇몇 빨치산들은 수도 없이 생사를 넘나든 탓에 '사형'을 마치 장난처럼 여기며 시시덕댔다.

죽음은 이내 현실로 돌아왔다. 재판이 끝난 뒤 광주형무소로 이감된 사형수들은 말없이 집행을 기다렸다. 곧이어 이들이 감금된 사방舍房에 다부진 표정의 군인들이 마룻장을 쿵쾅거리며 들어왔다. 집행관의 지시가 공간을 가득 메웠고, 또 한 번 '찰카닥' 장탄 소리가 심장을 파고들었다. 고요한 정적 속에 두려움이 엄습했지만 왠지 모를 자유로움도 함께 느꼈다. 꽃 같은 청춘, 몹시도 고단했다. 마른 침을 겨우 삼켜낸 그 순간, 날카로운 총성이 허공을 갈랐다.

"어린놈 머리통에 빨갱이 물이 들면…"

작은 사무실 안 길게 늘어뜨린 책상 끝에 임방규가 앉았다. 전날 광주중앙포로수용소에서 전라남도경찰국으로 넘어온 터라 긴장된 몸은 잔뜩 움츠러들었다. 중위 계급장을 단 장교 두 명과 사복 차림의 민간인 한 명이 수북하게 쌓인 서류 너머로 그를 응시했다. 한 장교는 허리춤에 차고 있던 권총을 빼 찰카닥거린 뒤 책상 위에 올려놓고 임방규를 매섭게 쏘아봤다. 조금이라도 허튼소리를 하면 그 자리에서 방아쇠를 당길 기세였다.

"이름."

"임방규입니다."

"고향은?"

"전라북도 부안군 동진면 당상리입니다."

몇 가지 신상을 물은 뒤 본격적인 취조가 시작됐다.

"지금부터 묻는 말에 정확히 답해야 할 것이다."

"……."

"언제, 어디로 입산했나?"

"9·28 후퇴 때 임실 성수산聖壽山으로 입산했습니다."

"보급사업은 몇 번이나 나갔지?"

"20여 회 나갔습니다."

"산에서 2년 가까이 있었는데 보급사업을 스무 번밖에 안 나갔다고?"

"……."

"전투는 몇 회 나갔어?"

"십 회 정도 됩니다."

"사람은 몇이나 죽였나?"

"죽인 일이 없습니다."

"뭐? 죽인 일이 없어?"

심문하던 중위가 권총을 집어 들더니 임방규를 사정없이 내려치기 시작했다. 한참 뒤 얼굴이 벌겋게 달아오른 중위는 씩씩거리더니 신경질적으로 되물었다.

"기차 습격 두 번, 쌍치 돌고개 전투, 운암지서 습격에 참가했는데, 그때 군경이 몇이나 죽었어?"

"기차 습격 때 죽은 사람은 없고, 상운암 작전에서 경찰 60여 명을 생포했는데 전원 석방했습니다. 돌고개 전투에서는 경찰이 포위망을 빠져나갔기 때문에 큰 전투는 없었고, 참호 속에 시체 세 구가 있었다는 말만 들었습니다."

임방규를 취조한 중위가 서류에 뭐라 끄적이더니 옆 사람에게 속삭이듯 건넸다.

"장개석 총통이 말한 것처럼 명주 베에 붉은 물이 들면 빨아도 빠지지 않아. 어린놈 머리통에 빨갱이 물이 들면 별수 없어, 그냥 죽여야 해."

그렇게 취조가 끝났고, 다음 날 오전 검찰 구형과 함께 이날 오후 재판이 이뤄졌다. 그리고 광주형무소로 옮겨진 사형수들은 곧 있을 죽음을 기다렸다. 그렇게 수백 명이 소, 돼지마냥 죽어나갔다. 군인들은 어쩌면 이들을 짐승보다 못한 존재로 여겼을지 모른다. 임방

순창에서 회문산으로 들어가는 계곡 입구. 회문산은 한국전쟁 당시 조선노동당 전북도당 사령부가 자리했던 곳으로 그날의 선혈이 골골이 배어 있다.

규를 취조한 중위의 말처럼 개선의 여지없이 그냥 죽여야 한다는 확고한 믿음만 갖고 있었다. 빨갱이는 그런 존재였다. 죽여도 되는, 아니 죽어 없어져야 하는…….

북한 의용군 임방규, '성수산 빨치산'이 되다

1950년 9월 20일경, 낙동강 전투에 참여한 북한 의용군 임방규(당시 19세)는 경남 거제와 마주하고 있는 통영 광도면 횡리(고성과 통영 사이)에 주둔했다. 연합군의 진격을 지연하기 위한 사천 방어 작전에 참여한 것이다.

낙동강 전투는 오래가지 못했다. 전열을 가다듬은 연합군의 화력은 막강했고, 전선은 하루가 다르게 흐트러졌다. 낙동강 지류인 진주 남강南江을 타고 전선에 합류했지만 연합군에 밀려 의령으로 되돌아왔다. 이후 다시 진주로, 삼천포로 옮겨야만 했다. 그리고 다시 고성으로 이동했다. 결국, 낙동강 서남부 지역을 담당한 인민군은 그렇게 분산됐고, 각자 전선을 타고 이북으로 후퇴해야만 했다.

임방규는 회문산回文山(해발 778m)에 조선노동당 전북도당이 있다는 얘기를 듣고 전북 순창으로 갔다. 전북 부안이 고향인 탓에 순창은 심리적으로 그다지 낯설지 않은 곳이다. 지리산을 우회한 그는 노랗게 익어가는 벼밭을 가로질렀다. 황금빛 들녘이 푸근한 어머니의 인상처럼 따스했다.

'어머니는 어떻게 지내실까? 동생들은 잘 있겠지?'

왈칵 눈물이 쏟아졌다. 뜨거운 눈물이 볼을 타고 한없이 흘러내렸다. 피 튀기는 전장과 동지들 그리고 평온하게만 보이는 가족들의 모습이 교차하며 주마등처럼 스쳐 지나갔다. 걷잡을 수 없는 슬픔을 뒤로하고 마음을 다잡았다. 응어리졌던 눈물을 쏟고 나니 잠시 여독이 풀린 듯 마음이 가벼워졌다.

경남 함양을 지나 어느덧 전북 임실에 다다른 그는 곧장 성수산(해발 876m)을 넘어 순창으로 걸음을 재촉했다. 무주 덕유산德裕山에서 순창 회문산으로 뻗어 내린 노령산맥 한 줄기에 해당하는 성수산은 계곡이 깊고 숲이 울창하다. 또한 신령스러운 자태가 말해주듯 고려와 조선의 건국 설화가 얽혀 있는 곳이기도 하다.

임실에서 독자적 무장부대를 조직한 '성수산 빨치산' 이기태가 산을 넘어가는 임방규를 한눈에 알아보고 반겼다. 그 꼴로 산을 넘는 이는 십중팔구 빨치산이 분명했다. 임방규는 패퇴한 데다 수백 리를 걸어온 탓에 몰골이 형편없었다.

"동무는 어디서 오는 길이요?"

이기태가 말을 건넸다.

"낙동강에서 회문산으로 가는 길입니다."

나이는 어렸지만, 낙동강 전투까지 참여한 임방규가 이기태 눈에 듬직해 보였다.

이곳의 병력은 100명 남짓. 하지만 전투 경험이 별로 없는데다 독자적 무장부대란 점에서 게릴라전은 한계가 있었다. 결국, 이기태의 권유로 임방규는 성수산 빨치산 부대의 소대장을 맡게 된다. 성수산에서 몇 차례 게릴라전을 편 임방규 일행은 12월 말 회문산으로 이동했다. 군경의 포위망이 좁혀오는 상황에서 소규모 독립부대만으로 장기전을 펴기에는 역부족이었다. 더욱이 군당郡黨 유격대에서 파견된 군사 지도원이 조직적인 무장투쟁을 주문한 터라 어떻게든 도당과 선이 닿아야만 했다.

당시 빨치산은 철저하게 도당에 예속돼 있어 공식적인 경우를 제외하면 타 지역 이동이 불가능했다. 이 때문에 대규모 작전을 위해서는 도당의 지휘를 받는 것이 효과적이다. 회문산에 도착한 이들은 이후 기포병단에 편입돼 본격적인 '회문산 생활'을 시작하게 된다.

전북도당 사령부, 그리고 회문산 생활

회문산은 별천지였다. 마치 합법合法 시기에 들어선 것마냥 반가웠다. 전북도당 트('아지트'의 빨치산 용어) 한가운데 인공기가 나부꼈고, 인민들은 한없이 여유로워 보였다. 산 중턱에는 빨치산 간부 학교인 노령학원이 있어 사상 및 군사 교육이 이뤄졌다. 합법 시기 도당학교 교사와 도道 선전부 이론 간부들이 학습을 지도했다.

1951년 여름 열병을 앓고 '환자트'에 있을 때 임방규도 이곳 노령학원에서 간부 교육을 받은 바 있다. 20일 남짓 이어진 교육은 '해방 후 조선', '조선노동당 당사도', '유격 전술' 등이 대부분을 차지했다. 이 가운데 '유격 전술'은 46사단 참모장 조철호가 담당했다. 조철호는 백암과 함께 대표적인 '구빨'(전쟁 전 입산한 구빨치산의 준말) 출신 인사다.

전북도당 사령부(도당위원장 겸 유격사령부 사령관 방준표)가 위치한 회문산은 전략적 요충지였다. 주봉을 기준으로 동쪽에 지리산이 있고, 서쪽으로 구림과 쌍치가 내려다보이는 장군봉將軍峰(해발 837m)이 부드러운 산릉山稜을 끼고 우뚝 서 있다. 또 남으로는 무등산과 북으로는 모악산이 펼쳐져 있다. 여기에 회문산 뒤편(장군봉 북쪽)은 옥정호玉井湖(임실군 운암면)에 가로막혀 군경 토벌대의 진입을 어렵게 했다. 옥정호에 한 번 갇힌 계곡수는 섬진강 상류가 되어 광양만으로 유유히 흘러 보내졌다.

도당 사령부는 사령관 방준표와 부사령관 조병화를 중심으로 7개 직속부대(병단)와 14개 지역 유격대(유대)로 구성돼 있었다. '한국

회문산 정상에서 바라본 능선의 모습. ⓒ 순창군

'향토문화전자대전'에 따르면 회문산 남단 성미산(해발 589m)은 벼락
병단, 동쪽 여분산(엽운산, 해발 774m)은 번개와 카투사병단, 북쪽 히
여터에는 탱크병단과 야전병원이, 서북쪽은 독수리병단과 독립 중
대 격인 임실군당 유격대가 있었다고 기록돼 있다.

　하지만 이는 사실과 차이를 보인다. 도당 사령부와 각 병단에서
활동한 이들의 얘기를 종합해보면 성미산 일대는 전쟁 전부터 활동
한 백암부대(이후 기포병단 일부가 주둔), 여분산에는 도당 주력부대이
자 지원부대인 기포병단이 있었다. 더욱이 여분산은 회문산 동쪽이
아닌 서남쪽에 위치해 있다. 다만, 번개병단이 순창 쌍치면 국사봉國
師峰(정읍과 경계)에 주둔한 점으로 미뤄볼 때 여분산 일부를 관할했을

가능성은 존재한다. 그리고 장군봉과 투구봉 사이 대수말 계곡에 자리 잡은 도당 사령부는 그 직속부대인 보위병단을 거느리며 겹겹이 방어선을 만들었다.

도당은 조직부, 문화부, 군사부, 후방부(보급 및 식량 조달), 정찰정보부(길 안내), 통신부, 여맹부(여성부·연락병 파견 등 담당), 병참부(무기 제조), 피복부(의복) 등으로 구성된다. 이 가운데 문화부는 군사와 행정, 사상사업까지 총괄하는 그야말로 무소불위의 권력을 지녔다.

전쟁 초 도당 및 각 군당에서는 무장부대(병단)에 대한 여론조사를 실시하곤 했다. 살생이나 약탈 등의 피해가 없었는지 조사해 이를 문책한 것이다. 인민으로부터 음식과 여러 정보를 얻는 것은 물론 인민 속으로 들어가 지하당을 조직해야 하는 빨치산으로서는 인민과 떨어져 있는 투쟁은 있을 수 없었다. 이들은 또 병단의 개별적 사업도 지원했다. 지역 선정은 물론 길 안내까지 도왔으며, 매번 전선을 옮겨 다니는 무장부대와 달리 지역 사정을 꿰뚫고 있었기에 우익 인사에 대한 정보 또한 지녔다. 이 때문에 '인민재판'은 도당이나 군당이 규정한 '반동인사'를 중심으로 이뤄졌다.

회문산에서의 초기 생활은 비교적 안정적이며 풍족했다. 부족한 식량 확보를 위해 도당은 정미소까지 갖추는 등 그야말로 자급자족이 가능한 요새였다. 자체적으로 발전기를 돌렸고, 전화기도 구비해놓고 있었다. 각 고지마다 전선을 연결해 전황을 보고받는 등 작전 지시도 원활히 이뤄졌다. 부족한 실탄과 지뢰 등은 직접 제작해 사용했다. 여기에 해방지구 각 인민위원장으로부터 걷은 현물세도 상당했다.

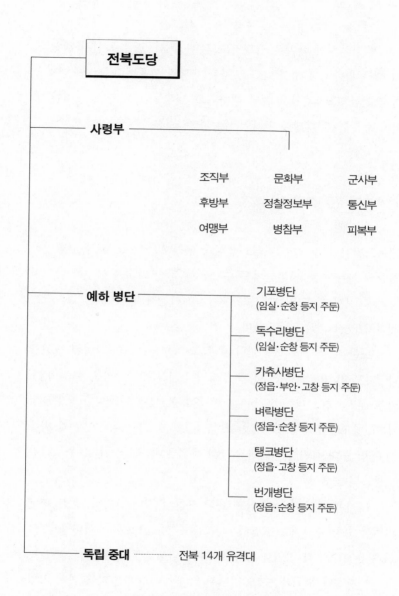

전북도당

사령부

조직부	문화부	군사부
후방부	정찰정보부	통신부
여맹부	병참부	피복부

예하 병단

기포병단
(임실·순창 등지 주둔)

독수리병단
(임실·순창 등지 주둔)

카츄사병단
(정읍·부안·고창 등지 주둔)

벼락병단
(정읍·순창 등지 주둔)

탱크병단
(정읍·고창 등지 주둔)

번개병단
(정읍·순창 등지 주둔)

독립 중대 ·········· 전북 14개 유격대

자료: 필자가 취재 및 인터뷰를 바탕으로 작성한 전북도당 내부 조직 및 편제.

빨치산에게 탄알은 생명과도 같다. 허나 조달이 쉽지 않았다. 이 때문에 탄피를 주워 납탄을 자체 제작해 사용했다. 납을 녹여 총알을 만들었고, 뇌관은 성냥 대가리로 재생했다. 포탄을 분해한 화약으로 총탄 수십 발을 만들어 사용하기도 했다.

전북도당 편제와 7개 병단

전북도당은 모두 3개 지구로 구성돼 있었다. 완주군 동상면 명지목 협곡의 북부지구, 지리산의 중부지구, 회문산 일대를 사수한 남부지구가 그것이다. 노령산맥 줄기 따라 지리산까지 이어진 각 지구는 전라북도 전 권역을 관할했다.

또한 도당 산하 7개 병단(보위부대 포함)이 주요 거점에 포진됐다. 기포병단(임실·순창 등), 독수리병단(임실 청웅·덕치면, 순창 일부), 카추샤병단(정읍 내장산을 비롯해 부안·고창 인근), 벼락병단(정읍·순창 일부), 탱크병단(정읍·고창), 번개병단(정읍 및 순창 쌍치면 일부)을 비롯해 독립 중대 격인 임실군당 유격대와 특공대 역할을 한 보위부대가 도당을 수호했다.

여기에 변산邊山을 중심으로 한 부안 유격대, 고창 선운산 쪽에 위치한 고창 유격대를 포함해 김제, 완주, 정읍, 장수 유격대 등 전북 14개 유격대가 각 지역을 담당하며 마지막까지 항전했다.

1개 병단에 적게는 150명에서 많게는 400여 명의 병력이 있었지만, 각 병단마다 그 수가 달라 정확하진 않다. 다만, 임방규가 속해 있던 기포병단은 이 가운데 가장 많은 500여 명의 병력을 이끌고 있었다. 그런 만큼 화력과 작전 성과도 뛰어났다.

각 병단의 이름은 병단장이나 참모장의 특징을 따기도 한다. 카추샤병단, 일명 왜(와)가리병단은 '스탈린의 오르간'이라 불린 소련제 카츄샤Katyusha 포의 이름을 딴 병단으로, 병단장 박춘생이 왜가리처럼 말이 많고 시끄럽다 하여 붙여진 이름이다. 특히, 호령을 칠라치면 '와, 와' 하는 것이 특징이다. 이 때문에 '와가리 동지'라는 별칭도 붙었다.

기포병단, 즉 외팔이부대는 외팔이 참모장 이상윤의 모습에서 따왔다. 다만, 이 명칭은 군경 토벌대에 의해 불린 이름으로 이상윤이 죽기 전까지 군경은 그의 행적을 한참 동안 추적했던 것으로 전해진다. 당시 인근에서 활동한 외팔이는 이상윤 외에 두 명이 더 있었다. 회문산과 덕유산, 성수산 일대에서 활동한 오복득(가명 문남호)과 전북 북부지구(진안 운장산 인근)를 중심으로 활동한 최태환이 그들이다. 오복득은 1953년 제5지구당 유격지도부(이현상이 이끈 조선인민유격대 최후 사령부 역할)의 부부장까지 지낸 인물이며, 인민군 중좌 출신 최태환은 낙동강 전투에서 팔에 부상을 입고 후퇴하던 중 임실에서 입산했다. '외팔이'를 한 명으로 알고 있던 군경이 곳곳에서 나타난 '외팔이부대'를 신출귀몰한 존재로 여겼던 것은 바로 이런 이유에서다.

팔로군 출신의 인민군 대위였던 이상윤은 9·28 서울 수복 후 미처 후퇴하지 못하고 입산했다. 대담한 성격에 유격전 또한 능했던 그는 남원군당 군사부장, 407연대 참모장, 항미抗美연대 참모장 등을 지냈다. 남원 유격대장 시절 제조 수류탄을 시험하다가 폭발 사고로 그만 오른손을 잃은 이상윤은 토벌대에 적잖은 피해를 안겨준 인물이다. 이 때문에 군경이 벼르던 요주 인물이었다.

한번은 참모장 이상윤이 장난을 친다며 임방규의 복부를 툭 쳤던 일이 있다. 산속을 헤매며 토벌대와 마주하기도 수십 번, 이골이 난 임방규 몸도 어느새 산山 사람이 되어갔지만, 그의 뭉툭한 팔꿈치로 맞는 순간 '헉' 하고 숨이 멎는 것 같았다. 손목이 절단된 팔목은 딱딱한 쇠뭉치마냥 단단하고 다부졌다.

각 병단의 규모는 작았으나 편제는 인민군 형태를 따랐다. 15~20여 명이 한 소대를 이루고, 이것이 다시 4개 소대가 모여 1개 중대가 된다. 그러니 중대 병력은 대략 60~70명이 되는 것이다.

연대는 병단장 이하 (무력)연대장-연대 정치위원, 참모장, 문화부장, 적공(공작)지도원, 민홍지도원(대민사업 담당), 정찰참모, 대열참모 순으로 구성됐고, 대대는 (무력)대대장-대대 정치위원(정치원), (무력)중대장-정치부중대장, (무력)소대장, 부소대장(정치사업 담당) 등의 계급 순으로 이어졌다.

임방규는 기포병단에서 정치부중대장(문화부중대장 또는 초급 정치지도원으로도 불림)을 지냈다. 학습(정훈), 서무, 보급, 인사 등 모든 후방 업무를 담당하는 정치부중대장은 무엇보다 사상적 무장이 투철해야만 한다. 중대원들의 사상교육은 물론 검열 또한 정치부중대장의 몫이다. 이 때문에 군이 직급으로 치면 무력중대장 아래지만, 정치부중대장의 영향력은 무력중대장의 그것보다 컸다. 더욱이 무력중대장은 당원이 아니어도 가능했지만, 정치부중대장은 반드시 당원이어야만 했다.

덕유산 '송치골 회의', 그리고 빨치산 재편

빨치산 병력은 수시로 재편됐다. 그만큼 전선의 변화가 극심했고, 상황은 급박하게 돌아갔다. 녹음이 짙푸르던 1951년 8월의 일이다. 남부지구(회문산 일대) 역시 군경에 의한 대공세로 병단을 사단제로 개편한다. 기포병단은 407연대, 카츄사병단은 408연대로 바뀌었고 두 연대가 합쳐져 46사단을 이뤘다. 도당 보위부대를 이끈 쌍치 출신 박판서(또는 박판쇠. 그의 호를 따 백암사령관으로 통함)가 사단을 총 지휘했다. 전쟁 전부터 좌익으로 활동한 백암은 1956년 쌍치(전북 순창 쌍치면) 트에서 군경 토벌대에 의해 사살된 것으로 전해진다.

일명 '이현상 부대'로 불린 '조선인민유격대남부군단'(정식 명칭 '조선인민유격대 독립 제4지대')이 강원도에서 편성돼 덕유산까지 내려오던 시기도 1951년 이맘때다. 그리고 이곳의 일부 병력과 함께 지리산으로 후퇴한 시점이기도 하다. 우리가 알고 있는 바로 그 '남부군'의 얘기다.

이에 앞선 5월 하순과 7월 중순 덕유산 송치골에서 이현상 주재 하에 충남(위원장 남충렬: 본명 박우헌, 부위원장 유영기)·북(위원장 이성경, 부위원장 정해수), 전남(위원장 박영발 또는 박영달, 부위원장 김선우)·북(위원장 방준표, 부위원장 조병하), 경남(위원장 남경우, 부위원장 김삼홍: 본명 김병인)·북(위원장 박종근, 부위원장 이영삼)의 남한 6개 도당위원

덕유산 삿갓재에서 바라본 능선의 모습. 60여 년 전 꽃 같던 청춘의 절규와 한이 능선 마디마디에 배인 채 선혈은 산에 있는 모든 것의 뿌리로 스며들었다. ⓒ 국립공원관리공단

장 회의가 소집된다.

　빨치산사史에서 '송치골 회의'가 갖는 의미는 상당하다. 바로 이곳에서 이현상은 남부군 총사령관에 임명되고, 남한 일대 유격 투쟁의 총지휘를 맡게 된다. 남한 전역에 대한 투쟁 방안과 유기적인 빨치산 조직체계가 송치골 회의에서 모두 결정된 셈이었다. 다만, 전남도당과 전북도당(사단 편재만 이현상 지시에 따랐으며, 덕유산 등 일부 병력이 남부군에 병합됨)은 빨치산 투쟁도 당이 지도해야 한다는 원칙과 중앙당의 명령이 없다는 등의 이유로 이를 거부, 독자적 활동을 전개했다.

　'6개 도당 회의' 후 충남 빨치산은 68사단으로, 전북 북부 지역 빨치산은 45사단으로 각각 재편됐다. 또 전북 남부의 각 유격대 역시 46사단과 53사단으로 개편됐고, 남부군 직속부대로는 81사단, 92사단, 602사단(비전투 보급 부대)이 구성됐다. 지리산 남단인 경남 지역은 불꽃 사단(경남도당 유격대)과 각 지방 무장부대를 조직하여 57사단을 편성했다.

407연대 2대대와 6대대는 성수산에서 연대장 지휘를 받으며 사단본부와 함께 활동했다. 2대대 소속이던 임방규도 여기에 포함됐다. 군경 토벌대의 작전은 거침이 없었다. 빨치산 부대는 거의 분산됐고, 연대장 최일관은 총상을 입은 채 환자트에 보내졌다가 회복이 불가능하다고 판단되자 결국 자결을 택했다.

참모장 이상윤이 통솔한 3대대 역시 고전하기는 마찬가지였다. 마지막까지 항전했지만 이들 역시 토벌대에 의해 와해됐고, 이상윤은 항미연대 참모장으로 있던 1952년 12월, 중상을 입고 환자트에서 치료를 받던 중 사망한 것으로 전해진다. 역사의 수레바퀴 속에서 이들은 마치 파고波高의 강물에 내던져지듯 이처럼 산속 저마다에 흩뿌려진 채 외롭고도 허무한 죽음을 맞이했다.

당원 가입과 세포 조직, 그리고 학습 총화

사단 편재 시기 임방규는 이미 당원으로 입당한 뒤였다. 당원은 선두에서 전투에 임해야 하며, 부대원들의 사상교육도 도맡았다. 도당이나 병단의 간부급 진출이 가능한 신분이었던 만큼 입당 절차는 까다로웠다. 일반 생활과 (작전)투쟁, 학습 등 여러 증명을 통해 가능했지만, 쉬이 입당이 허락되진 않았다.

두 사람 이상의 당원이 보증을 선 뒤 당 세포에서 가입이 결정된다. 이후 군당 조직위원회에서 최종 비준(합법적)하거나, 무장부대의 경우 사단에서 비준(전투 상황을 고려한 비합법적)했다. 이 때문에 어지간한 신뢰가 아니고선 쉽게 보증해주지 않았다.

당원 3인 이상, 30명 미만이면 당 세포가 조직되고, 그 이상이 되면 세포위원회가 구성된다. 세포는 당을 이루는 가장 중요한 수단 가운데 하나다. 계급이나 업무에 관계없이 모두가 평등하게 취급됐고, 말단 당원부터 조선노동당 당수 김일성까지 세포에 가입돼 있다. 세포 관련 규약이 따로 있어 행동 지침이나 회의 순서 등은 해당 규정에 따라 이뤄졌다.

당원생활 준칙

1. 당원은 당의 강령, 규약과 소속 기관의 결정에 충실해야 한다.
2. 당 규율은 당의 생명이며 또한 당원의 생명이다.
3. 당원의 언행은 항상 당적이어야 하며 대중의 표본이 됨을 전제로 하여야 한다.
4. 당원의 비조직적인 개인행동은 당의 파괴를 의미하며 당원 생활의 단절을 의미한다.
5. 당원은 상부 기관의 지시와 소속 기관의 결의에 무조건 복종할 줄 알아야 한다.

6. 당원은 자기 소속 기관 회의에서 자기 의사를 강력히 주장할 권리가 있다.

7. 당의 결의는 그 결의가 다수결인 이상 자기 의사와 반대되는 경우라도 비난의 자유를 포기하고 무조건 복종하는 것이 공산주의자의 특징이다.

8. 당원은 언제 어디에서나 목적의식적인 투사가 되어야 한다.

9. 당원은 항상 자기 학습에 노력해야 한다.

10. 당원은 항상 친절하고 신망 있고 쉬지 않는 일꾼이 되어야 한다.

11. 당원은 항상 정세 추이에 유의하여야 하며 대중의 선도자임을 잊어서는 안 된다.

12. 당 내의 1인의 적은 당 외의 100만의 적보다 크다.

당원인 임방규도 한 달에 한차례 이상 진행된 세포 회의에 참석했다. 이곳에서 나온 내용은 서기가 모두 기록했으며, 한 부는 세포에서 또 다른 한 부는 군당으로 보내져 회의에서 논의된 내용은 물론 당원 개개인의 신상 발언까지 파악됐다. 사업(작전) 실패 시 평소 행실을 문제 삼아 "관료주의적 사업 작품"이라며 단단히 문제 제기하기도 했다. 앞서 언급했듯 세포는 상하 구분 없이 모두가 평등했기에 얼마든지 문제를 제기할 수도, 발언할 수도 있었다. 이 때문에 당원은 사업을 나가거나 평소 생활 시 계급을 내세워 함부로 거들먹거릴 수 없었다.

이례적이지만 출당 조치가 이뤄지기도 했다. 출당은 세포 회의에서 논의해 결정한 뒤 도당 조직위원회에서 최종 승인한다. 다만,

군당급 이상 간부의 경우 세포 회의를 거쳐 중앙당에서 최종 결정했다. 도당 조직위원회는 주요 문제를 다루는 의결기구로 조직, 선전, 청년(민청)부 등의 간부들로 구성돼 있다.

부대원들의 사상 학습은 수시로 이뤄졌다. 연대마다 조금씩 달랐으나, 407연대는 사단이나 당 선전 간부들이 연대에 파견돼 고급 세미나를 열면, 중대장급 이상 간부들이 모여 학습을 받는 형태로 진행됐다. 이후 이들이 교본을 갖고 중대 단위로 전체 학습을 지도한다. 그런 뒤 부소대장(정치사업 담당) 예하 1개 분대에 한두 개의 학습조가 꾸려져 그때그때마다 학습 내용을 평가받았다. 행군 시나 식사 시, 분대끼리 움직일 때면 늘 이를 확인했다. 말 그대로 치열하게 사상교육이 이뤄진 셈이다.

극한 상황 속에서도 빨치산들의 이탈자가 적었던 것은 바로 이런 학습에 기인한다. 사상에 의한 통제로 행동을 조절했고, 수시로 이뤄진 비판사업(몇몇이 모여 자기반성하는 시간을 의미하는 빨치산 용어)은 그릇된 생각과 행동을 다잡았다. 이러한 주체학습은 전쟁 후 북한이 체제를 지탱하는 수단으로 활용되기도 했다.

기포병단 '기차 전복' 작전

1951년 9월, 병단의 규모가 컸던 기포병단은 전남도당의 요청으로 영광 불갑산 지원 작전을 폈다. 전남도당 인민유격대 불갑지구사령부는 이곳에 본거지를 두고 전남 서북권을 관할해왔다. 하지만 1951

년 2월 20일(음력 1월 15일) 이른바 불갑산 '대보름 작전'이 전개되면서 군경의 대대적인 소탕 작전이 이뤄졌고, 군경 토벌대는 이 지역을 완전히 수복하기에 이른다.

불갑산 지원 작전은 군경 토벌대에 의한 함평 지역 민간인 학살에 대한 보복 차원에서 계획됐다. 아울러 '9·28 복수 투쟁'의 성격 또한 강했다. 내장산(전북 정읍, 해발 763m)과 입암산(전남 장성군 북하면, 해발 626m) 그리고 전북과 전남을 가르는 '장성 갈재' 고개를 넘은 기포병단은 방장산(장성군 북이면, 해발 743m) 능선을 타고 영광 잠입에 성공한다. 하지만 함평과 영광 지역을 이미 수복한 군경의 방어전은 그 어느 때보다 강하고 거셌다. 함평 곳곳을 타격했지만, 어느 곳 하나 점령하지 못한 채 되돌아와야만 했고, 기포병단은 이곳에서 엄청난 전력戰力 손실을 본다. 바로 연대장을 잃은 것이다. 이후 참모장 최일관이 연대장이 됐고, 그 자리를 '외팔이' 이상윤이 메웠다.

곤두박질친 병단의 사기는 참모장 이상윤이 이른바 '기차 전복' 작전을 성공시키면서 달라진다. 서울에서 여수로 이어지는 전라선에는 각종 군수물자가 실린 채 호남 전역에 전달됐다. 이리(지금의 익산)를 거친 전라선 열차는 관촌역(지금의 전주)을 지나 큰 커브를 돌면 곧장 임실, 오류, 오수역을 만나게 된다. 그리고 임실을 빠져나온 기관차는 남원과 구례를 거쳐 순천과 여수로 곧장 향한다.

1951년 10월 첫 작전은 대성공이었다. 기관차에는 수많은 군수물자가 실려 있었고, 칸마다 총탄과 포탄이 가득했다. 이상윤 일행은 욕심껏 한 짐씩 짊어지고 산에 올랐다. 마중나간 병력들도 무기를 나눠 지었다. 탄알이 어찌나 많던지 여기저기 수북이 쌓였다. 그

임실군 성수면 오류리에 위치한 오류역. 현재는 폐역이 되어 역사가 철거된 상태다. ©
열차사랑

간 포탄이 없어 산속에 비장해뒀던 60mm와 80mm 박격포까지 꺼
내며 의기양양했다.

한 달여 후인 11월, 참모장 이상윤은 또다시 대대 병력을 차출
해 작전 지역으로 이동했다. 앞서 한차례 작전을 성공한 터라 자신
감이 붙어 있었다. 임방규는 다섯 번의 작전 가운데 두 번의 기차 전
복 작전에 투입된다.

오류역 인근에 도착한 이들은 철로의 침목 사이에 지뢰를 매설
한 뒤 풀숲에 매복했다. 시간은 지루하게 흘러갔다. 얼마나 지났을
까, 역사에서 그리 멀지 않은 마을에서 콩 볶는 듯한 총소리가 어지
럽게 들려왔다. 간간히 비명과 울음소리도 뒤섞였다. '인간 토벌이

전라선 오류역 남쪽 철길. 오류역이 폐역이 되면서 철길 역시 사라졌고, 현재는 이 길 주변을 따라 순천과 완주를 잇는 고속도로가 깔려 있다. ⓒ 열차사랑

또 시작됐구나'라며 온정신을 귀에 집중했다.

얼마간의 시간이 지난 뒤 임방규 눈에 10여 명의 주민이 포박된 채 경찰에 의해 끌려가는 모습이 들어왔다. 불과 10여m 떨어진 거리에서 임방규는 잔뜩 몸을 웅크린 채 이를 지켜봤다. 방금 전 총소리가 요란했던 마을에서 끌려 나온 듯한 이들은 하얀 무명옷을 두른 채 두려움에 벌벌 떨고 있었다. 그 모습이 마치 형장으로 끌려가는 사형수처럼 느껴졌다.

실제 오류역(현재는 폐역) 건너편 봉강리 마을에 거주 중이던 노지홍 씨 어머니 최필남 씨(당시 28세, 현재 작고)는 그날 경찰에 의해 성서지서에 끌려간 주민 중 한 명이다. 노 씨는 "기차 전복 작전이 이뤄질 당시 경찰이 찾아와 사람들을 끌고 갔다"며 "우리 어머니도 그때 붙들려 가 조사를 받았기 때문에 정확히 기억한다"고 말했다. 그러면서 "이후에도 경찰이 몇 번이고 찾아와 빨치산 가족을 불라며 주민들을 괴롭혔다"고 증언했다. 다행히도 어머니를 포함한 주민들은 조사 뒤 곧바로 풀려날 수 있었다. 다만, 앞서 구치소에 수감된 다섯 명의 주민들은 군인에 의해 모두 총살됐다.

시간은 흘러 오후가 됐다. 무료하다고 느낄 때쯤 기관차 한 대가 임실역을 출발했다는 연락이 들어왔다. 재빨리 풀린 자세를 고쳐 잡았다.

'콰아앙!'

기차가 도착하기 10여m 앞에서 흙먼지를 일으키며 지뢰가 터졌다. 뒤이어 다음 지뢰가 지축을 흔들었다. 엿가락처럼 휜 철로가 아무렇게나 흐트러졌고, 엄청난 힘을 내뿜은 기관차는 요란한 소리와 함께 땅바닥에 곤두박질쳤다. 곧바로 총격이 시작됐다. 기차 안에 있던 군인들도 임방규 일행을 향해 대응사격을 가했지만, 제대로 반격하지 못했다. 너무나 갑작스럽게 벌어진 일이라 군인들은 허둥댔고, 기차 안은 이미 난리 북새통이었다.

특별 칸은 미군이 타고 있었다. 신원을 확인할 순 없었지만, 고급 간부가 탑승했던 것은 분명해 보였다. 앞서 10월 1차 습격 때처럼 다량의 군수물자를 확보하진 못했으나, 미군을 타격한 것만으로도 이들에겐 더없는 성과였다.

1952년 1월 24일, 임방규 체포되다

407연대(기포병단)는 2·3·6대대로 구성돼 있었다. 참모장 이상윤이 인솔한 3대대는 기차 전복 작전을 성공시키며 사기가 충천됐지만, 연대장이 인솔한 2대대와 6대대는 성수산으로 들어가던 중 비행기 공습과 토벌대의 협공으로 적잖은 희생을 치렀다.

1952년 구정(1월 27일)을 앞둔 시점이었다. 회문산을 빠져나온 2대대와 6대대는 서둘러 성수산으로 갔다. 그런데 임실 삼계면 학정리에서 토벌대의 기습 공격을 받고 부대가 분산되면서 임방규는 임실과 순창 사이 용골산龍骨山(해발 640m)으로 들어갔다. 이곳에서 3대대를 만난 임방규는 분산된 부대(2대대와 6대대)를 규합하라는 이상윤의 지시를 받고 다시 성수산으로 향한다.

야음을 틈타 이동하던 중 동이 터오자 임실군 삼계면 세심리에서 옥내트(집 안에 마련한 아지트)를 만들어 은신했다. 토벌대 활동이 잦아들고 빨치산 활동이 시작되는 저녁 어스름, 어둠이 깔리길 기다린 것이다. 그리고 늦은 오후 성수산으로 향하기 전 이른 저녁을 먹었다. 임방규를 포함해 다섯 명이 밥상머리에 둘러앉아 허겁지겁 밥을 비우고 있을 때였다. '툭' 하고 한쪽 문종이가 뚫리더니 가느다란 총구가 쑤욱 들어왔다. 토벌대가 들이닥친 것이다. 종일 별일 없었던 터라 안일한 생각에 보초를 세워두지 않은 것이 화근이었다. 모골이 선 임방규 일행은 숨을 멈춘 채 벽에 세워둔 개인화기를 조심스레 집어들었다. 그리고는 반대편 문을 박차고 뛰쳐나갔다.

울타리를 비집고 나가려던 순간 논두렁에 매복한 군인이 임방규를 향해 총구를 겨누었다. 다시 집으로 들어서려 몸을 돌린 그때 옆구리에 총부리가 들어왔다. 잠시 군인과 눈을 마주치며 물러선 척 하다가 잽싸게 헛간으로 들어갔다. 하지만 이번에는 두 명의 군인이 임방규를 제압했다. 산에서 죽을 것이라 여겼던 임방규는 그렇게 체 포되고 말았다.

손을 머리 뒤로 올리고 밖으로 나오니 다른 동무들 역시 모두 잡혀 있었다. 이들은 전선에 손목이 묶인 채 성수산에 있는 연대본 부로 끌려갔다. 이후 전주에 있는 사단본부로 옮겨졌다.

임방규를 포함해 전북 지역 곳곳에서 잡혀온 반군들은 전주역 인근에 위치한 사단본부 내 임시 창고에 밀어 넣어졌다. 헌병은 이 가운데 변절자를 세워놓고 창고 안 질서를 유지하도록 했다. 어느 날 새카맣게 어린 빨치산 동무가 그로부터 몽둥이로 두들겨 맞고 있 었다. 정확한 이유는 알 수 없지만, 아마도 창고 안 분위기를 제압하 기 위한 희생양처럼 보였다. 때리면 맞고, 주면 먹는 것이 이들의 일 상이다. 부아가 치밀어 올랐지만 어떻게 해볼 방법은 없었다. 그때 였다. 뒤에서 고함치는 소리가 들려왔다.

"니가 뭔데 사람을 패!"

큰 키에 하얀 얼굴, 복장 역시 깨끗한 차림에 꽤 인물이 좋아 보 이는 사람이 카랑카랑한 목소리로 강하게 항의했다. 순간 금방이라 도 무슨 일이 일어날 것처럼 분위기는 차갑게 얼어붙었다. 사실 창 고 안은 헌병까지 지켜선 터라 보통 강심장이 아니면 그렇게 소리칠 수 없었다.

잠시 매질이 멈추더니 한 헌병이 사내를 불러냈다.

"너 직책이 뭐야."

"전남도당 노령지구사령부 당위원장이오."

말이 떨어지기 무섭게 헌병이 사내를 내리찍었다.

"산에서 당위원장이면 당위원장이지, 어디서 큰소리야? 여기가 산인 줄 알아?"

쓰러진 사내를 둘러싸고 몇몇 헌병이 몽둥이를 든 채 패대기치기 시작했다. 매질은 한참 동안 계속됐다. 어린 동무가 상황을 모면하는 대가로 사내의 얼굴은 만신창이가 됐다.

가슴 메이는 이름 '쌍치' … '돌고개' 전투

전북 순창군 쌍치면. 누군가에게 '쌍치'는 이름만으로도 가슴 메이는 곳이다. 한국전쟁 당시 빨치산과 군경이 번갈아가며 장악했고, '해방구解放區'란 이유만으로 수많은 이들이 학살됐다. 좌우 이념 대립의 정점에서 애먼 주민들만 통곡의 피를 흘린 것이다. 물론 대부분의 민간인 학살이 그러했듯 이곳 역시 군경에 의한 학살이 피해를 키웠다.

1960년 4대 국회에서 현지 조사해 기록한 「양민학살진상조사보고서」(한국전쟁 전후 군경에 의한 양민학살 사건 보고서)가 2001년 6월 발견돼 처음 공개된 바 있다. 국회 의안과 지하 문서고에 방치된 채 40년간 묵혀왔던 '불편한 진실'은 그렇게 수십 년 만에 빛을 보게 됐다. 당시 공개된 보고서에 따르면 거창군(719명)과 함양군(593명)을 제외한 1개 면面으로는 쌍치면이 가장 많은 536명의 민간인이 학살된 것

삼방 가운데 '일방'이라고 불리는 오봉리 일대. 전남 담양에서 흘러나와 쌍치를 거쳐 정읍으로 흘러가는 추령천은 쌍치의 젖줄로 통한다. 한국전쟁 당시 군경과 빨치산 간 전투로 이곳에서 수많은 이가 피를 흘렸다.

으로 기록돼 있다. 순창군(1028명) 전체의 절반 이상에 해당한다.

　산과 협곡으로 둘러싸인 쌍치는 비교적 높은 지대에 속한 천혜 요새다. 모두 6개 고지로 이뤄진 이곳은 예부터 삼방三防으로 유명하다. 삼방은 세 군데 통행인을 검문하는 관방關防이 설치된 데서 유래한 말이다. 정읍 산내면으로 통하는 오봉리(일방), 내장산은 물론 장성과 담양의 접경지인 둔전리(이방), 순창 복흥면과 연결된 낙덕정樂德亭의 협곡(삼방)만 사수하면 철저히 외부와 단절된다. 우리나라에서 삼방이 설치된 곳은 함경도 안변, 강원도 인제, 그리고 이곳 쌍치가 유일하다.

쌍치를 본거지로 활용한 도당은 이곳을 '해방구' 삼기 위해 부단히 노력했다. 그만큼 격전지일 수밖에 없었다. 군경과 빨치산 간 쌍치 전투는 크게 세 차례에 걸쳐 이뤄졌다. 1·2차는 군경이, 3차는 빨치산이 승리했다. '민간인 사냥'의 전리품은 승리한 쪽의 것이었다.

실제 쌍치에서 만난 서길동(옥산리 시산마을) 씨의 아버지는 당시 군인에 의해 사망했고, 낙동강 전투에서 국군 부대를 이탈한 뒤 고향으로 돌아온 매형은 빨치산에 의해 죽임을 당했다. 낮에는 대한민국, 밤에는 인민공화국이던 상황에서 서 씨는 1년여 동안 (1951~1952년) 옥산리 산실 굴밭등에 있는 동굴에서 숨어서 지냈다. 그는 좌도, 우도 아니었다.

한국전쟁 초 쌍치는 좌익이 지배했다. 하지만 전세가 밀리면서 군경에 의한 토벌이 이뤄졌고, 일부 지역이 수복됐다. 도당은 몇 차례 탈환 작전을 폈지만, 모두 실패하고 세 번 만에 성공을 거둔다. 기차 전복 작전이 이뤄진 직후다. 노획한 무기와 포탄 등의 화력을 앞세워 쌍치 탈환에 성공한 것이다. 쌍치에서의 전투는 남으로 '돌고개', 북으로 '일방'에서 주를 이뤘다. 돌고개는 담양과 연결되는 쌍치의 초입으로, 이곳을 내주면 쌍치 전체가 위험하다 하여 양측은 돌고개에서 엄청난 혈전(일명 '돌고개 전투')을 벌였다.

쌍치의 젖줄 추령천秋嶺川(섬진강 지류)은 담양에서 흘러나와 쌍치를 거쳐 정읍시 산내면으로 빠져나간다. 일명 '일방'이라고 불리는 곳이다. 일방을 내려 보는 계룡산鷄竜山(해발 402m)에는 '배고리'라는 재가

서길동 씨가 마을 주민들과 1년 가까이 군경을 피해 생활했던 동굴. 70년 가까운 세월에 동굴로 올라가는 길은 풀숲에 완전히 사라졌지만, 동굴 안은 산짐승이 생활했는지 여전히 깨끗했고, 실제 군데군데 산짐승의 발자국도 보였다.

있다. 이곳의 보를 막으면 쌍치가 물에 잠긴다 하여 붙여진 이름이다.

기차 전복 작전으로 무기를 갖춘 도당은 대대적인 돌고개 탈환을 계획한다. 빨치산 전원이 가입된 민주주의청년동맹('맹' 또는 '민청'으로 불림)의 대규모 궐기대회가 열리면서 사기 또한 충천됐다. '돌고개 탈환 작전'은 407연대(기포병단)뿐만 아니라 담양 추월산 가마골에 본거지를 둔 노령지구유격대(전남도당 소속)도 합류했다. 아울러 408연대(카츄사병단)를 비롯해 이 지역 유격대가 총동원된 대규모 작전이었다. 임방규가 소속된 407연대는 주공격(돌격대)을 담당했고, 노령지구유격대는 광주·담양과 이어진 기동로에 배치됐다. 408연대와 정읍 지역 유격대는 일방(정읍과 통하는 길)이 내려다보이는 배고리에

꽃 같던 청춘, 회문산 능선 따라 흩뿌려지다

매복했다. 또 순창과 임실 지역 유격대는 쌍치로 들어오는 요소요소에 배치돼 군경의 지원부대가 접근할 수 없도록 차단했다. 결국, 전북도당은 이날 전투에서 승리함으로써 쌍치 탈환에 성공한다.

'해방구' 쌍치, 그리고 '의용군 지도원' 김창근

1950년 6월 27일 한강을 처음 도하해 김포에 당도한 인민군 6사단(일명 방호산부대)은 소련제 탱크를 앞세우며 7월 5일 오산, 7월 7일 천안까지 밀고 내려왔다. 그리고 호남 지방으로 방향을 틀어 7월 중순 변산과 전주를 거쳐 순창에 다다랐다. 6사단은 이후 낙동강 방어선을 무너뜨리기 위해 진주와 하동으로 이동한다.

북한 인민군은 무서운 속도로 남하했다. 전쟁 초기 낙동강 이남을 제외한 전 지역은 북한 점령의 합법지구였다. 급박하게 돌아간 낙동강 전선과 달리 남한 곳곳이 인민해방지구로 분류돼 치안 작업과 우익 인사 처벌 등이 이뤄졌다. 쌍치도 별반 다르지 않았다. 지방 좌익이 지역을 관할하며 통제했고, 인민위원장 하에 현물세도 적잖이 걷혔다.

1950년 8월, 전북 야영훈련소(의용군 훈련소) 소속 지도원이던 김창근(당시 21세)은 후방 지원을 위한 인민군 양성을 담당했다. 훈련소가 순창으로 옮긴 뒤에는 인계면, 팔덕면(옛 팔등면), 금과면 등 순창 지역 4개 면面을 관리하며 이들의 훈련이나 교육 등을 감찰했다. 낙동강 전투가 한창이던 그때 쌍치에서만 100여 명의 의용군을

김창근 씨는 한국전쟁 초기 의용군 훈련소의 지도원을 지냈으며, 9·28 서울 수복 후 입산했다. 이후 덕유산에서 부대가 재편되면서 남부군으로 활동했다.

차출해 훈련소에 인계하기도 했다. 이들 가운데 일부는 낙동강 전투에 투입됐다.

전북 야영훈련소는 당초 남원에 있었다. 1950년 8월 공비 토벌 목적으로 창설된 11사단의 사단본부가 남원에 꾸려지면서 대대적인 소탕 작전이 벌어졌고, 이후 훈련소가 폭격을 맞으면서 이곳 순창으로 옮겨왔다. 하지만 제대로 된 교육이 이뤄질 리 만무했다. 교구校具는 형편없었고, 막대기 등으로 사격 및 제식훈련이 이뤄졌다. 그나마 몇몇 간부만이 소총을 지녔다.

꽃 같던 청춘, 회문산 능선 따라 흩뿌려지다

당시 의용군은 배고픔과 질병에 시달리는 경우가 적지 않았다. 배고픔이 싫어 의용군이 됐지만, 이곳 사정도 별반 다르지 않았고, 하나둘 이탈자가 생겨나기 시작했다. 허나 들어오는 것은 쉬워도 나가는 것은 쉬이 허락되지 않는다.

감찰차 훈련소를 찾은 어느 날, 쌍치에서 일면식이 있던 한 청년이 집에 보내달라고 울며 통사정했다. 모르는 척 김창근은 훈련소 관계자에게 "이 사람은 누구요"라고 물었다. "설사와 고열을 앓고 있는 환자"라는 답이 돌아왔다. 눈이 퀭한 게 몹시도 지쳐보였다. 김창근이 버럭 소리를 질렀다.

"훈련도 못 받는 환자를 여기 두면 어떡하나, 식량만 축나게…… 당장 집으로 돌려보내시오!"

갑작스런 불호령에 관계자는 놀란 듯 허둥댔다. 청년은 곧장 집으로 돌려보내졌다. 그 눈빛이 아직도 선하지만 누군지 알 길은 없다. 쌍치에서 계속 살아남았다면 훗날 다시 만났으련만, 이후 마주치지 못한 것이 혹 변고가 생긴 건 아닌지 모르겠다. 그만큼 비명횡사가 비일비재하고, 사람 죽는 게 일상이던 시절이다.

한국전쟁의 애환이 묻어 있는 한정당

김창근이 좌익 활동을 하게 된 배경은 종형님의 영향이 컸다. 그의 사촌형인 김택근(전쟁 전 사망)은 왜정 때부터 공산당 조직원이었고, 김영근(당시 22세)은 전쟁 전부터 좌익 활동을 했다. 김영근은 전쟁 중

거제포로수용소에 수감된 뒤 본인의 뜻에 따라 북송된 이후 소식이 끊겼다. 방호산부대(인민군 6사단)가 순창에 내려오던 시기인 1950년 7월, 의용군에 참여한 김창근이 곧바로 지도원이 될 수 있었던 것은 사촌형 친구들이 지방 좌익 간부로 있었기 때문이다. 이런 이유로 입산 후 그는 정치부소대장(또는 문화부소대장)을 맡기도 했다.

'의용군 지도원'의 일과는 단순하다. '한정당閒靜堂'이라는 고택에 머물던 40~50명의 지도원들은 순창 곳곳에 흩어져 있던 훈련소를 감찰했다. 1개 훈련소에는 보통 100여 명의 의용군이 훈련을 받았다. 4개 면을 담당한 김창근이 400~500여 명의 병력을 관리·감독한 셈이다. 그는 매일 두 곳의 훈련소를 점검해 평가서를 작성한 뒤 감찰보고서를 도당에 제출했다.

한국전쟁의 애환이 그대로 묻어 있는 한정당은 당시의 아픔을 말해주듯 70년 세월에도 불구하고 대청 한 구석의 온기가 어제 일처럼 가까이 느껴진다. 그런 부침 때문일까. 역설적이게도 '한가하고 조용한 집'이란 뜻의 한정당이란 이름까지 붙었다. 현재 문옥례 씨가 거주하고 있는 이곳은 그의 시큰아버지가 지은 집으로 시댁은 3000석 농사를 지을 만큼 지역 내 유지였다. 특히, 1000명 분량의 쌀을 저장할 만큼 쌀독 또한 컸다고 하니 그 크기와 위세가 짐작된다. 포로수용소에서 이뤄진 극심한 구타와 고문의 후유증으로 많은 기억을 잃어버린 김창근도 한정당의 큰 쌀독만큼은 여전히 기억했다. 한정당은 몇 차례 주인이 바뀌면서 부침을 겪었다. 일제강점기 일본인에게 빼앗긴 뒤 일제 말 다시 찾았지만 이도 잠시, 한국전쟁 발발뒤 이곳은 지방 좌익의 본거지가 됐다. 그것이 바로 김창근이 생활

전북 순창군 순창읍에 있는 한정당. 고택에는 한국전쟁의 애환이 그대로 묻어 있다.

한 훈련소 지도원의 사무실 겸 숙소다.

문옥례 씨의 시매부(시누이의 남편)가 경찰인 탓에 가장 먼저 피난길에 올라야만 했던 시댁 식구들은 문 씨의 친정집이 있는 인계면 장덕리(행정구역 개편으로 현재는 순창읍에 속함)에 숨어 지냈다. 이후 좌익들이 입산한 뒤 한정당은 본 주인을 다시 맞게 된다. 그것이 1950년 겨울의 일이다.

70년 세월을 거슬러 올라간 문 씨는 "밥 해주면 그거 먹으면서 동무, 동무 그랬는데……. 다들 죽었을 것"이라며 안타까워했다. 이는 빨치산에 대한 연민도, 동정도 아니었다. 격변과 혼란의 시대를 함께 관통해온 이들에 대한 동질감 같은 것이었다.

남부군이 된 김창근, 그리고 빨치산의 겨울

1950년 말 순창 지역 상공을 떠돌던 전투기는 지나는 사람에게 폭격을 가하곤 했다. 물론 좌우 식별이 어려운 상황에서 이뤄진 무차별적인 학살이었다. 문옥례 씨 조부 역시 순창 읍내를 걸어오다 폭격을 맞고 그 자리에서 숨졌다.

그해 11월, 미군 부대까지 동원되는 등 군경 합동작전이 거세지면서 전북 야영훈련소도 1개 대대를 꾸려 입산한다. 회문산에 본거지를 둔 김창근 일당은 이듬해인 1951년 초 병력이 나뉘면서 일부가 덕유산으로 파송된다. 그 안에 김창근도 포함됐다.

전북도당 역시 그해 3월 회문산을 포기하고 지리산(뱀사골)으로

한정당에 거주하고 있는 문옥례 씨. 국군에 의해 순창읍이 수복된 이후 그의 가족들은 이곳 한정당에 들어올 수 있었다.

들어갔다. 하지만 군경의 막강한 화력에 후퇴도 쉽지 않았다. 아침부터 수백 발의 포탄이 떨어졌고, 능선마다 가해진 융단폭격에 쌍치는 완전히 불태워졌다. 뒤이어 군경의 전방위적 공세가 이어졌다. 기포병단과 왜가리병단이 마지막까지 회문산에 남아 본진本陣을 사수했다.

산중생활은 처참했다. 식량이 있으면 먹고, 아니면 마는 식이다. 보급투쟁이 제대로 안 될 때는 며칠을 굶기도 했다. 그러던 1951년 8월('송치골 회의' 후) 김창근 소속 부대에 변화가 생긴다. 바로 부대 재편으로 남부군(조선인민유격대남부군단)에 편입된 것이다.

1950년 '9·28 서울 수복' 뒤 후퇴하던 이현상은 그해 11월 북강원도 세포군 후평리에서 조선인민유격대 독립 제4지대, 통칭 조선인민유격대를 지휘할 수 있는 통일적 권한을 부여받고 남하한다. 이후 속리산과 덕유산을 거쳐 이듬해 8월 지리산에 당도했다.

남부군으로도 잘 알려진 '이현상부대'는 앞서 5월 남하 도중 충북 청주시를 공격해 좌익 죄수들을 탈옥시키는 등 일시적으로나마 도청 소재지를 점거하며 세를 떨쳤다. 또 소백산맥을 따라 이동하던 중 지방 좌익들의 합류로 유격대의 규모가 커졌고, 이후 승리사단, 인민여단, 혁명지대 등의 사단을 구성하기도 했다.

덕유산에서 마주한 남부군의 모습은 여느 빨치산과 다름없었다. 하지만 작전에 투입된 이들의 전투력은 상상을 초월했다. 국방경비대 제14연대(여순 사건 반란군) 출신과 인민군 낙오병으로 구성된 남부군은 전투 경험이 풍부했다. 여기에 작전이 이뤄질 때면 중일전쟁에 참여한 팔로군八路軍 출신들이 선두에서 작전을 진두지휘했다. 김창근은 남부군에 대해 이렇게 회상한다.

"왜정 때 항일운동 했던 팔로군 출신 병사들이 각 전투부대에 하나씩 끼어 있었는데, 이들이 가장 먼저 앞에 섰다. 정말 강성이었고, 마치 호랑이같이 싸웠다. 면을 지나가면 지서가 박살났고, 완전히 초토화될 정도로 전투력도 뛰어났다. 그 사람들 싸우는 것 보면 우리도 무섭고 겁났다."

남부군은 도당에 속하지 않는 독립부대다. 이 때문에 이동이 자유로웠다. 김창근도 1951년 8월 남부군에 편입돼 지리산에 입산한

백운산 빨치산 비트에 만들어진 돌확. 빨치산은 바위에 구멍을 내고 그 안에 곡식을 넣어 빻거나 탈곡했다.

뒤 경남 하동군 화개면까지 내려가 지서 습격 작전을 폈다. 하지만 그해 말 지리산을 에워싼 군경 합동작전으로 남부군은 뿔뿔이 흩어졌고, 김창근은 덕유산으로 후퇴한다.

두터운 여름옷을 벗은 지리산 일대는 이내 앙상한 몸을 드러낸 채 겨울을 맞는다. 빨치산의 겨울은 참기 어려울 만큼 혹독하다. 먹을 것은 부족했고, 얇은 옷을 입은 채 북풍한설을 맞았다. 추위와 배고픔에 시달리다 얼어 죽는 경우도 다반사였다.

김창근은 모포 한 장으로 그해 겨울을 버텼다. 하지만 이마저도

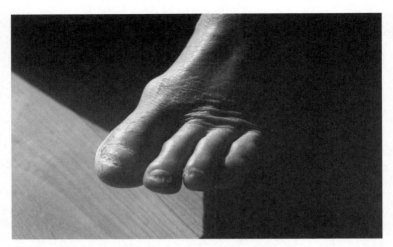

김창근 씨는 덕유산에서 체포될 당시 동상에 걸려 발가락이 괴사했고, 포로수용소에 옮겨진 뒤 새끼발가락을 제거했다.

없는 이가 태반이다. 맨발로 눈길을 헤매는가 하면, 차가운 바위 비트(비밀아지트)에서 서로의 온기만으로 며칠 밤을 지내는 것도 예삿일이다. 눈 덮인 응달이나 삭풍이 몰아치는 능선을 타고 이동하는 것 역시 일상이었고, 행여 군경 토벌대와 맞닥뜨리기라도 하면 개울을 건너 크게 돌아가야만 했다. 그럴 때면 꽁꽁 언 다리의 살점이 찢기듯 고통스러웠다. 지리산을 어렵게 빠져나온 김창근은 루트를 따라 덕유산으로 갔다. 토벌대를 피해 미끄러운 비탈길을 뒤뚱거리다보니 다리에 힘이 잔뜩 들어가 평소보다 체력 소모는 몇 배나 컸다. 하지만 숨 돌릴 틈 없이 곧장 내달렸다.

얼마나 달렸을까, 주위가 조용했다. 그제야 혼자임이 느껴졌다. 빨치산에게 가장 무서운 것은 추위나 배고픔보다 '낙오'다. 극한의 상황 속에서 혼자 떨어져 있다 보면 사상적 무장도 해제된다. 문득 드는 무서운 생각과 허무함, 그리고 군경의 포위망이 좁혀오는데 대한 극한의 공포와 압박감에 자결을 택하는 이도 적지 않다. 숨기 좋은 장소를 골라 쭈그린 채 모포를 뒤집어썼다. 그렇게 3일이 지났다. 먹는 것은 고사하고 제대로 자지도 못했다. 거센 눈발이 몰아치다 잦아들기를 반복했다. 흩날리는 눈발이 되어 회색 짐을 내려놓고 싶다가도, 이곳 어딘가에 묻혔을 지도원 동지들을 떠올리며 실낱같은 혼을 붙잡았다.

동상에 걸려 까맣게 괴사한 발가락(훗날 포로수용소에서 새끼발가락 절단)을 살피다 몸을 뒤척이던 그 때, 멀리서 토벌대 소리가 들려왔다. 빨라진 심박에 피가 역류하면서 순식간에 몸이 달아올랐다. 3일 만에 느껴본 훈기였다. 수색 소리가 가까워지더니 이내 조용해졌다. 긴장된 순간, 갑자기 총구를 들이댄 군인들이 "이런 빨갱이 새끼"라며 모포를 확 걷어챘다. 김창근은 이미 전의를 상실한 채 떨고 있었다. 그것이 두려움 때문인지, 추위 때문인지는 기억이 없다. 회문산 입산 1년 만인 1951년 11월, 김창근은 그렇게 포로가 됐다.

남광주수용소와 지리산 대토벌 작전

조선대학교 정문 건너편(광주 동구 서석동)에서부터 전남대학교병원(광주 동구 학동)까지 길게 늘어선 광주중앙포로수용소(이하 남광주수용소)에는 빨치산 패잔병으로 넘쳐났다. 나무 널빤지와 천막을 올려 엉성하게 늘어뜨린 막사에는 김창근을 비롯해 수많은 포로가 곧 있을 죽음을 기다렸다. 차가운 맨바닥을 고른 뒤 그 위에 짚을 깔고, 다시 모포 한 장을 얹은 것이 이들 잠자리의 전부였다. 바닥에서 올라온 냉기는 물론 천막 곳곳에서 새나온 삭풍은 뼛속 깊은 곳까지 파고들었다.

남광주수용소는 백선엽 소장(1군단장)이 1951년 11월 지리산 대토벌 작전을 앞두고 설치한 것으로 알려져 있다. 그의 작전참모였던 공국진 예비역 준장도 백선엽이 만들었다고 증언했다. 허나 이는 사실과 다르다.

『육군헌병 50년사』에 따르면 남광주수용소(소장 송인섭 헌병소령)는 1951년 6월 28일 창설됐다. 유엔군 전투편성을 보면 당시 1군단장 백선엽은 동해안 방어 작전에 투입됐다. 지리산 대토벌 작전을 위한 백야전전투사령부(백야사)가 꾸려진 것도 그해 말이다. 백선엽이 지리산 토벌 작전을 하기 전 이미 광주중앙포로수용소가 설치돼 있었다는 얘기다. 한편, 수도군단 헌병부장을 지낸 뒤 전역한 송인섭 소령은 이후 전남 진도, 완도, 함평, 장성군수 등을 두루 역임했으며, 여수시장, 부산 영도구청장, 대한상록수복지협회장 등을 지낸 것으로 알려져 있다.

38선을 중심으로 전선이 교착상태에 놓이자 후방 교란을 위한 빨치산 부대의 움직임도 활발히 전개됐다. 이에 따라 호남 지역에 준동하던 빨치산 포로를 수용하기 위한 별도의 시설 또한 필요로 하게 됐다. 이것이 바로 남광주수용소다. 최대 수용 인원만 4만 8000

여 명(『육군헌병 50년사』 기준). 여기에는 13세 미만 아이와 부녀자도 상당수 포함돼 있었다. 다만, 이와 관련해 수용소에서 생활한 이들은 '0'을 하나 더 넣은 것 아니냐고 의문을 제기했다. "많아야 5000명 정도였다"는 설명이다.

지리산 토벌이 본격화되고 포로가 늘면서 수용소 관리는 헌병만으로 어려워졌다. 이에 전남경찰 병력 300여 명이 차출돼 합동 경비를 섰고, 1개 전차중대를 배속 받아 외곽 경비를 맡도록 했다. 어쨌든 남광주수용소는 호남 일대에서 가장 규모가 큰 포로수용소였다.

호남지구 토벌 작전은 당초 국군 제11사단이 전담했다. 이후 국군 제8사단(사단장 최영희 준장)에 작전이 인계됐다. 그리고 서남지구전투사령부(사령관 김용배 준장), 지리산지구전투경찰사령부(사령관 신상묵 경무관), 태백산지구전투경찰사령부(사령관 이성우 경무관) 등이 이 지역에서 토벌 작전을 수행했다. 하지만 영호남의 거친 산악 지대를 근거지로 한 빨치산 부대의 저항 역시 만만치 않았다.

1951년 11월 중순 미8군 사령관 제임스 A. 밴 플리트James A. Van Fleet와 육군참모총장 이종찬은 백선엽으로 하여금 군단급 특수임무 부대 편성(육군본부 작전지시 113호)을 하달했다. 지리산 대토벌 작전이다. 백선엽의 이름을 따 사령부는 '백白야전전투사령부'로 명명됐다. 1951년 12월부터 이듬해 3월까지 총 4기에 걸쳐 진행된 지리산 대토벌 작전(일명 '쥐잡기 작전')은 4개 도道, 9개 군郡, 지리산 인근 20만 주민을 상대로 한 대규모 작전이었다. 2개 사단(수도사단, 8사단)과 서남지구전투사령부, 지리산지구전투경찰사령부, 태백산지구전투경찰사령부 등이 백야사 작전에 모두 투입됐다.

섬진강을 사이에 두고 북쪽은 지리산이, 남쪽은 백운산이 위치해 있다. 아흔아홉 구비 곳곳에 스며든 한(恨)이 남도 500리 섬진강 줄기 따라 유유히 흐르고 있다.

　　백선엽은 자신과 같은 간도특설대 출신을 토벌 작전에 적극 활용했다. 수도사단 소속 지휘관 이룡 대령(기갑연대장), 박춘식 대령(1연대장), 이동화 대령(26연대장) 등이 대표적이다. 수도사단장 송요찬 준장은 일본군 헌병 오장伍長(하사관급 분대장에 해당) 출신이며, 지리산지구전투경찰사령관 신상묵 경무관은 일본 헌병 출신 부사관 중 가장 높은 계급인 군조軍曹에까지 오른 인물이다. 그는 일본 만주군 출신 박정희 전 대통령의 대구사범학교 1년 후배이기도 하다. 공교롭게도 백야사에 참여한 백선엽(사령관, 소장)·송요찬(수도사단장, 준장)·최영희(8사단장, 준장)·김용배(서남지구전투사령관, 준장) 등 네 명의 군 장성 지휘관 모두는 육군참모총장에까지 오른다.

백야사의 총 전과는 사살 6606명, 포로 7115명. 이 가운데 상당수는 민간인이었다. 그리고 생포된 주민들은 좌익 여부와 관계없이 포로로 분류돼 대부분 광주로 이송됐다. 이 과정에서 적잖은 이가 목숨을 잃었던 것으로 전해진다.

1960년대 국방부 전사편찬위원회(현 군사편찬위원회)가 참전자들을 중심으로 구슬 증언을 채록한 바 있는데, 백야사 작전참모였던 공국진 예비역 준장은 광주포로수용소에 대해 다음과 같이 서술했다.

> 지리산이 4개 도, 9개 군입니다. 주민만 20만 명인데, 이 양반(백선엽)은 '이 안에 있는 것은 다 적'이라고 했고, 광주에 포로수용소를 지었어요. 그래서 (제가) '공격을 개시하면 아이나 부녀자를 다 적으로 만들어 포로로 데려오는데, 트럭에 싣고 광주까지 후송하면 다 얼어 죽을 겁니다. 국내 전에서 동족상잔을 하고 있는데 양민과 적을 가려 취급해야지, 그렇지 않으면 이북 땅에 가서 팔로군 토벌하는 것과 무슨 다름이 있느냐'고 했습니다. …… 엄동설한에 우리는 바카(파카) 입고 히타를 틀어도 추운데, 수많은 양민은 광주에 갔다가 절반 이상 죽었어요. 사고가 많이 났습니다. 전시니까 그렇지 지금 같으면 욕 많이 먹었을 것입니다.
>
> — 공국진 예비역 준장 증언 중

1951년 12월(1기 작전) 시작된 지리산 대토벌 작전은 이듬해 3월(4기 작전) 사실상 완료됐다. 빨치산 포로와 주민들이 뒤섞여 함께 수용된 남광주수용소는 열악한 환경과 민간인 수용 등이 사회문제로까지 비화됐다. 결국 1952년 12월 20일 수용소를 방문한 이승만 대통령은 수용소 해체를 지시한다. 이후 국방부 법무관실, 육군본부 정보처, 헌병사령부, 경찰청 등으로 구성된 심사단이 파견됐고, 1953년 3월 백야사가 해체된 뒤 곧바로 폐쇄된 것으로 알려졌다.

인간이 경험할 수 있는 최악의 고통

빨치산의 수감 생활은 인간이 경험할 수 있는 최악의 고통 가운데 하나다. 구타와 고문은 말할 것도 없고, 배고픔과 추위 역시 산속 생활에 뒤지지 않는다. 삶에 대한 희망이 사라진 것은 이들을 특히나 무기력하게 만들었다.

"수용소에서 살아서 나온 것이 용할 정도로 많이 맞았다. 이동할 때는 동료들에 의해 부축을 받고 이동할 만큼 몸에 성한 구석이 없었다. 늘 질질 끌려다녔을 정도다. 잦은 구타와 고문으로 피똥을 싸기도 일쑤였다. 그렇게 맞아서인지, 아니면 어떤 스트레스 때문인지 몰라도 빨치산 활동에 대한 상당한 기억을 잃어버렸다. 지금도 그때 기억이 듬성듬성 끊겨 있다."

김창근은 포로수용소를 이렇게 기억하고 있었다.

장기 구금이 계속되면서 이들은 뼈와 가죽만 남았다. 조금이라도 씹을 것이 생기면 입안에 넣기 바빴고, 이 때문에 수용소에 난 잡풀은 물론 쥐까지도 잡아먹었다. 굶주림은 이처럼 사람을 이성 잃은 동물로 만들었다.

전주 사단본부와 남원의 군단본부를 거쳐 남광주수용소로 옮겨온 임방규도 수감번호 '3125번'을 배정받고 막사 한 곳에 수용됐다.

빨치산 포로들은 수용소 도착 첫날 발가벗겨진 채 머리에서 발끝까지 DDT(Dichloro Diphenyl Trichloroethane, 유기염소 계열의 살충제이자 농약) 분말소독약을 뒤집어썼다. 훗날 '환경 운동의 어머니'로 평가받는 미국의 해양생물학자 레이첼 L. 카슨Rachel L. Carson은 1962년 『침묵의 봄Silent Spring』이란 저서에서 DDT 사용에 대한 환경적인 해악과 신체에 끼치는 악영향을 지적한 바 있다. 하지만 이전까지만해도 DDT는 박테리아나 유해 바이러스 박멸을 위한 최고의 살충제로 인식돼 왔다. 사람 몸에 달라붙은 이도 마찬가지였다. 줄곧 산에서 생활하는 빨치산의 경우 입던 옷을 장작불에 털면 쏟아져 나온 이들이 '투두둑' 거리며 불꽃을 태울 정도로 많은 이가 기생했다.

온몸을 하얀 살충제로 소독한 이후에는 'PW'(Prisoner of War, 전쟁포로)라고 써진 군복을 입었다. 하지만 사이즈는 제각각이다. 어떤 이는 소매가 7부가 됐고, 어떤 이는 허리가 커서 바지를 돌돌 말아 입었다. 앳된 얼굴의 소년은 몇 사이즈나 큰 헐렁한 군복 탓에 마치 허수아비 같았다. 그럴 때면 포로들끼리 군복을 바꿔 입기도 했다.

포로들은 질병과 굶주림으로 반항할 기력조차 없었다. 뼈만 남은 이들은 뻑적댈 새도 없이 죽어나갔고, 잠든 상태에서 그대로 눈을 감았다. 아침에 일어나면 "여기 둘", "여기 셋" 이런 식이다. 몇몇이 들것에 실려 버려졌고, 하루 저녁에 30명 이상이 목숨을 잃기도 했다.

비타민C 부족으로 인한 괴혈병은 이들에게 특히 무서운 존재였다. 임방규는 수용소 내 괴혈병을 이렇게 기억했다.

"일단 밥이 너무 적고 부실했다. 밥 한 덩이를 네 명이서 나눠먹었고, 소금에 절인 시래기나 곰팡이가 파랗게 피어 있는 고등어구이를 찬으로 먹었다. 수용소 안에서 가장 많이 죽는 게 괴혈병이었는데, 비타민C가 부족하면 혈관이 터져서 온몸이 푸릇푸릇해지고, 잇몸도 파랗게 염증이 생긴다. 거짓말 같은 얘긴데, 혀로 이빨을 누르면 치아가 45도 각도로 누울 정도로 흔들거렸다. 그리고는 몸이 붓고, 목이 부어 물도 안 넘어간다. 그러다 맥도 못 추고 죽는 것이다."

온갖 장염도 이들을 괴롭혔다. 괄약근이 제 역할을 못해 변이 줄줄 새기도 했다. 특히, 잠자리에 변이 흘러 모포를 더럽히는 경우가 많아 장염이 심한 환자는 막사 입구 쪽에서 재웠다. 변을 보면 창자가 녹아내려 질게 빠졌고, 혈뇨와 혈변을 누는 것도 일상이었다.

총무과에 있던 임방규의 한 동무는 "1600여 명이 사망했다"고 귀띔해줬다. 병단에서 함께 활동한 그는 총무(서무)과에 배치돼 수용소 내 행정 업무를 도맡았다. 결과적으로 4만여 명 이상 수감(『육군헌병 50년사』 최대 수용 기준)된 이곳에서 5% 가까이가 재판을 받기도 전에 목숨을 잃은 셈이다. 임방규는 실제 사망자가 이를 훨씬 상회할 것이라고 추정했다.

수용소 내 변절자, 그리고 탈출 사건

하루는 미군이 먹던 통조림을 포로들에게 나눠준 적이 있다. 그런 날은 필시 상부의 검열이 있거나, 기념일 또는 광주 유지들이 수용소를 찾은 날이다. 하지만 방문객이 가고 나면 통조림은 모두 회수됐다.

천막 입구에 들어서면 좌우로 길게 잠자리가 들어서 있고, 막사한가운데에는 흙을 고른 뒤 난로가 설치됐다. 하지만 이 역시도 검열이나 견학을 위한 것으로 불 한 번 피우지 않는 보여주기식이었다.

포로수용소는 군대식 편제를 띠었다. 2개 군단 규모였던 남광주수용소는 1수용소와 2수용소로 나뉘었고, 그 사이 언덕배기에 환자를 위한 병사兵舍가 놓여 있었다. 병사에 오르면 깃대봉(무등산 자락) 품에 안긴 조선대학교 본관(일부 구간 공사 중)이 한눈에 들어왔다. 또 수용소 인근에는 전남대학교 의과대학 부속 간호고등기술학교(현 간호학과) 기숙사가 있어 몇몇 간호사가 수용소 내를 오갔다.

2개 군단과 그 밑에 4개 사단으로 수용소가 운용됐으며, 말단 분대까지 포로들을 편성해 이들을 관리했다. 천막 하나(40여 명 수감)가 중대가 되고, 천막 세 개가 모여 대대를 이뤘다. 그렇게 4만 8000여 명(『육군헌병 50년사』 기준)의 포로들이 이곳 수용소에서 생활했다. 내부 통솔은 빨치산 포로들에 의해 자체적으로 이뤄졌고, 대대장·중대장·소대장 등을 각각 세워놓고 감찰을 시켰다. 물론, 헌병이 심어놓은 변절자가 그 중심이 됐다. 이외에도 각 막사에는 헌병이 박아놓은 프락치가 한두 명 이상 숨어 있어 무슨 얘기를 해도 헌병

귀에 모두 다 들어갔다. 『육군헌병 50년사』에는 "헌병의 머리를 깎아 포로로 위장시킨 뒤 함께 생활하도록 함으로써 동태를 파악했다"고 기록돼 있다.

1952년 7~8월경의 일이었다. 반공영화를 시청하던 중 몇몇 포로가 수용소를 탈출하는 사건이 발생한다. 수용소에서는 빨치산 포로들의 전향을 위해 반공영화를 보거나 반공교육이 수시로 이뤄지곤 했다. 그런데 영화 시청 중 경계가 허술한 틈을 타 철사로 엮어놓은 하수구의 개구멍을 끊고 수용소를 탈출한 것이다. 이 사건으로 수용소는 적잖이 술렁거렸다. 하지만 포로들의 동요를 막기 위해 이날 일은 철저히 함구령이 내려졌고, 보안은 철통같이 지켜졌다. '남광주수용소 탈출 사건'은 그렇게 비밀리에 부쳐졌고, 누가, 몇 명이 탈출했는지조차 전혀 알려지지 않았다.

시간이 지난 뒤 임방규는 놀라운 사실을 접하게 된다. 탈출 사건 이후 토벌대에 붙잡혀 수감된 포로로부터 전남도당 노령지구사령부 당위원장 소식을 들은 것이다. 바로 전주 사단본부 임시 수용소에서 함께 있었던 그 사람이다. 인물이 훤칠하고 키가 컸으며, 어린 빨치산 동무를 위해 스스로 매질을 감수했던 동무다. 노령지구 소속 빨치산 포로들은 남광주수용소에서 탈출한 뒤 다시 입산한 그에 대해 얘기했다.

수용소는 감찰·서무·의무과 등으로 나뉘었고, 모두가 포로로 구성돼 있었다. 학교 교육을 받은 이는 서무를 맡고, 야전병원이나 트에서 환자를 치료했던 이들이 의무과에 배치됐다. 다만, 감찰과는 철저하게 빨치산 변절자들로 채워졌다. 감찰본부에는 특무대 조사

전남대학교병원에서 바라본 간호대학과 의과대학의 모습. 우측 끝에 기다랗게 늘어선 조선대학교 본관(하얀 건물)이 한눈에 들어온다.

를 근거로 빨치산 포로들의 직책만 따로 적힌 명단(직책 명단)이 비치됐다. 조사의 편의를 위한 것이다. 빈 천막 하나는 취조를 위해 사용됐고, 막사 구석에는 몇 개의 몽둥이가 세워져 있었다. 그 위에 오랏줄이 걸려 있어 들어서면 덜컥 겁부터 났다.

특무대에서 조사를 마친 빨치산 포로들은 감찰과에 의해 이곳에서 다시 한 번 조사를 받은 뒤 헌병에 보고서가 넘겨진다. 또한 헌병 조사에서 혹 이상한 점이 발견되면 여지없이 감찰 소속 변절자들을 대면시켜 이를 확인했다. 팔에 부상을 입고 환자트에서 오랫동안 생활한 이후 줄곧 의무과 대원으로 있었다고 진술한 임방규도 407연대(기포병단) 대열참모였던 박창수가 '직책 명단'을 확인한 뒤 "왜 원무과 대원으로 있었느냐, 우리 병단 소속 정치부중대장이지 않았느냐"고 폭로해 결국 사형 판결까지 받았다.

광주형무소 수감 생활과 배고픔의 고통

임실 성수산에서 붙잡힌 뒤 남광주수용소로 옮겨온 임방규는 그해
(1952년) 9월 13일 전라남도경찰국 옆 무덕전(임시 재판장)에서 사형
판결을 받고 이날 늦게 광주형무소(광주 동구 동명동 위치. 이후 북구 문
흥동을 거쳐 현재는 북구 삼각동으로 이전함)로 이감됐다.

수번은 2175번. 간수부장 지휘 아래 첫날 '입소식'이 시작됐고,
무자비한 구타가 이어졌다. 몽둥이로 내려치는 소리와 수용자들의
비명이 뒤섞였고, 어떤 이는 너무 맞아 생똥을 싸기도 했다. 이명기
동무(경남민주청년동맹 부위원장)는 입소식 첫날 이뤄진 구타로 들것에
실려 나간 뒤 병사에서 숨을 거뒀다.

자물쇠를 따고 기다란 복도에 들어서자 수많은 눈과 부딪혔다.
아는 얼굴과는 눈인사로 반가움을 대신했다. 사형수가 모여 있는 감
방은 1방과 2방으로 나뉘었고, 비교적 큰 1방에는 170여 명의 사형
수가 수감됐다. 반면, 감방 안에 뻥끼통(변소)이 마련된 2방은 1방보
다 작아 80여 명이 생활했다. 각 방에 30여 명의 군피(군법에서 실형
을 받고 수감된 군경 피고인)가 함께 있었다. 군피는 감방 내 폭동이나
사고에 대비해 형무소가 배치한 것으로 이들 가운데 감방장을 세웠
다. 감방장은 마음대로 구타가 가능했고, 개인의 차입품도 임의로
처분할 수 있는 막강한 권한을 행세했다. 사형수에게는 마실 물도

제대로 주지 않았지만, 군피에게는 식수는 물론 세면할 물도 풍족하게 제공됐다.

배식은 간수와 그의 수발을 드는 소지(또는 소제), 그리고 감방장이 차례로 밥을 퍼간 뒤 포로들에게 마지막 순서가 돌아왔다. 목기에 담긴 밥을 수 명의 포로들이 나눠먹었고, 한 덩이를 겨우 채울 정도의 적은 양이 배식됐다. 어떤 이는 헝겊에, 또 다른 이는 손바닥에 음식을 담아갔고, 밥을 다 먹은 뒤에는 진득거리는 풀기를 말아 내 손을 말끔히 씻어냈다. 그러면 비누로 씻는 것보다 깨끗했다. 물이 부족한 이들이 얻은 일종의 지혜였다.

『육군헌병 50년사』에 따르면 포로 1인당 하루 쌀 1홉 5작(270ml)이 제공됐고, 부식비로 10환(1962년 화폐개혁 후 1원으로 바뀜)이 쓰였다. 송인섭 소장은 "영양실조로 기아 상태에 빠진 포로가 수도 없이 발생했고, 한 달간 포상 휴가를 걸고 수용소 헌병들이 개구리와 뱀, 쑥 등을 채취해오면 이를 쌀과 섞어 먹이기도 했다"고 증언했다.

사형수들은 만성적 굶주림에 시달렸고, 이 때문에 쥐까지 잡아먹는 비정상적 식생활도 마다하지 않았다. 배식할 때면 옹이가 빠진 마룻바닥의 구멍으로 쥐들이 머리를 내밀곤 한다. 굳이 배식 시간이 아니어도 구멍 입구에 음식물을 놓아두면 그 냄새를 맡고 몇 마리의 쥐가 수염을 실룩거리며 모여든다. 그러면 뭉툭한 못을 세면 바닥에 정성스레 갈아 만든 작살로 쥐를 잡았다.

잡은 쥐는 그 즉시 가죽을 벗겨 쇠약한 동무들에게 먼저 나눠줬다. 가죽과 창자는 버렸고, 쓸개나 간·눈 등은 그냥 목으로 넘겼다.

살과 뼈는 오도독 씹어 삼켰다. 극심한 영양실조에 시달리는 이들도 쥐를 먹은 뒤에는 식욕을 되찾곤 했다. 이 때문에 간혹 손사래를 치며 못 먹겠다고 버티던 이들도 약으로 생각하고 억지로 받아먹었다.

　　오랫동안 굶주리다 보면 나중에는 힘이 없어 밥알조차 제대로 씹어 삼키질 못한다. 그럴 때면 천이나 양말 등으로 밥을 감싸 으깬 뒤 물이나 국과 함께 섞어 먹였다. 의식만 겨우 붙은 채 본능적으로 입을 오물거려보지만, 목 넘김이 시원찮아 흘리는 것이 더 많고, 그러면 다시 한 번 한술 한술 밀어 넣었다. 그 누구도 자신의 죽음 앞에서 초연할 수 없듯 이들은 곧 있을 총살 집행을 기다리면서도 이처럼 모진 생명을 이어갔다.

총살 집행 현장과 미(美) 고문의 확인 사살

빨치산 사형수들에게는 수정手鋕을 채웠다. 대부분 앞 수정을 찬 것과 달리 일부는 뒤 수정을 찬 채 꽤나 불편하게 움직였다. 아마도 감방 내에서 사고를 친 모양이었다. 뒤늦게 광주형무소로 이감된 임방규는 다행히 수정이 부족해 손목을 채우진 않았다. 사형수들은 취침 시에도 수정을 찬 채 잠을 잤다. 이 때문에 조금이라도 돌아누울 때면 쇳소리가 잘그락거렸다. 그 모습이 마치 올무에 걸린 짐승처럼 느껴졌다.

　　수감 생활도 어느덧 일상이 됐고, 군피와도 스스럼없이 지낼 정도로 가까워졌다. 하루는 빨치산 포로들과 사형에 대한 얘기를 나누고 있을 때였다. 사형 집행은 한 달에 서너 번, 한 번에 네다섯 명씩 이뤄졌다. 재판받은 순서대로 집행이 이뤄졌기 때문에 번호가 호명되면 그 다음 차례를 미리 알았다. 군피 중 친하게 지낸 김 상사(군피들은 대부분 이름 대신 군대 있을 때 계급으로 불림)가 말을 건넸다.

"총살 현장에 가봤습니다."

모두들 깜짝 놀랐다. 말하기를 주저하던 김 상사가 임방규의 재촉에 입을 열었다. 그는 유치장에 있을 때 사형장으로 몇 차례 사역을 나갔다고 했다. 군피 가운데 비교적 온순하고 죄질이 크게 나쁘지 않은 수감자가 사역 대상자였다.

'오늘 야마가 있다'는 헌병대 말에 유치장은 웅성거렸다. '야마'는 일본말로 산山이란 뜻인데, 감옥이나 유치장에 먹을 것이 비교적 많을 때 쓰는 은어다. 즉, 야마가 있다고 하면 유치장 밖 사역('야마'란 뜻에서 알 수 있듯 주로 산)을 나감과 동시에 먹을 것이 풍족하게 제공된다는 의미다.

사형장으로 사역을 나갈 때는 삽과 곡괭이를 차량에 싣고 이동했다. 어딘지 모를 산기슭에 도착한 뒤 헌병이 지정해놓은 장소에 한 사람이 들어갈 정도의 구덩이를 파고 그 앞에 말뚝을 박았다.

그 시각 사형수가 탄 트럭이 헌병 지프차의 차량 통행 안내를 받으며 광주 시내를 빠르게 통과했다. 작업이 끝나갈 무렵 지프차를 선두로 사형수가 탄 트럭이 들어왔고, 사형 집행관과 미美 고문의 차가 그 뒤를 바짝 따라붙었다.

사형수들의 표정은 긴장한 기색이 역력했다. 입에는 재갈이 물려 있고 눈은 흰 천으로 가려 있으며, 양팔은 뒤로 묶인 채 엄지손가

1950년 9월 포로수용소에서 미군이 인민군 포로들을 발가벗긴 채 수색하고 있다. ⓒ 미국국립문서기록보관청

락을 또 한 번 철사로 비틀어 감긴 사형수들이 포승줄에 줄줄이 묶인 채 트럭에서 내렸다. 두꺼운 포승줄이 풀리고 이내 한 사람씩 말뚝에 묶이기 시작했다. 죽음을 목전에 둔 일부 사형수들은 몸을 떤채 흐느꼈다. 지난날을 돌이켜볼 틈도 없이 찰나의 시간이 지나가고, 다섯 명의 군인들이 이들로부터 열댓 발자국 떨어진 곳에 배치돼 집행관의 구령을 기다렸다.

'지금부터 ○○○, ○○○, ○○○ …… 총살을 집행한다. 장탄! 사격!'

말뚝에 묶인 사형수들이 피투성이가 된 채 순식간에 축 늘어졌다. 총살은 M1 소총의 탄창(8발들이)을 모두 비운 뒤에야 멈췄다. 한 헌병이 말뚝의 밧줄을 끊고 팔다리가 축 늘어진 시체를 반듯하게 뉘였다. 그다음 사형 집행을 감시하던 미 고문이 다가와 시체의 턱 밑에 대고 또 한 발 권총을 갈겼다. 확인 사살이다. 콜트 총에 얼굴은 형체를 알아볼 수 없을 만큼 구겨졌다. 그리고 구덩이에 버려졌다.

헌병들은 가끔 믿을 만한 군피에게 총을 건네기도 했다. 김 상사는 "우리도 사형수를 쏘는 게 싫지만 헌병들이 시키는데 어쩌겠느냐"며 미안한 기색을 내비쳤다. 미리 파둔 구덩이에 시체를 묻고 조그맣게 봉분을 만들면 이날 사역은 끝난다. 헌병들은 작업을 마친 이들에게 막걸리 한 잔과 고구마, 빵 등을 나눠줬다.

훗날 임방규는 사형 장소를 찾기 위해 백방으로 수소문했지만 찾을 수 없었다. 다만, 광주형무소가 광주 동구 동명동에 위치한 점으로 미뤄볼 때 교통편이 비교적 유리한 화순이나 담양, 또는 광주법원 뒤편인 지산동이나 산수동 인근의 무등산 기슭일 가능성이 제기된다. 하지만 확실치는 않다.

1953년 정전협정과 고등법원 재심

1953년 7월 27일 정전협정이 체결되면서 감방 내 분위기도 전과는 달라졌다. 수감자끼리의 자유로운 대화는 물론 적잖은 양의 사식도 허용됐다. 간수들의 태도 역시 달라지면서 살아서 나갈 수 있다는 희망까지 생겼다. 실제 협정 조인 후 두 달 동안은 사형 집행이 이뤄

1953년 7월 27일 오전 판문점에서 열린 정전협정 조인식에서 유엔군과 북한군이 각각 서명하고 있다. ⓒ 미국국립문서기록보관청

지지 않았다. 하지만 호사로운(?) 시간은 그리 길지 않았다.

추분秋分이 지난 9월 말이었다. 한꺼번에 40~50명의 사형수가 불려 나갔다. 50명이 끌려 나간 뒤 또다시 50여 명이 처형됐다. 특히, 수번에 따라 집행되던 것과 달리 이번에는 무작위로 호명됐다. 2356번! 1352번! 1895번……. 순서가 없었다. 명적계(인명부) 직원이 손에 쥔 명단을 보고 아무렇게나 불러댔고, 호명된 사형수들은 앉은 자리에서 그대로 돌이 됐다. 어떤 이는 사색이 된 채 남겨진 자의 손을 부여잡기도 했다. '먼저 간다'는 인사였다. 불과 40일 동안 160여 명의 사형수들이 형장의 이슬로 사라졌다.

수번(사형수) 호명은 보통 오전 11시경 이뤄진다. 이 때문에 10

시쯤 되면 대화가 사라지고, 이후 감방 안은 초긴장 상태가 된다. 초침 사이 심장박동 소리가 터질 듯한 시간이 지나면 하루가 더 주어진 이들은 비로소 긴장을 풀고 일과를 시작했다. 이들에게 11시는 생과 사를 가르는 경계였다. 이런 날이 매일 반복됐고, 그렇게 긴장 속에 하루하루를 넘겼다.

언제부턴가 사형 집행은 이뤄지지 않았다. 한 달이 지나고, 두 달이 지나는 동안에도 불려 나간 사형수가 없었다. 1954년을 이틀 앞둔 12월 30일, 갑자기 조식 후 네 명의 이름이 호명됐다. 명적계 직원이 아닌 계호과 간수가 찾아온 터라 내심 안심하며 사방을 나섰다.

잠시 후 네 명이 들어오고, 또 다른 네 명이 불려 나갔다. 분위기가 어수선하더니 앞서 호명된 사형수가 재심을 한다는 얘기를 들려줬다. 재심? 순간 주위가 웅성거리기 시작했다.

2175번! 임방규 차례가 돌아왔다. 사동을 수리한 두 개의 감방이 임시법정으로 쓰였다. 고법판사와 서기가 앉아 있고, 포로수용소에서 모진 구타와 함께 작성된 ─ 지난날의 죄목이 기록된 ─ 누런 서류 뭉치가 '사형수' 임방규를 기다렸다.

"고등법원에서 재심하러 나왔으니 범죄 사실과 서류에 기록된 내용이 다르면 부인해도 좋다."

인상이 단정한 50대 중년의 판사가 임방규를 바라보며 말을 건넸다. 그런 뒤 곧바로 심사가 시작됐다.

"언제 입산했지?"

"1950년 10월 1일 전북 임실군 성수면 성수산에서 입산했습니다."

"서류에는 전북도당 산하 407연대 소속으로 되어 있는데?"

1950년 8월 임시 포로수용소에서 포로들의 신상명세서를 작성하고 있다. ⓒ 미국국립
문서기록보관청

　"맞습니다."

　"쌍치 돌고개 전투에 참가했나?"

　"예, 하지만 전투 요원은 아니었습니다. 열병을 앓고 회복기에
있었기 때문에 경환자들과 함께 식량을 구하러 나갔습니다."

　"기차 습격 작전에 참가한 사실은?"

　"당시 오른팔에 큰 부상을 입어 전투에는 참가하지 못하고 대신
부대원들의 식사를 준비하고 있었습니다."

　임방규는 판사에게 오른팔을 걷어 보이며 흉터를 가리켰다. 판
사는 '알았다'는 듯 고개를 끄덕였다. 취조한 내용을 기록한 서기가
서류를 내보이며 확인 뒤 서명하라고 지시했다. 임방규는 서류에 한

자로 '林芳圭'라고 서명했다. 판사가 임방규의 글씨를 보더니 "글씨를 참 잘 쓰네, 학교는 어디를 다녔냐?"라고 물었다. 심문 때와는 분위기가 달라보였다. "전주공업학교(현 전주공업고등학교)에 다녔습니다"라고 답하자, "너무 걱정하지 말거라, 잘될 거다"라며 안심시켰다. 임방규는 훗날 그 판사에 대해 "아마도 내 또래의 아들이 있어서 그렇게 측은하게 날 대했는지도 모르겠다"고 했다. 재심은 그렇게 20여 분간 짧게 이뤄진 뒤 끝났다.

1953년의 끝자락이 서서히 저물어갔다. 한반도에 펼쳐진 동족상잔의 비극이 막을 내림과 동시에 민족 분단의 슬픔이 시작되는 역사 한가운데를 관통한 임방규는 꽉 막힌 사방에서 차디찬 시찰구 너머를 응시했다. 200명 이상의 사형수 가운데 마지막 37명(무기수 일부 포함)만이 이곳에 남아 생과 사가 판가름 날 새해를 맞이했다.

12명의 무기수, 그리고 마지막 총살 집행

1954년 2월 28일 오전 10시, 25명이 한꺼번에 호명됐다. 여기에는 무기수도 포함돼 있었다. 소지품을 갖고 나오라는 간수 말에 이감을 생각하며 대수롭지 않게 여겼다. 남아 있는 12명도 다섯 명의 무기수가 함께 있어 그리 불안할 것이 없었다. 하지만 예상과 달리 25명 모두는 이날 계호과에 끌려가 총살당했다. 살아서 광주형무소 사동을 나갈 것이라는 기대는 이내 상실감으로 바뀌었다. 남은 이들이 우두커니 앉아 앞서간 25명을 떠올렸다. 밤이 됐지만 이 밤이 생전 마지막 밤이 될 것 같아 쉽게 잠을 이룰 수 없었다. 적막감 속에 뒤척이는 소리가 곳곳에서 들려왔다.

시간이 또 2주가 지났다. 3월 12일 오후, 전방(한 방에서 다른 방으로 옮김)을 준비하라는 간수 지시에 식기와 모포 등을 듬성듬성 챙겨 들었다. 하지만 겁부터 났다. 앞서 간 동지들도 이런 식으로 불려갔다. 체념한 듯 사방을 나와 긴 복도를 따라 걸었다. 모든 방의 문이 열린 채 텅 비어 있었다. 그 많은 동지들 가운데 12명만이 남았다. 여기에는 다섯 명의 무기수와 일곱 명의 사형수가 포함돼 있다. 사동 건물을 뒤돌아보니 마치 거대한 괴물처럼 느껴졌다.

간수의 안내를 받아 3사동으로 갔다. 그리고 이날 저녁 한 간수가 "명당집 자손들"이라며 사형수 전원이 무기로 감형됐다는 소식을 전해줬다. 200명 이상의 사형수 가운데 마지막까지 생존한 일곱 명이 재심을 통해 무기수로 감형된 것이다. 여기에 임방규도 있었다. 어안이 벙벙한 이들은 한참 동안 서로를 번갈아가며 바라봤다.

'무기수' 임방규, 푸른 죄수복을 입다

임방규를 포함해 무기수로 감형된 일곱 명의 사형수들이 오후 늦게 대전형무소로 이감됐다. 사복을 벗고 푸른 죄수복으로 바꿔 입은 임방규는 그제야 '사형을 면했구나'라며 안도했다. 무기수 이하만 죄수복이 지급됐고, 곧 처형될 사형수는 사복을 입었기 때문이다.

임방규가 있는 동안 대전형무소에서는 총살 집행이 이뤄지지 않았다. 다만, 7사동에 교수대가 설치돼 있어 이곳에서 형이 집행됐다. 같은 사형이라도 군법이면 총살, 민사면 교수형에 처해진다. 결과적으로 군법에 의한 사형 집행은 적어도 이곳에서만큼은 없었다는 얘기다.

대전에서의 수감 생활은 수년간 이어온 복역 기간 중 가장 큰 고통이었다. 환자에게는 약을 주지 않았고, 먹을 것은 늘 부족했다. 한겨울 내의는 고사하고 얇디얇은 홑옷을 입혀 추위에 떨도록 했다. 실내라지만 떠다 놓은 물이 꽁꽁 얼 정도로 사방은 냉기로 가득했고, 여기에 환기구까지 열어둬 감방 안은 그야말로 거대한 냉동고 같았다. 누우면 칼바람에 이빨이 달그락거려 제대로 잠을 잘 수 없었고, 아침에 일어나면 한기가 뼛속까지 스며들어 온 삭신이 쑤셨다.

좌익 수감자들은 대전형무소 내에서도 특별하게 취급됐다. 이들은 죽어도 그만, 살아도 그만인 존재다. 인권은 말할 것도 없고, 온갖 악랄한 행위가 이어졌다. 바늘로 온몸을 찌르는 고문도 서슴지 않았고, 걸핏하면 몽둥이로 패대기 질을 당하기 일쑤였다. 몸이 성한 구석이 없었다. 어떤 이는 고통에 못 이겨 스스로 목숨을 끊기도 했다. 총살에 대한 불안감은 사라졌지만, 지옥 같은 생활은 여전했다.

1955년 빨치산 '조직 사건'

1955년 2월, 대전형무소에서 충격적인 사건이 발생한다. 빨치산 수감자들에 의한 일련의 '조직 사건'이 그것이다. 무기수였던 박판수

(경남도당 북부지구당위원장), 이시영(충남도당 군사부장), 박양수(부여군 당위원장)가 중심이 됐다. 몇몇은 은밀하게 탈옥 조직을 구성하기도 했다. 임방규는 당시 조직에 대해 이같이 말했다.

"1954년에 대전형무소로 이감됐는데, 그 이전부터 조직 구성은 이뤄진 것 같았다. 나는 뒤늦게 조직에 합류한 터라 핵심적인 내용은 잘 몰랐다. 다만, 총책과 공장책임자, 그리고 실정에 맞게 말단 세포 조직이 만들어졌고, 학습 조직을 꾸려 교육도 이뤄졌다. 학습은 일반(지리, 역사, 문학 등) 학습과 정치(사상) 학습으로 구분되는데, 체포 전 도당학교에서 강의했던 분들이 조선노동당 당사도나 변증법적 유물론 등을 가르쳤다."

철공소였던 4공장에서는 단도 등의 무기도 만들어졌다. 당시 사건을 담당한 충청남도경찰국은 4공장에서 발견했다며 어설픈 칼빈 총을 증거물로 제시하기도 했다. 하지만 작업장 내 열악한 환경을 감안할 때 총을 제조하는 것은 그야말로 어불성설이다. 연루자들을 고문한 뒤 작업장에서 꺼내온 칼빈 총은 보기에도 여간 시원찮았다.

조직 사건에는 상당히 많은 정치범이 연루돼 있었다. 3000여 명의 좌익 수감자 가운데 2000여 명 가까이가 여기에 포함됐다. 조직 사건에 가담한 이들은 2개월 징벌을 받았고, 무기 등을 제조한 주모자들은 3년에서 5년의 가형加刑을 받았다. 2개월 뒤 좌익수들의 징벌이 해제되면서 전향자는 다시 공장으로, 비전향자는 특별사동으로 보내졌다.

'감옥 안 감옥', 대전형무소 특별사동

조직 사건 이후 새롭게 만들어진 특별사동(좌익수 특별수용사동)은 비전향자만 따로 생활하는 '감옥 안 또 다른 감옥'이다. 4사·5사·6사·7사, 그리고 이후 만들어진 8사까지 모두 5개 사동이 특별사동으로 관리됐다. 4사는 76개(호)의 독방만으로 구성돼 있고, 여사女舍와 교수대가 있던 7사는 허물어져 특별사동으로 개조됐다. 특별사 보루대 지하에는 별도 공간이 마련돼 밤낮으로 고문이 이뤄졌다. 이곳에서 무슨 일이 일어나는지, 또 어떤 생활을 하는지는 오직 내부자만 확인이 가능하다. 잡범은 일절 수용되지 않는 특별사는 을씨년스럽기까지 했다.

특별사동 내 비전향자들에 대한 탄압은 이루 말할 수 없을 만큼 가혹했다. 강제 전향을 위해 온갖 수단이 동원됐고, 갖가지 악랄한 행위가 이어졌다. '징벌방'이라고 해서 2년 넘게 독방에 가둔 경우도 있었다. 양팔을 벌리면 손이 벽에 닿을 만큼 좁고 습한 방에서 몇 년을 그렇게 생활했다.

"다른 사람과 같이 있으면 그래도 서로 의지하면서 버틸 텐데, 캄캄한 독방에서 몇 개월을 혼자 지내다 보면 자기도 모르게 어느새 정신이 돌아버린다. 그곳에 있으면서 듣는 얘기라곤 '전향하면 빼주겠다'는 말이었다. 정말 많이 외롭고 무서웠다."

남광주수용소에서 10년 형을 받고 광주형무소를 거쳐 대전형무소로 옮겨온 김창근은 독방에 대해 이렇게 회상했다.

그는 광주수용소에 있을 때 엄청난 구타에 시달렸고, 장작개비로 두들겨 맞아 어깨뼈가 부러지면서 의식을 잃기도 했다. 계속된 구타와 고문에 나이도, 이름도, 본인이 누구인지도 잊어버렸다. 재판을 어떻게 받았는지조차 기억이 없다. 대전으로 이감될 때는 누군가에게 업혀왔고, 자신의 형기도 이곳 대전에서 처음 알았다. 과거 일제강점기 일본 순사들의 고문이 그러했듯, 당시 빨치산 수감자를 대하는 간수(또는 헌병)들은 인간이 인간을 얼마나 쉽게 굴복시키고 파멸시킬 수 있는지를 잘 보여줬다.

76호 독방, 그리고 원명기 동지

바닥에는 가마니를 깔고, 이불은 일제강점기 독방에서 쓰인 독거용 이불이 사용됐다. 원체 이불이 작은 탓에 덮으면 옆이 붕 뜨고, 발목은 밖으로 삐져나왔다. 덩치가 큰 사람은 여간 고생이 클 수밖에 없었다. 더욱이 이불이고 옷이고 죄다 솜이 틀어져 군데군데 뭉쳐 있었고, 그럴 때면 걸레를 찢어 푼 올로 실을 만들어 틀어진 솜을 다시 잡았다. 바늘은 제본한 책의 철사를 뜯거나, 대나무를 쪼개 만들어 사용했다. 언제부턴가 간수들이 이를 알고 책도 싹 걷어가 버렸다.

76호 독방, 이곳에 임방규도 수용됐다. 끝 방인 76호에는 온도계가 있어 간수들이 수시로 온도를 체크했다. 저녁 12시 무렵이면 독방 안은 수감자들이 발을 동동거리는 소리가 '둥둥'거렸다. 너무 추운 탓에 잠을 이루지 못하고 방 안에서 뛰고 있는 것이다. 한겨울 독방 온도는 영하 7도까지 내려갔다. 자고 나면 파란 이불 위에 하얗게 서리가

옥사 문 옆에 설치된 패통(사진 가운데)은 간수에게 감방 안의 위급한 상황을 알리기 위해 설치됐다. 사진은 서울 서대문형무소 옥사의 모습.

끼었고, 변통도 얼어붙었다. 또 차갑게 굳은 밥이 식기 위에서 빙글빙글 돌았다. 꽁꽁 언 밥을 먹는 것도 보통 곤욕이 아니었다.

독방 내 환기통은 두 군데다. 위(천장)에 하나, 밑에 하나. 한쪽 벽은 발로, 또 다른 한쪽은 팔로 버티며 천장까지 올라가 구멍을 틀어막았다. 하지만 간수들이 수시로 돌아다니며 감방 안 환기통을 확인했다. 그런 다음 막힌 환기구가 보이면 여지없이 구타가 이어졌다. 독방은 햇볕 한 움큼 들어오지 않는 우울한 공간이다. 여기에 습한 곰팡이 냄새까지 더해져 쾌쾌했다. 고요함 속에서 들리는 소리라 곧 거친 포효뿐이었다.

어느 날 이른 아침, 정적을 깨고 패통이 '툭' 하고 내려가는 소리
가 들렸다. 간수를 부르는 표식이다.

"뭐야?"

"도저히 추워서 못 살것소, 전향할라요."

"죽게 생기니까 기어 나오는구만……."

간수가 빈정대듯 말했다.

73호에 수감된 전남 화순 원명기 동지의 목소리가 분명했다.
한 동지가 이렇게 또 전향하구나 생각하니 임방규는 마음이 심란해
졌다.

이튿날 간수가 73호 독방의 철문을 땄다.

"전향서 쓰게 나와!"

그러자 원명기가 대뜸 "날 풀렸는데……"라며 빈둥댔다. 임방
규를 포함해 독방에 있던 수감자 모두가 한참을 껄껄거렸다. 그는
끝까지 전향하지 않은 채 만기 출소했고, 사회에 돌려보내진 뒤 고
문 후유증으로 고생하다 사망했다.

임방규와 김창근, 병사에서 만나다

대부분의 사상범이 그렇듯 정치적 상황에 따라 좌익수들의 생활은
조금씩 차이를 보인다. 주요 정치적 사건이 터질 때마다 이들에 대
한 탄압은 더욱 살기를 띠었고, 사상 전향 공작은 한층 간교해졌다.

장면 정부와 박정희 군사 정권에서 행해진 사상범에 대한 처우와 공안 탄압이 대표적인 예다.

이승만 독재 정권을 무너뜨린 1960년 4·19 혁명은 이들에게 또 다른 기회를 가져다줬다. 민주 정권인 장면 정부가 들어서면서 사상범에 대한 처우 문제가 논의되기 시작했고, 그 결과 군법에 회부된 자는 20년, 민사는 15년으로 일괄적으로 형이 줄었다. 군사재판에서 사형을 언도받은 임방규도 이때 20년으로 최종 감형됐다.

형무소 내 처우도 전보다는 나아졌다. 대전형무소 특별사동에는 병사病舍가 마련돼 중환자들이 약간이나마 치료를 받을 수 있도록 도왔다. 숱한 고문으로 만신창이가 된 임방규는 당시 심각한 복막염을 앓고 있었다. 복통과 혈압, 구토까지 동반한 중증이었다. 병사에는 고문 후유증으로 사경을 헤매는 이가 적지 않았다. 어떤 이는 폐가 좋지 않은지 계속해서 각혈을 토해냈다. 더욱이 피부병까지 겹쳐 온몸에서 피가 나고, 진물이 도져 몰골이 말이 아니었다.

당시 결핵을 앓고 매일 같이 피를 쏟았다. 또 독방에 있을 때부터 피부병이 심해 옷을 걸치지 못할 정도였다. 겨우 담요 하나만 덮고 살았다. 발진에 피고름까지, 온몸이 정말 흉측했다.

— 김창근 씨 증언 중

한 사람은 복통, 또 다른 한 사람은 연신 각혈을 쏟아냈다. 한국 전쟁 발발 뒤 회문산 일대에서 기포병단 정치부중대장을 지낸 임방규와 덕유산을 거쳐 지리산 인근에서 남부군으로 파견돼 활동한 김

1960년 4·19 혁명 이후 좌익수들에 대한 형이 줄면서 임방규 씨도 20년으로 감형됐다. '사형수'에서 '무기수'로, 그리고 다시 '20년 형'으로 최종 감형된 것이다. 그러나 이는 끝이 아니었다.

창근이 첫 대면한 모습이다. 1960년 대전형무소 특별사동 병사에서 두 사람은 그렇게 마주했다.

나는 고문으로 심각한 복막염을 앓았고, (김)창근 선생은 폐가 안 좋아서 계속해서 피를 토했다. 나도 그랬지만 창근 선생 역시 왜소한 데다 병까지 얻어 매우 초췌한 모습이었다. 우리는 중환자로 분류돼 4개월간 함께 병사에 있었는데, 이런저런 얘기를 많이 나눴다. 창근 선생이 일찍 장가가서 부인이 옥바라지했던 것이 특히 인상에 남는다. 가끔 면회도 오고, 편지 왕래도 있었다. 그런 부인을 칭찬했던 기억도

난다. 그때를 떠올려보면 창근 선생은 말수가 참 적고, 조용했던 분이다. 학습도 열심히 했는데, 어쨌든 사상적 측면을 떠나 매우 성실했던 분으로 기억된다.

— 임방규 씨가 증언한 김창근 씨에 대한 기억

1947년 이른 나이에 결혼한 김창근은 남편이 입산한 뒤 친정(전남 담양)으로 간 부인으로부터 이따금 편지를 받곤 했다. 그러면 수감자들이 둘러앉아 서신을 함께 보며 형무소 밖을 떠올렸다. 가족과 친구들, 고향, 전쟁 전 행복했던 시절……. 인간 이하의 취급을 받던 이들이 유일하게 감상에 젖을 수 있는 시간이다. 그러나 편지를 덮고 나면 하루 한시 한초의 긴장과 공포가 이들을 다시 옥죈다. 누군가의 아들이자, 아버지였을 이들은 그렇게 짓이겨졌고, 또한 파괴됐다.

세 개의 방으로 구성된 병사에는 모두 20여 명(각 방당 대여섯 명)의 수감자들이 하얀 환자복을 입은 채 치료를 받았다. 하지만 그다지 신통할 리 만무했다. 고작 약 한 알 받아먹는 게 전부였다. 그나마 구타가 준 것이 몸을 회복하는 데 큰 도움을 줬다.

임방규와 김창근은 다섯명의 수감자들과 함께 한방에서 생활했다. 빨치산은 첫 대면 시 사회에서 어떤 활동을 했는지 자신의 이력을 가장 먼저 털어놓는다. 이른바 요해了解사업이다. 시쳇말로 통성명을 하는 것이다. 다섯 명의 '감방동기'도 체포되기 전 생활을 돌아가면서 늘어놓았다.

"고향은 순창 쌍치입니다. 종형님의 영향으로 좌익 활동을 하게 됐고, 전쟁 뒤에는 전북에 있는 야영훈련소 지도원을 지냈습니

다. 9·28 후퇴 직후 1개 대대를 꾸려 입산하면서 회문산에 들어갔고
요⋯⋯. 이후 부대가 재편되면서 덕유산으로 이동했는데, 이곳에서
남부군에 편입돼 다시 지리산으로 갔습니다. '지리산 공습' 때 덕유
산에서 체포됐고, 남광주수용소와 광주형무소를 거쳐 이곳에 왔습
니다. 형은 10년을 받았고요."

임방규는 쌍치 출신인 김창근이 몹시도 반가웠다. 나이도 엇비
슷해 고향 친구 같은 느낌마저 들었다. 회문산에서 함께 활동했음에
도 소속 부대가 달라 서로를 알지 못했던 두 사람은 그렇게 병사에
서 만나 한참 동안 얘기를 나누며 가까워졌다.

김창근의 석방, 그리고 남겨진 자의 고통

1961년 5·16 군사쿠데타를 통해 정권을 획책한 박정희는 전국에 흩
어져 있던 비전향자를 대전으로 모두 집결시켰다. 특별사동은 보루
대를 튼튼히 해 높은 벽을 세웠고, 곳곳에 설치된 중화기의 총구는
비전향자들을 24시간 감시했다. 반공을 국시로 삼은 박정희 정권에
의해 좌익수에 대한 경계는 한층 강화됐다.

1962년 김창근이 석방됐다. 10년의 세월, 하지만 그 세월이 남
은 평생을 따라다니며 김창근을 괴롭혔다. 몸은 골병이 들었고, 삶
은 피폐해졌다. 가족도 뿔뿔이 흩어졌다. 세상에 다시 나왔지만 그
는 여전히 외롭고 쓸쓸했다.

육중한 철문을 열어젖히면 일순 정지된 시간과 낯선 조우를 하

게 된다. 뭘 해야 할지, 어디로 가야 할지 가늠이 안 선다. 체화된 속박, 이로 인해 잃어버린 자기정체성. 그는 자유의 몸이 됐지만, 남들처럼 온전한 자유를 누릴 수 없었다. 더욱이 출소 후 30년간 누군가의 감시를 받으며 생활했다. 그는 늘 '보이지 않는 족쇄'의 속박 속에 살아야만 했다.

김창근이 떠난 특별사동에 일대 변화가 찾아왔다. 1968년 1월 21일 남파 간첩 사건인 이른바 '김신조 사건'이 터지면서 박정희 군사 정권은 본격적인 공안 분위기를 형성했다. 또한 좌익수들의 폭동을 우려해 대전에 있던 비전향자들을 전국 5개 형무소로 분산시켰다. 대전형무소, 대구형무소, 전주형무소, 광주형무소, 목포형무소. 이 중 목포형무소는 바다를 통해 도망갈 수 있다고 해 또다시 다른 곳으로 옮겨졌다(실제 1949년 9월 목포형무소 집단 탈옥사건이 발생하기도 했다). 결국 4개 형무소에 비전향자들이 분산 수감됐다. 임방규를 포함해 특별사동에 있던 80여 명도 전주형무소로 옮겨갔다.

1972년 10월 박정희 군사 정권이 유신헌법을 제정, 영구 집권의 발톱을 드러내면서 정치 사상범들은 공안 탄압의 최대 희생양이 됐고, 비전향자 역시 엄청난 고통 속에 지내야만 했다. 이전과는 차원이 다른 탄압이 이뤄졌다.

한국전쟁 종전 전후 체포돼 무기징역을 살던 좌익수들은 4·19 혁명 이후 20년으로 감형되면서 대부분 출소를 앞두고 있었다. 그리고 군사 독재 정권의 전향 공작은 1970년대 초중반 이들의 출소를 앞두고 본격화됐다. 특히, '떡봉이'라고 해서 전향 공작 담당 반원班員이 꾸려지기도 했다. 떡봉이는 '사람을 떡매질하듯 팼다'하여 붙여진 이름이다.

1970년대 초 '떡봉이'를 아시나요?

1973년 8월 2일 법무부 예규 108조 '좌익수형수전향공작전담반운영
지침'이 시달됐다. 이와 함께 중앙정보부(현 국가정보원)가 전향 공작
을 직접 통제·관리하기 시작했다. 또 중정과 법무부 등이 합동전담
반을 꾸려 대대적인 공작을 전개하기도 했다. '떡봉이'가 생긴 것도
이즘이다.

국가는 폭력배 출신 강력범들로 하여금 좌익수들의 강제 전향
을 지시했다. 성과에 따라선 가출소 등의 특혜가 주어졌다. 일부 장
기수에 따르면 전향 공작 담당반원에게는 전향서 한 장당 얼마만큼
의 수고비가 따랐다고 전한다. 떡봉이는 감방 열쇠와 '사랑몽치'라고
불리는 몽둥이를 들고 다니며 수시로 좌익수들을 불러냈다. 그리고
국가의 동조 아래 살인적인 폭행과 고문, 학대가 이뤄졌다. 일부 수
형자들은 떡봉이의 구타에 못 이겨 스스로 목숨을 끊기도 했다.

의문사진상규명위원회 조사 결과에 따르면 1974년 좌익수 박
융서는 특별사동에서 온갖 구타와 함께 바늘로 찔리는 고문을 받은
뒤 이튿날 유리창 창살에 끼어 있는 유리 파편으로 자신의 동맥을
절단해 사망했다. 그는 죽기 전 감방 벽면에 "전향 강요 말라"는 혈
서를 남기기도 했다. 박융서는 생전 동료들에게 "북에 처자식이 있
어 전향을 못 하겠다"고 말한 것으로 알려졌다. 임방규는 박정희 정

권 당시 행해진 전향 공작에 대해 다음과 같이 말했다.

"박정희 정권은 비전향 장기수들을 상대로 인간이 어떻게 하면 육체적·정신적 고통을 받을 수 있는지 상상할 수 있는 모든 수단과 방법을 동원해 실천에 옮겼다. 고문하고 때려죽이고, 찬바람에 얼어 죽게 방치하고, 단식할 경우 강제로 밥을 먹여 죽였다. 또 고통을 못 견뎌 자살하도록 몰아갔으며, 병들어 죽음에 이르는 마지막 순간까지도 '전향하면 약을 주겠다'고 강요하며 죽게 내버려뒀다."

20년 만기 출소와 '사회안전법'

1972년 미국과 구소련을 중심으로 한 동서 진영 간 긴장 완화가 실현됐다. 이른바 데탕트다. 미국의 리처드 M. 닉슨Richard M. Nixon 대통령이 모스크바와 베이징을 방문하고, 국제정치는 이데올로기보다 국가이익을 우선시하기 시작했다. 그리고 이러한 국제적인 데탕트 분위기 속에서 분단 이후 처음으로 남북이 대화에 나선다.

1972년 7·4 남북공동성명은 '자주·평화·민족대단결'의 3대 원칙을 천명한 통일과 관련한 최초의 남북 합의문이다. 하지만 '반공'을 국시로 내세운 박정희 독재 정권의 대북 기조가 '평화 통일'과는 거리가 멀 듯 음지에서 행해진 전향 공작은 여전히 매섭고 참혹했다.

1972년 늦여름, 대전형무소 특별사동에 수감된 임방규가 간수의 지시를 받으며 충청남도경찰국으로 향했다. 만기 출소를 앞둔 취조였다. 보안과 경찰이 마지막으로 묻겠다며 '전향서'를 내밀었다.

임방규가 비실댔다.

그러자 한 정보과장이 다가오더니 "허튼소리 말어라. 감옥에서도 전향하지 않은 사람이 이제 와 전향하겠느냐"며 직원을 다그쳤다. 정보과장의 얼굴은 어딘지 낯이 익었다. 한참 기억을 되짚어보니 회문산에서 일면식이 있는 얼굴이었다. 전북 고창에서 활동한 빨치산 출신 인사였던 것이다.

한국전쟁 당시 산속 생활에 신물을 느낀 이들은 신분을 바꿔 국군에 재입대하거나 경찰이 되어 빨치산 토벌에 앞장섰다. 1951년 10월 빨치산 귀순자로 창설된 '보아라부대'(지리산지구 전투경찰사령부 사령관 직속 특별부대)가 그랬고, 군경의 회유 등으로 각지에서 활동한 '빨치산 변절자'들이 그랬다. 그리고 이들 가운데 일부는 전쟁이 끝난 뒤에도 군이나 경찰에 남아 활동했다. 충남도경의 그 정보과장도 그런 인물 중 하나였던 셈이다.

1972년 9월, 20년을 복역한 뒤 임방규가 출소했다. 자그마치 20년의 세월이다. 스무 살 나이에 체포돼 어느덧 마흔을 넘어섰다. 청년 임방규는 뼈만 앙상한 초췌한 모습의 중년으로 늙어 있었다.

임방규는 출소 후 서울로 올라와 페인트공이 됐다. 총을 들던 손은 솔을 들었고, 산속을 헤매던 두 발은 산업화의 상징인 콘크리트 건물 위에 서 있었다. 그는 붉은빛을 지운 채 남은 인생을 색칠했다.

가끔 철탑에 올라 산업화와 도시화의 고도성장을 목격하기도 했다. 20년간 멈춰버린 시간 속에서 세상은 많은 게 달라져 있었다. 하지만 그 안에 숨어 있는 군사 독재 정권의 폭압 정치, 도시 빈민 문제, 자본주의 논리 아래 횡행하는 부패와 사회 부조리……. 무등無等

을 꿈꾸던 스무 살 청년의 미래는 이런 것이 아니었다.

1972년 10월 선포된 유신헌법으로 공포정치를 단행한 박정희는 반유신 세력에 대한 탄압 도구로 무소불위의 긴급조치를 악용했다. 그리고 그 결정판이던 긴급조치 9호 선포(1975년 5월 13일)와 함께 1975년 7월 16일 법률 제2769호로 제정된 '사회안전법'이 공포된다. 전향을 거부한 임방규는 이 법에 따라 1976년 9월 체포돼 또다시 청주보안감호소에 수감됐다. 그 오랜 세월 동안 형언할 수 없는 고통을 겪었던 그가 사회에 돌려보내진 지 불과 4년 만에 재수감된 것이다. 그해 4월 결혼한 임방규는 체포 당시 부인이 임신 중인 상태였다. 국가는 평범한 삶을 살고자 했던 그를 결코 그냥 두지 않았다.

청주보안감호소, 그리고 0.7평의 세상

청주보안감호소는 팻말도 존재하지 않는 '비밀스러운' 곳이다. 엄청난 크기의 청주교도소(1961년 행형법 개정에 따라 형무소는 교도소라는 명칭으로 변경됨) 옆에 외딴 섬처럼 감호소가 설치됐다. 153명의 비전향자들은 이곳에서 철통같은 감시를 받으며 생활했다. 감방 문고리의 열쇠가 보통 하나인데 반해 청주보안감호소는 위, 아래 두 개가 채워졌고, 창도 일반 교도소보다 훨씬 높은 곳에 위치해 밖을 보는 것이 수월하지 않았다. 마지막까지 전향하지 않은 이들은 더 엄혹하고, 잔인하게 다뤄졌다.

여느 교도소와 마찬가지로 이곳 역시 먹을 것은 늘 부족했다.

밥을 퍼 담는 목기에 따라 특등식부터 일등식·이등식·삼등식·사등식·오등식까지 여섯 단계로 나뉘는데, 이들은 가장 작은 양의 오등식이 주어졌다. 밥을 네 쪽으로 나누면 적당한 크기의 한입거리가 되고, 세 쪽으로 나누면 한가득 밥술이 들어간다. 식사량이 너무 작아 이들 사이에선 '궁짝' 또는 '아스피린'이라고도 불렸다.

청주보안감호소는 독방으로 이뤄져 있다. 일반 교도소(0.75~1평)보다 작은 0.7평 공간은 임방규가 내몰린 세상의 끝인 동시에 그가 누린 세상의 전부였다. 수감 2년 뒤 담당 검사와 마주할 때 빼고는 대부분을 독방에서 생활했다. 검사가 전향 여부를 묻고, 비전향할 경우 또 다시 2년을 복역했다. 10년이고, 20년이고, 그렇게 계속 2년씩 갱신됐다. 전향하지 않고선 결코 감호소 밖을 나설 수 없었다. '시계를 거꾸로 매달아도 시간은 간다'는 말은 적어도 이곳에선 통영돼지 않았다. 인간에게 희망이 없다는 것만큼 절망적인 것은 없다. 분단의 창살에 갇힌 이들은 그렇게 시간을 견질렀다.

"끝도 없이 감옥이 가둬놓고, 2년 갱신, 2년 갱신……. 그렇게 14년을 살았다. 전향하기 전에는 살아서 나갈 수 없었다. 전향서에 사인만 하면 됐지만, 그렇게 할 수는 없었다. 이념의 문제라기보다는 한 인간이기에 더더욱 이를 거부한 것이다."

그 오랜 고통과 무자비한 폭력 속에서도 임방규는 끝까지 전향하지 않았다. 그가 마지막까지 지키고자 했던 것은 이념적 사고의 이데올로기가 아니었다. 짐승과 같은 이들로부터 인간의 존엄성을 지켜내고 싶었다. 자본주의 체제의 거부에 앞서 인간의 폭력성을 거부하고자 한 것이다. 그것이 바로 양심이고, 선이었다.

33년 '영어(囹圄)의 몸'에서 풀려나다

1987년 한국 사회는 커다란 혁명적 변화를 맞게 된다. 민중의 힘으로 군부독재를 끌어내렸고, 그간 움츠렸던 민주주의는 동토凍土의 땅을 뚫고 싹을 밀어 올렸다. 그리고 민주화의 열기는 그간의 악습과 악법의 폐지를 부르짖었다. 문익환 목사 등을 중심으로 한 재야에선 '사회안전법폐지추진위원회'가 발족됐고, 국회에서도 이에 대한 내용의 법안이 제출됐다. 그 결과 1989년 3월 사회안전법(이후 대체법인 보안관찰법이 발효됨)이 폐지됐다. 그리고 법안 폐지에 따라 보안감호소에 수감된 비전향자 모두가 석방됐다. 임방규가 15척 담장 밖으로 걸어 나온 것도 법안 폐지 이후인 1989년 7월이다. 석방과 재수감을 거치며 무려 33년(22년 6개월)간 '영어囹圄의 몸'으로 지내왔다. 조국은 그를 한평생 가둬놓고 이념과 사상을 말살시켰다. 자그마한 육신은 짓이겨졌고, 존엄은 파괴됐다.

1976년 청주보안감호소에 재수감된 비전향자는 모두 153명. 이 가운데 51명이 법안 폐지와 함께 최종 석방됐다. 86명은 모진 고문에 못 이겨 전향했고, 16명은 숭고한 이념 앞에 마지막까지 저항하다 목숨을 잃었다. 청주보안감호소에서 단식투쟁을 하던 변형만의 경우 간수들이 고무호스를 식도에 집어넣어 왕소금을 잔뜩 푼 소금물을 강제 급식하는 과정에서 숨을 거뒀다.

국가는 이후에도 일반 교도소에 수감된 좌익수들을 '사회안전법'의 대체법인 '보안관찰법'을 통해 끝까지 옭아맸다. 1995년 인민군 출신 김선명 씨가 광복절 특별사면으로 풀려나면서 자유의 몸이

지난 1월 필자의 도움으로 임방규 씨와 김창근 씨가 서울 모처에서 만났다. 두 사람은 한참 손을 맞잡은 채 아무런 얘기도 하지 못했다.

되기도 했다. 김 씨는 무려 45년을 복역, 세계 최장기수로 기록돼 있다. 그를 포함해 63명의 비전향장기수들은 김대중 정부 시절인 2000년 6·15 남북공동선언 이후 그토록 염원하던 북으로 돌아갔다.

　　좌익 사상범들은 보안 관찰 대상자로 묶여 지금도 국가의 감시를 받고 있다. 수십 년 옥고를 치른 뒤 얻은 마지막 정리의 시간도 이들에게는 쉬이 허락되지 않는다. 생을 마감한 뒤에야 비로소 끝날 것이다. 분단의 아픔과 처절한 고통을 맨몸으로 마주한 빨치산은 우리가 만들어낸 슬픈 역사이자 또 다른 자화상이다.

2016년 1월 27일 임방규와 김창근이 서울 모처에서 만났다. 두 사람은 손을 부여잡은 채 한참을 놓지 않았다. 풍파를 견뎌온 거친 손마디가 그간의 모진 세월을 말해줬다.

"우리가 만난 지도 꼬박 55년이 됐구먼⋯⋯."

"⋯⋯."

회한이 담긴 임방규의 한마디에 한동안 정적이 이어졌다. 두 사람은 더 이상 말을 잇지 못했다. 주름진 표정의 눈망울엔 어느새 한스러운 탄식과 설움이 가득 차 있었다. 구순九旬의 세월, 굽이굽이 애달픈 삶이었다.

그들이 겪은 것은
'진짜 전쟁'이었다

이데올로기 사슬에 순장이 된 사람들

전주

진안

장수

임실

백련리

남산리

부흥리

남원

송내마을

강석마을　　그럭재

"내가 뭔 힘이 있가니, 시키니깐
그냥 한 거제. 어디 친척이라고
얘기할 수가 있어야지,
그래 봤자 쪽짜인데……."

1951년 초 전선은 38선을 중심으로 교착상태에 놓였다. 남과 북이 일진일퇴의 혼전 끝에 형성된 군사 대치선이다. 1950년 6월, 한국전쟁 발발 3일 만에 서울을 내주고 낙동강 전선까지 밀려난 국군과 연합군은 전열을 정비한 뒤 9월 서울 수복에 이어 평양까지 진격했다. 그리고 압록강과 두만강豆滿江을 사이에 두고 남북이 또다시 대치했다. 하지만 이도 잠시. 중공군 전술에 밀린 연합군은 곧바로 퇴각, 또 한 번 서울을 내줘야 했다. 태백산맥太白山脈 너머 소백산맥까지 밀린 전선은 다시 북상하면서 38선에 멈춰 섰다. 남과 북의 허리는 그렇게 고착화됐다.

남진과 북진이 반복되는 사이 주민들은 이리 쓸리고 저리 쓸렸다. 낮에는 우익, 밤에는 좌익이 차례로 마을을 점령했고, 어제의 대한민국이 오늘 조선민주주의인민공화국(북한) 체제로 바뀌었다. 달라진 세상 후에는 어김없이 피의 숙청이 뒤따랐고, 보복은 또 다른 보복으로 이어졌다. 전쟁과 학살의 광기는 우리 깊숙이 들어왔다.

참수, 목이 베이다

1950년 9·28 서울 수복과 함께 전라북도는 후방 치안 확보를 위한 토벌이 한창이었다. 지리산과 지리적으로 인접해 있는데다, 수복 지역 곳곳에서 부역 혐의자 처형까지 더해지면서 학살은 쓰레그물 치듯 광범위하게 전개됐다. 기분 나쁘면 '너 빨갱이지' 하고 데려가 족 쳤고, 죽인 뒤 문제 되도 '빨갱이었다'고 하면 그만이다. 이들이 겪는 고통이 '진짜 전쟁'이었다.

전북 남원은 임실과 순창에서 지리산으로 들어가기 전 마지막 으로 거치는 길목 ─ 물론 우회는 가능했다 ─ 에 서 있다. 이 때문에 호 남지역 빨치산 토벌을 목적으로 창설된 국군 제11사단(사단장 최덕 신)이나 백야전전투사령부(사령관 백선엽)의 사단본부(지휘통제소)는 모두 남원에 설치됐다. 특히, 섬진강을 경계로 전북 순창과 전남 곡 성에 맞닿아 있는 남원 대강면은 인근 빨치산들의 출몰이 수시로 이 뤄졌다. 이들은 대강면과 금지면의 경계를 잇는 고리봉 산맥의 기럭 재를 넘은 뒤 서남원을 걸쳐 지리산 뱀사골과 달궁계곡에 숨어들었 다. 그리고 이런 지리적 특성 때문에 대강면은 군경 토벌대의 우선 수복 대상지이기도 했다.

1950년 11월 17일 새벽 5시. 국군 제11사단 소속 전차공격대대 가 그럭재(기러기재) 너머 대강면 강석마을로 향하던 중 인근 송내마 을에서 빨치산 부대와 한 차례 교전을 벌였다. 송내는 전쟁 초 빨치 산 소부대가 주둔했으나 전세가 뒤바뀌면서 대부분 입산했고, 이후 일부만이 남아 이렇듯 소규모 게릴라전을 폈다.

국군과 빨치산 간 전투는 싱겁게 끝이 났다. 전차공격대대는 다 시 방향을 잡아 강석마을로 빠르게 걸음을 내디뎠다. 앞서 교전으로 신경이 곤두선 군인들은 민가에 들어서자마자 무작정 총격을 가했 다. 사방으로 튄 총알은 흙벽을 뚫고 안방에까지 날아들었다. 주민 들은 두터운 이불을 벽에 대거나 솜이불을 뒤집어쓴 채 숨죽였다.

강석마을 주민들이 학살된 그럭재 아래 저수지(당시 논) 앞에서 바라본 강석마을 전경.

하지만 본격적인 소개疎開는 이제부터다.

　군인들은 사람들을 집 밖으로 끌어낸 뒤 청장년층을 따로 분류했다. 그리고 차례로 총살시켰다. 나이든 노인이나 부녀자, 심지어 어린아이까지도 학살의 대상이 됐다. 교전이 발생한 경우 남녀노소 구분 없이 더 잔혹하게 민간인들을 대했다. 강석마을도 다르지 않았다.

　군 토벌대는 주민들을 마을 어귀 논에 집결시켰다. 연령별로 분류하는 과정에서 몽둥이로 사정없이 구타했고, 일부는 일본도를 꺼내들며 위협하기도 했다. 애, 어른 할 것 없이 500여 명의 주민이 나이에 맞게 자리를 옮겼다. 당시 열네 살이던 김덕초 씨도 줄을 찾아 이동했다.

　국군은 먼저 30대 이상 남자들을 한 명씩 즉결 처분했다. 현장에서만 30여 명이 목숨을 잃었고, 김 씨의 형 김순도 씨(당시 32세)도 이때 총살됐다. 가을걷이를 마친 논바닥에 어느새 진득한 피가 홍건

수십 년 전 영문도 모른 채 군경의 총탄에 바스러진 흙벽이 세월을 견디고 있다.

히 뿌려졌다.

　30대가 끝난 뒤 20대 안팎의 젊은이가 지목됐다. 당시 일곱 살이던 김수영 씨는 한쪽에 선 아버지를 지켜봤다. 20대 후반의 김점동 씨는 또래 청년 19명과 함께 군인들 앞에 섰다. 좌익이나 부역 혐의 등을 추궁했지만 형식적이었고, 이들만 따로 포박돼 마을회관 앞으로 줄줄이 끌려갔다. 걸음을 옮길 때마다 군인들 허리춤에 채워진 일본도가 '차가차각' 소리를 냈다.

　"무릎 꿇어."

　한 지휘관의 명령에 청년들이 일제히 무릎을 꿇기 시작했다. 이어 검은 천으로 눈을 가린 뒤 목을 앞으로 빼라고 주문했다. 마을 청년들은 아직까지 뭘 하려는지 가늠하지 못했다. 무릎은 왜 꿇고, 목은 왜 빼는지……

　인솔 군인 중 한 명이 잘 갈린 일본도를 하늘 높이 추켜세운 뒤

잠깐의 새도 없이 그대로 내리쳤다. 정교한 칼날에 목덜미가 덜렁거렸다. 잘려진 대동맥에선 붉은 피가 분수처럼 솟구치며 사방에 흩어졌다.

김점동 씨가 앞에 섰다. 또 다른 군인이 검게 그을린 그의 목덜미에 긴 칼을 한 번 대더니 그대로 후려쳤다. 목이 아직 붙어 있자 다시한 번 힘껏 내리찍었다. 바닥에 쓰러진 김 씨가 온몸을 바둥거렸다. 그러자 이번에는 단도를 빼 그의 뒷목과 어깨 근육을 후벼 팠다. 김씨는 그제야 정신을 잃었다.

분뇨 먹고 나는 살았다

참수를 끝낸 군인들은 목이 잘린 주검에 소금을 뿌렸다. 핏빛 가득한 현장에도, 자신의 군복에도 하얗게 소금을 던졌다. 누군가는 비린내가 나지 말라고 한 것이라고 했고, 또 다른 누군가는 귀신이 들러붙지 말라고 한 것이라고 했다.

19명을 참수한 군인들은 사람들이 집결된 장소로 되돌아왔다. 이어 18세부터 40세까지 남녀 구분 없이 주민 50여 명을 포박해 그럭재 방향으로 끌고 갔다. 여느 마을과 비슷한 풍경, 강석마을도 이제 어린이, 아녀자, 노인 들만 남았다.

산을 넘기 전 군인들은 그 앞 논에 주민들을 한꺼번에 몰아넣었다. 그리고는 집중 사격을 가했다. 그럭재에 부딪힌 총성이 강석마을에 넓게 퍼졌다. 불과 몇 시간 만에 100여 명 가까운 민간인이 그

강석마을에서 만난 김수영 씨. 그의 아버지 김점동 씨는 군경이 내려친 일본도를 맞고도 목이 잘리지 않았다. 김점동 씨는 바둥거리며 변소로 기어가 분뇨를 먹고 살아남았다.

렇게 목숨을 잃었다. 군인들은 그럭재를 넘어 남원 시내로 유유히 빠져나갔고, 이날 주민의 피해는 고스란히 전과戰果로 남았다.

　군인들이 그럭재로 빠져나가던 그 시각, 김점동 씨가 기적처럼 정신을 차렸다. 그는 주위가 조용해지자 피범벅이 된 땅바닥을 벅벅 기어 아랫집으로 내려갔다. 이어 야트막한 담을 넘어 화장실에 몸을 숨겼다. 똥통에 있으면서도 자신이 죽었는지 살았는지 가늠이 안 섰다. 그만큼 아무 정신이 없었던 게다. 김 씨는 분뇨를 찍어 먹었다. 왜 그랬는지는 알 수 없다. 다만, 분뇨가 목에 넘어가는 것을 느낀 순간 자신이 살았음을 실감했다.

누나와 함께 아버지를 찾아 나선 김수영 씨는 마을회관 앞에서 끔찍한 현장을 목격하고야 만다.

"뜰에도, 도랑에도 피가 줄줄 흐를 정도로 사방에가, 아이고……. 참수된 사람들은 목이 완전 동강나진 않고, 뒷덜미가 거의 잘린 채 앞에 가족만 붙어 있더라고. 뒤에서 목을 쳤은게 근거제. 그래서 누구 시신인지는 확인이 가능했지."

김 씨는 "(아버지가) 정신력으로 버텼다"고 했다. 그는 "어깨는 다 파였고, 뼈는 하얗게 드러났다. 살점도 파여서 근육이 쏙 들어가 있었다"며 아버지 상태에 대해서도 언급했다. 그러면서 "참수된 사람 중에 아버지 혼자만 살았다. 정말 운이 좋았다"고 그날을 술회했다. 김점동 씨는 이미 20여 년 전 한 많은 세상을 떠났다. 그의 아들은 "후유증으로 마지막까지 꽤나 고생한 뒤 돌아가셨다"고 말했다.

임실 폐광굴 '오소리 작전'

국군 제11사단의 토벌 작전은 한동안 계속됐다. 1951년 2월 발생한 거창·산청·함양 민간인 학살 사건을 계기로, 4월 호남지구 토벌 작전이 국군 제8사단(사단장 최영희 준장)에 인계될 때까지 학살은 멈추지 않았다. 물론, 작전 부대가 교체됐다고 해서 민간인 학살이 사라진 것은 아니었다. 한국전쟁 당시 학살과 토벌은 늘 함께 병존했다.

한이 서려 차갑게 굳어버린 곳, 시공간이 멈춰선 채 하나로 뒤틀려버린 갱도, 그 안은 차갑고 어두웠으며 또한 을씨년스러웠다.

청운면 남산리 남산광산 쪽에서 바라본 남산리 마을 전경.

이데올로기 사슬에 순장이 되어 땅 속 깊은 곳에 묻힌 그들은 60년 넘는 세월 동안 새카맣게 타버린 절규를 삭히었다.

　전북 임실군 청웅면. 서쪽으로 순창 회문산이 있고, 동남쪽에 지리산이 위치해 있다. 북쪽으로는 전주와 곧장 연결된다. 호남과 영남 각 도당은 물론, 이현상이 이끈 남부군 총사령부가 지리산을 근거지로 후방 교란 작전을 폈고, 회문산에는 조선노동당 전북도당 사령부가 자리해 도당 작전을 진두지휘했다. 회문산 망월봉望月峰의 임실군 유격대(전북도당 산하 독립 중대)는 수시로 게릴라전을 펴며 군경과 대치했다.

　이런 지리적 특성 때문에 청웅면은 수많은 이가 좌익으로 몰려 피를 흘려야만 했다. 주민들은 토벌대를 피해 더 깊은 산으로 숨어들었고, 이것이 또 빌미가 되어 더 큰 학살을 불러왔다. 700여 명의 원혼이 뒤섞인 임실 청웅면 폐광굴은 그 대표적인 장소다.

　일제강점기 금광이었던 '부흥광산'은 청웅면(남산리)과 강진면(부흥리)에 걸쳐 있는 꽤 큰 규모의 금광이다. 모두 32개 입구가 있고, 금을 캐기 위한 수평 및 수직 갱도가 어지럽게 얽혀 있다. 또 내부가 원체 넓어 한 번 들어가면 입구를 찾는 것도 쉽지 않다. 임실에서 만난 전상하 씨(당시 20세)는 할아버지를 찾아 동굴 안에서 10시간 넘게 헤맸다고 했다. 그만큼 동굴 안이 넓고 복잡하다는 얘기다.

　1950년 11월 큰집 식구들이 폐금광에 있다고 해서 처음 들어가봤다. 모두 세 번 들어갔는데, 처음 갔을 때 세 명이 담을 쳐놓고 생활하는 모습을 봤다. 그리고 두 번째는 사람을 못 찾아서 10시간 이상을 헤맸다. 하도 사람이 안 보여서 귀신에 홀렸나 싶어 다리를 꼬집으며 안에 헤집었다. 나와서 보니 허벅지가 시퍼렇게 멍들 정도였다. …… 동굴 안은 대도시처럼 크고 넓다. 갱도가 위로 뚫린 데, 아래로 뚫린 데, 또 옆으로 뚫린 데. 금맥 찾으려고 땅을 팠다가 없으면 다른 데 파고 그랬던 게 그대로 남아 있다. 산이 굴 위에 붕 떠 있을 정도로 많은 굴이 파헤쳐져 있다. 안에는 물이 있어서 밥도 해먹고 취사도 하고 그랬다. 또 통풍이 잘돼 생활하는 데 큰 어려움은 없었다.

　　　　　　　　　　　　　　　　　　　　　— 전상하 씨 증언 중

국립임실호국원 왼편 산기슭에 위치한 강진면 백련리 구운광산 입구. 이 굴에서 주민 수백 명이 매캐한 연기에 질식해 목숨을 잃었다. 희생자 중에는 갓난아이도 포함돼 있었다.

폐광굴은 빨치산의 집결 장소로도 활용됐다. 회문산에서 후퇴한 전북도당 사령부는 폐광굴을 거쳐 지리산 뱀사골로 들어갔다. 이런 이유로 회문산 대토벌이 전개된 1951년 3월, 폐광굴 토벌 작전도 함께 이뤄졌다.

1951년 3월 14일, '폐광굴 분화 작전'이 시작됐다. 일명 '오소리 작전'. 제11사단 13연대 2대대가 진두지휘했다. 당시 13연대장은 최석용 대령, 2대대장은 양춘근 소령이었다. 실제 작전은 7중대가 맡은 것으로 알려져 있다. 또 임실경찰서장 기우대, 청웅지서 주임 임학종, 청웅면 치안대장 한병우가 함께 작전을 수행했다. 탈출을 막기 위해 32개 출구 가운데 28개를 틀어막았다. 나머지는 연기가 잘 빠지도록 입구를 열어뒀다. 작전 첫날 이를 방해하는 빨치산 공격이 있었지만 신경 쓸 만한 화력은 못됐다. 수류탄 등으로 응전하니 금세 잠잠해졌다.

고춧대와 솔잎 등을 긁어모은 뒤 불을 지폈다. 4개 입구가 서로 연결돼 있어 연기는 순식간에 안으로 빨려 들어갔다. 젖먹이 아이가 가장 먼저 죽고, 어린아이들이 다음으로 죽어갔다. 이어 폐가 좋지 않은 노인들이 숨을 컥컥거리며 쓰러졌다. 매캐한 연기에 몇몇이 반대편으로 나왔지만 이들을 기다린 건 군경의 집중 사격이었다. 질식해 죽든지, 총 맞아 죽든지 둘 중 하나였다.

끌려온 가족이 불을 지피다

3월 14일에 시작된 분화 작전은 16일까지 계속됐다. 이 과정에서 군인들은 동굴 안에 숨어든 이들의 가족에게 직접 불을 지피도록 지시했다. 주민들은 시커먼 연기가 동굴 천장을 타고 한없이 빨려 들어가는 모습을 지켜봤다. 어떤 이는 발을 동동 구르고, 또 어떤 이는 오열했다.

군경은 앞서 청웅초등학교(청웅면 구고리)에 수용된 입산자와 부역 혐의자 가족들을 모두 폐광굴 입구로 끌어모았다. 그런 다음 가족을 불러내라고 지시했다.

임실 폐광굴 '오소리 작전' 때 한 씨는 마을 주민이 들어가 있는 동굴 입구에 불을 지폈다. 그의 친척도 그 안에 있었지만, 이를 거부할 수 없었다.

"○ ○ ○야, 언능 나와⋯⋯."

"자수하면 살려준다⋯⋯."

주민들은 울먹이며 가족의 이름을 불러댔다. 하지만 아무도 나오지 않았다. 군인을 믿지 못한 데다 동굴이 원체 깊어 그 소리를 제대로 듣지 못한 탓이었다. 총부리를 겨눈 군인들은 주민들에게 솔잎을 태우라고 지시했다. 우익 청년단도 함께 이를 거들었다. 안에 가족이 있는 것을 알면서도 어쩔 수 없이 불을 지폈다. 그저 내 가족이 저 안에 없기만을 바랄 뿐이었다.

불은 두 군데 입구에서 피워졌다. 강진면 백련리와 청운면 남산리가 그곳이다. 폐금광은 위치에 따라 명칭을 달리한다. 국립임실호국원이 있는 백련리 쪽은 구운광산, 반대편 남산리 쪽은 남산광산으로 불린다. 당시 남산광산에서 직접 불을 피운 한영철 씨(가명)는 "청웅면 사람들을 다 나오라고 해서 고춧대 걷어다가 불을 피웠다"고 증언했다. 이어 "고춧대가 징허니 맵다. 잔솔가지랑 같이 땠는데, 어찌나 맵던지"라며 고개를 휘저었다. 그는 "굴 밖으로 나온 사람도 있었는데, 군인들이 모조리 총살시켰다"고 말했다. 그러면서 "어차피 죽을 것 칼로 가슴을 박아 자살한 사람도 있었다"고 그날을 회고했다.

한국청년단 대원이었던 한 씨는 "군경 지시로 좌익 청년들을 색출하고, 빨치산이 끌려오면 심문하기도 했다"고 털어놨다. 이어 "젊은 사람 대다수가 (우익 청년단에) 가입했다. 이념을 알고 그런 것은 아니고, 그저 살기 위해 가입할 수밖에 없었다"고 말했다.

그는 자신의 친척이 동굴 안에 있는 것을 알면서도 아무 소리 못하고 불을 지폈다. 우익 청년단임에도 불구하고 군인들에게 바로 총살될 수 있었기 때문이다.

"내가 뭔 힘이 있가니, 시키니깐 그냥 한 거제. 어디 친척이라고 얘기할 수가 있어야지, 그래 봤자 쫄짜인데……."

고개를 떨군 그는 한참 동안 말을 잇지 못했다.

유일한 생존자 … "그저 꿈만 같다"

불 피운 연기가 모두 빠져나간 뒤 횃불을 든 경찰이 폐광굴 안으로 들어갔다. 이어 한 씨를 비롯한 한국청년단 대원이 뒤를 이었다. 매

수백 명이 질식사한 굴속에서 살아남은 박순남 씨. 나머지 생존자들은 굴에서 나온 뒤 군에 인계돼 총살당했지만 그는 '운이 좋아' 홀로 살아남았다.

캐한 비린내가 동굴 안에 진동했다. 아직 남아 있는 연기에 속이 다 뒤틀렸다. 조금 더 들어가니 널브러진 시신이 눈에 들어왔다. 일그러진 표정 속에 마지막까지 몸부림친 흔적이 고스란히 담겨 있었다. 입을 틀어막고 죽은 이, 이불을 뒤집어쓰고 죽은 이, 땅바닥을 긁고 손톱이 모두 상한 어떤 이, 아이를 보듬은 채 엎드려 죽은 어떤 여자……. 갱도 곳곳에 질식사한 사람이 즐비했다. 정확한 숫자를 셀 순 없지만 정말 많은 이가 폐광굴 안에서 목숨을 잃었다. 주민들은 "700명 정도 죽었다"고 말했다.

열네 살 박순남 씨도 당시 폐광굴에 있었다. 소개 작전으로 집이 모두 불탄 상태에서 별수 없이 굴속에 들어갔다. 더욱이 부역자 가족들은 모두 다 죽인다고 해 선택의 여지도 없었다. 그의 막내 오빠는 입산한 뒤 행방이 묘연한 상태였다. 큰오빠는 결혼해 분가했고, 어머니와 작은오빠 그리고 만삭의 올케언니와 함께 폐광굴에 들어갔다. 작은오빠와 새언니는 아직 혼인 신고를 하기 전이었다. 그리고 한 달여 후 분화 작전을 만났다.

사람들 소리가 여기저기 들리면서 정신이 든 그는 가족부터 찾았다. 오빠와 올케언니는 이미 주검이 됐고, 어머니는 흰 거품을 문 채 고통스러운 신음을 삼켜내고 있었다. 어머니를 일으키려는 순간 경찰이 목덜미를 잡았다. 어머니와 함께 나오려 했지만 경찰은 완강히 그를 끄집어냈다. 어머니는 그렇게 동굴 속에 버려졌다. 이날 구운광산(임실호국원 쪽)에서 살아남은 이는 박순남을 비롯해 모두 50명. 이들은 전선에 묶여 곧바로 강진지서로 붙들려 갔다.

지서에 인계된 지 얼마 안 돼 한 군인이 "니가 왜 여기 있냐"며 박순남을 흔들었다. 전쟁 전 전주의 한 약국집 애기담사리(보모)로 있을 때 거기 큰집 오빠였다. 그는 위관급 장교로 대위 계급장을 달고 있었다. 그의 도움으로 풀려난 박순남 씨는 전주에 있는 약국집으로 피신했다. 전주로 가는 차 안에서 "너는 참 운이 좋았다"고 그가 말했다. 다음 날 유치장에 감금된 이들은 모두 군에 신병이 인도된 뒤 강진면 회진리 장동마을과 덕치면 회문리 망월마을 경계인 멧골에서 집단 처형됐다. 군인들은 마을 구장(이장)에게 뒤처리를 지시했다. 하지만 원체 많은 이가 죽어 있었다. 결국 매장할 엄두를 못 낸 주민들은 보리타작하고 남은 보릿대로 대충 시신을 덮어 처리했다. 현재 이곳은 축사가 들어서 있다. 축사 주인 정진열 씨는 "1980년대 말 처음 축사를 지을 때 유골이 엄청 나와 놀랐다"고 말했다.

국립임실호국원. 왼편 언덕 위에 폐광굴이 있다.

동네 사람들이 '무서운 계곡'이라며 꺼려했지만 그냥 그런 줄만 알았지 "이 정도일 줄은 몰랐다"고 했다. 그러면서 "아직 발굴되지 않은 유골도 많을 것"이라고 귀띔했다.

2015년 10월 임실에서 만난 박순남 씨는 "닥치는 대로 사람을 죽였다"며 "그때는 사람 목숨이 파리 목숨만도 못했다"고 말했다. 그는 "어머니와 오빠 내외는 현재 선산에 모셔진 상태"라며 "그때 생각하면 진짜 꿈만 같다"고 긴 한숨을 토해냈다.

수백의 원혼이 뒤섞인 임실 폐광굴. 그 아래 호국영령을 위한

국립임실호국원이 자리하고 있다. 나라의 부름을 받고 희생된 그들, 그러나 어떤 이는 그 부름에 이유 없이 희생되기도 했다. 국립임실호국원에는 '전쟁 영웅'과 누구에게도 인정받지 못하는 '또 다른 죽음'이 함께 공존한다.

미안해서,
그리고 가엾어서
나는 울었다

이승만과 미국의 협잡, 제주는 '붉은 섬'이 됐다

주정공장터   북촌리

제주북초등학교   낙선동(4·3성)

제주국제공항

연미마을   제주4·3평화공원

애월읍   다랑쉬오름

한라산

표선면

가마오름

제주

남원읍

섯알오름 학살터
알뜨르비행장

"이것 봐라,
빨갱이 새끼를 뱄네……."
……
"잘못해수아, 잘못했수아.
이번 한 번만 살려줍수아……."

××

볕이며, 바람이며, 하늘이다. 돌이며, 풀이며, 오름이다. 태평양 모
래 폭풍에 유채꽃은 산산이 꺾이었고, 회색 눈물 머금은 한라산漢拏山
(해발 1947m)은 그렇게 상처가 됐다. 숨 쉬는 것조차 불안한 그들의
넋이 신돌위(참꽃의 제주 방언)가 돼 붉게 흐드러진다.

아름다운 섬 제주, 허나 속살을 한 번 걷어내면 온갖 상처와 슬
픔을 온전히 가슴에 품고 있다. 일제 말 제국주의 침략 전쟁의 상흔
이 딱딱한 등껍질 아래 거미줄처럼 얽히어 헤쳐져 있고, 제주 4·3 사
건으로 인한 트라우마는 70년 세월에도 무척이나 깊고 쓰라리다. 전
쟁의 고통과 이념의 갈등이 시린 제주는 여전히 아프고 슬프다.

1945년 8월 15일

**짐은 세계의 대세와 제국의 현 상황을 감안하여 비상조치로써 시국을
수습코자 너희 신민에게 고한다. 짐은 제국 정부로 하여금 미·영·중·
소 4개국에 그 공동선언을 수락한다는 뜻을 통고토록 하였다.**

1945년 8월 15일 일왕 히로히토裕仁가 이른바 '옥음방송玉音放送'
을 송출했다. '대동아전쟁 종결 조서'(종전 조서)이다. 하지만 일반적
으로 쓰이지 않는 궁정체를 사용한 데다 라디오 잡음 또한 심해 그
뜻을 이해하기가 쉽지 않았다. 더욱이 일왕은 '항복'이나 '패전'이라

가마오름 일제 동굴 진지의 내부 모습. 태평양 전쟁 시기 일본군은 제주를 군사기지화하기 위해 제주 곳곳에 동굴 진지를 팠다.

는 말도 쓰지 않았다. 대동아 패권의 야욕을 드러낸 일본이 그날 국치國恥를 항복이 아닌 종전이라고 강조한 배경이기도 하다.

한반도는 여전히 통치의 연속이었다. '패전'이 곧 '해방'을 의미하는 것인지도 알지 못했다. 8월 6일 히로시마에 떨어진 원자폭탄으로 다음 날 사망한 대한제국 마지막 왕자 이우(의친왕의 아들)의 장례식이 15일 오후 서울에서 열렸지만 분노의 감정은 억제된 채 의식은 조용하게 치러졌다. 일제 치하의 연속으로 인식됐던 까닭이다. 몽양 여운형이 조선총독부 정무총감 엔도 류사쿠遠藤柳作와 회담을 갖고 '정치범 즉시 석방'을 요구한 다음 날인 16일 오전, 서대문형무소에 수감된 항일 운동가들이 일제히 풀려났고, 시민들과 함께 종로까지 행진하면서 비로소 패전의 의미를 깨달았다. 대중은 그제야 환호했고, 행렬은 '만세'를 연호했다.

달라진 세상에 대한 기대감은 오래가지 못했다. 1945년 9월 9일 조선총독부가 자리한 중앙청에 일장기가 내려지고 태극기 대신 미국 성조기가 게양됐다. 또 다른 점령의 시작이었다. 냉전체제의 교착지가 된 한반도는 제국주의 침략 국가의 또 다른 식민지가 되어 분할 통치됐다. 허리가 잘린 한반도에서 남과 북, 좌와 우는 끝없이 대립하고 반목했다.

8·15 해방 6개월 전 미국, 영국, 소련이 조약한 얄타회담에서 한반도의 운명은 정해져 있었다. 강대국의 신탁통치 결정에 이어 1945년 9월 미국이 발표한 '일반명령 1호'에 따라 북위 38도선은 남북을 가르는 분단선이 됐다. 미·영·소 3개국은 그해 12월 모스크바 3상회의에서 이를 명문화했다. 그렇게 해방의 또 다른 이름

은 '분단'이 됐다.

미군정기 김구와 이승만

미국은 한반도 내 친미 단독정부를 세울 계획이었다. 일본을 굴복시킨 뒤 대륙으로 진출하기 위한 발판으로 한반도를 적극 활용코자 한 것이다. 중국, 소련을 견제·압박하기 위해서도 동북아 패권은 반드시 필요했다.

3상회의를 한 달여 앞둔 1945년 11월 20일 미군정 사령관 존 R. 하지John R. Hodge 중장의 정치고문 윌리엄 R. 랭던William R. Langdon은 미 국무장관 제임스 F. 번스James F. Byrnes에게 남한 정무위원회 구성에 대한 전문을 보냈다. 이른바 '랭던 제안'이다. 훗날 한국학의 권위자 브루스 커밍스Bruce Cumings 미국 시카고대학교 교수는 랭던의 정무위원회 구상이 단독정부(단정) 구상의 시원을 열었다고 꼬집었다.

미국은 끊임없이 신탁을 주장했다. 3상회의에서도 마찬가지였다. 최소 10년, 최대 20년을 요구했고 얄타회담 당시 루스벨트 대통령은 최대 50년을 언급하기도 했다. 체제 이식이 급선무였던 미국은 최고 결정권을 제외한 모든 행정 업무를 정무위원회에 넘김(랭던 제안)으로써 남한에 대한 영향력을 유지하고자 했다. 독립국 형식을 취하되 군사적·경제적 이익을 얻는 '미국식 식민주의'의 일환이었다.

소련의 생각은 달랐다. 신탁통치에 미온적인 태도를 보인 소련은 한반도 안에서 좌익이 절대적으로 우세하다는 것을 잘 알고 있었다. 소련이 주장한 '즉각적인 독립'은 한반도 전체의 공산화가 복선에 깔려 있었다. 제2차 세계대전 후 동유럽 국가가 그랬듯 소련에게 있어 한반도는 태평양 너머 미국을 막아 줄 안전판이었다. 동북아의 또 다른 '철의 장막'이었던 셈이다.

1945년 12월 27일, ≪조선일보≫에 이어 ≪동아일보≫는 '3상회의' 내용을 전하면서 사실과 전혀 다르게 보도했다. ≪동아일보≫는 특히 "소련은 신탁통치 주장, 소련의 구실은 38선 분할 점령, 미국은 즉시 독립 주장"이라는 제목을 뽑아 대서특필했다. 희대의 허보虛報였다.

≪동아일보≫ 사장은 존 하지의 신임을 받는 한국민주당(한민당) 수석총무 송진우였다. 관련 보도가 나간 뒤 그는 신탁통치 문제를 논의하기 위해 김구가 머물고 있는 경교장을 찾았다. 임시정부(임정)계는 미국으로부터 즉각 정권을 인수해 독립을 선언해야 한다고 주장했다. 송진우는 그러나 반탁은 국민운동을 통해 여론에 호소하되 미군정과는 충돌을 피해야 한다고 맞섰다. 양측의 기본 정서에는 통치권과 법통 계승을 요구한 임정, 그리고 이를 거부한 친미파 한민당계 대립이 녹아 있었다. 결국 송진우는 12월 30일 피살됐다. 그 뒤를 ≪동아일보≫ 사주 김성수(한민당 당수)가 메웠다.

미국은 국내 반소련 감정을 불러일으키길 원했고, ≪동아일보≫는 그 역할을 적절히 수행했다. 3상회의 결과가 공개된 뒤에도 ≪동아일보≫는 소련을 향해 "우리에게 탁치를 강요하는 나라"라며 끊임없이 반공 프레임을 덧씌웠다. 국내 정치 상황은 민족 대 빈민족 구도로 급격히 양분됐다.

소련이 신탁통치를 주장했다고 보도한 1945년 12월 17일 자 《동아일보》 1면 기사. ⓒ 동아일보사

여운형, 백남운, 조소앙 등은 신탁통치보다 임시정부 역할에 주목해야 한다고 강조했다. "임시정부 협력이 조건으로 명시돼 있으므로, 일단 임시정부를 만들고 임시정부가 협력을 거부하면 신탁통치는 무산된다"는 설명이었다. 하지만 '친탁 주장은 곧 민족반역자'라는 우익의 선동이 35년 피식민지배를 거쳐온 민족의 뇌리에 깊게 파고들었다.

김구는 1945년 12월 31일 임시정부 명의로 국자國字 1호와 2호를 잇달아 발포했다. 국자 1호 1항은 "현재 전국 행정청 소속의 경찰 기구 및 한국인 직원은 전부 본 임시정부 지휘하에 예속케 함"이었다. 점령국인 미국은 다음 날 김구를 즉각 소환했다.

미국과 소련은 3상회의에서 2주일 안에 임시정부 수립을 위한 미소공동위원회 구성을 합의한 상태였다. 대한민국 임시정부 주석인 백범 입장에서 '또 다른' 임시정부 수립은 그냥 두고 볼 수 없는 일이었다. 미국은 임시정부를 인정하지 않았고, 백범 역시 11월 23일 개인 자격으로 조국에 들어왔다.

랭던은 당초 정무위원회 구성의 중심에 김구를 염두에 뒀다. 대한민국 임시정부를 이끈 백범은 어느 누구보다도 정치·조직화된 인물이었다. 국내 그만한 경쟁자도 없었다. 미국 정부는 그러나 철저한 민족주의자인데다 통일 정부 수립을 주장하는 백범이 마뜩잖았다. '국자 발표'는 백범이 미국으로부터 배제되고, 그 자리를 이승만이 대신하는 결정적인 계기를 제공했다. 그리고 이승만은 미국의 요구대로 남한 단독정부 수립의 첨병 역할을 자임한다.

응축된 민심, 제주 3·1 사건

해방 후 인구 급증은 심각한 실업률을 불러왔다. 일제강점기 만주에서 독립운동하거나 일본 등지에서 징용, 공장 노동자로 나가 있던 이들이 대거 국환하면서 국내 노동자들의 경제생활에 적잖은 타격을 가져왔다. 물가 상승도 이어져 해방 7개월 만에 쌀값은 무려 열

배 이상 폭등했다.

이런 가운데 일본에 주둔 중인 맥아더 사령부는 종전 직후 일본에 나가 있던 귀환 조선인의 반입품을 철저히 제한했다. 미국 빙엄턴대학교의 역사학자 허버트 P. 빅스Herbert P. Bix 교수는 「지역적 통합: 미국의 대아시아정책에 있어서 한국과 일본」에서 "연합군 사령부는 개인적인 소지품 외에 1000엔(담배 20갑에 해당되는 돈)만 소지하는 것이 허용되는 규칙을 만들었다"고 말했다. 광산과 공장 등지에서 온갖 고혈을 짜내며 모아둔 조선인 노동자의 다른 재산은 그냥 남겨놓아야만 했다. 지리적 이점 때문에 일본 이주 노동자가 많았던 제주나 부산 등이 큰 타격을 입었다.

친일파 등용에 대한 비판과 적산재산 처리 문제, 미군정기 미곡정책 실패 등이 더해지면서 흉흉해진 민심은 곧 미국에 대한 불신으로 이어졌다. 일부는 자주독립운동으로까지 확대되면서 사태는 걷잡을 수 없이 확산됐다. 1946년 발발한 화순 탄광 노동자 봉기나 대구 10·1 항쟁 등이 대표적이다. 그리고 이듬해 3월, 제주도민 학살의 도화선이 된 3·1 발포 사건이 발생한다.

1947년 3월 1일 28주기 삼일절기념대회는 비토의 민심이 한데 모여 응축된 자리였다. 제주북초등학교(제주시 삼도동)에만 3만 명의 인파가 몰렸고, 미국과 친일파에 대한 군중의 거친 성토가 쏟아졌다.

웅성이던 소리가 들리더니 이내 사람들 표정이 흥분으로 바뀌었다.

"경관이 애를 치고 달아났다!"

"어떵허코, 어떵허코……."

"저놈 잡아라, 저놈!"

기마경관이 탄 말에 어린아이가 치였고, 경관이 그냥 가는 것에 화가 난 주민들이 돌을 던지며 거세게 항의하는 소동이 벌어졌다. 시위대로 바뀐 행렬은 미군정청과 경찰서가 있는 관덕정觀德亭 앞으로 몰려들었다. 흥분한 도민을 향해 경찰의 발포가 시작됐고, 그 자리에서만 주민 여섯 명이 목숨을 잃었다. 까까머리 초등학생과 젖먹이 아이를 안고 있는 20대 여인도 여기에 포함돼 있었다. 그야말로 무차별 사격이었다.

그날 현장에 있었던 양용해 씨(당시 17세)는 당시를 이렇게 기억했다.

"북교(제주북초등학교)에 집합했는데, 운동장이 사람들로 인산인해였다. 그런데 행사 끝나고 가려는 길에 발포 소리가 났다. 사람들이 너무 많아 총 맞았다는 얘기만 들었지, 뭐가 뭔지도 몰랐다. 경찰이 총 쏘고 사람 죽었다는 얘기에 혼비백산해서 도망갔다. …… 1948년 4월 이전에도 시골은 시끄러웠다. (3·10 총파업) 주모자 잡는다고 사람들을 체포하고 그랬다. 젊은 사람들은 경찰 피해 산으로 다 도망가고, 5·10 총선거에 동참하지 않으려고 입산들 하고 그랬다."

제주시 오라리 송삼백 씨(당시 40대 중반)는 직감적으로 사태가 확산될 것을 예감했다. 태평양전쟁 시기 요새화된 제주를 피해 일본으로 건너간 뒤 8·15 해방과 함께 고향 제주로 돌아온 그는 "절대 감정적으로 해결하려 해선 안 된다. 대화로 풀어야 한다"며 주민과 경찰을 설득했다. 그러나 돌아온 것은 '경찰서 습격 사건으로 인한 경찰의 정당방위'라는 내용의 강인수 제주감찰청장의 수사 결과 발표였다. 민심은 들끓었고, 남로당을 비롯한 지방 좌익은 그 틈을 파고

들었다. 바로 '3·10 총파업'이다. 관공서와 민간 기업 등 제주도 전체 직장 중 95% 이상이 파업에 동참했고, 학교는 동맹휴학에 들어갔다. 경찰 발포에 대한 도민의 항의가 그만큼 컸던 까닭이다. 경찰 당국은 그럴수록 더 강경한 태도를 보였다.

미군정청 경무부장 조병옥이 파업 4일째인 3월 14일 제주에 내려왔다. 그는 도청 직원들 앞에서 "제주 사람들은 사상적으로 불온하다. 건국에 저해가 된다면 싹 쓸어버릴 수도 있다"(당시 도청 직원 증언)는 내용의 연설문을 발표했다. 이어 "파업 주모자들을 검거하라는 명령을 하달"한다. 도지사를 비롯한 군정 수뇌부가 전원 외지인으로 교체된 상태에서 대대적인 검거 작전이 이뤄졌고, 주민들을 대상으로 한 테러와 고문도 잇따랐다.

진정 국면에 들어선 총파업 사태는 경찰 당국의 대량 검속으로 새 국면을 맞았다. 검속 한 달 만에 500여 명이 체포됐고, 1년 새 2500여 명이 구금됐다. 4·3 사건 발생 한 달 전인 1948년 3월, 경찰에 연행된 청년 세 명이 고문으로 숨지는 사건까지 발생했다.

해방 직후 귀환한 이들은 이러한 분위기 속에서 또다시 몸을 피해 일본으로 건너가야만 했다. 이를 반영하듯 재일제주인 역사학자 김민주 씨는 "제주 청년 3000명가량이 해방 후 일본으로 왔다"며 "주로 1947년의 일이었다"고 말했다. 8·15 해방과 함께 일본에서 제주로 돌아온 송삼백 씨도 3·10 총파업 뒤 일본으로 몸을 피했다. 가족들이 그리 끔찍하게 도살될 것이라고는 전혀 상상하지 못한 채 서둘러 제주를 빠져나갔다. 4·3 사건의 피해는 이제 남아 있는 가족의 몫이 됐다.

꽃피는 제주, 그리고 4·3

1948년 4월 3일 새벽, 듬성듬성 북향화(백목련)가 핀 한라산 중허리 오름마다 붉은 봉화가 피어올랐다. 무장봉기의 신호탄이었다. 도내 12개 지서에 대한 공격이 시작됐고, 남로당 제주도당의 봉기가 곳곳에서 일어났다. 무장대는 경찰과 서북청년단(서청)의 탄압 중지와 단선(단독선거) 및 단정(단독정부) 반대 등을 외쳤다.

    남한 단독정부 수립을 원한 미군정청이 즉각 진압 작전을 명령한 가운데 제주 주둔 국방경비대 제9연대장 김익렬 중령과 남로당 제주도당책 겸 군사부 책임자 김달삼이 '4·28 협상'을 통해 평화적인 사태 해결에 합의했다. 그러나 5·10 총선거를 열흘 앞둔 5월 1일 미군정과 경찰의 사주를 받은 우익 청년단에 의해 '오라리(연미마을) 방화 사건'이 발생한다. 평화협상은 깨졌고, 김익렬은 9연대장에서 곧바로 해임됐다.

    김익렬은 훗날 자신의 회고록에서 당시 상황에 대해 이와 같이 증언했다.

> **주한미군 군정장관 윌리엄 F. 딘(William. F. Dean) 소장의 정치고문이 제주도 폭동을 신속하게 해결하는 유일한 방법은 초토화 작전이라고 강조했다. …… 이를 거절하는 내게 작전 수행 후 미국행 알선과 10만 달러의 돈을 주겠다고 유혹했다.**

미국의 강경 진압 방침은 4·3 초기 이미 가닥이 잡혀 있던 셈이었다. 미국국립문서기록관리청NARA에는 당시 미군 통신부대 촬영반이 지상과 항공에서 찍은 〈제주도 메이데이May Day on Cheju-Do〉라는 무성영화 필름이 보관돼 있다. 놀라운 것은 오라리 방화 사건이 마치 폭도에 의해 자행된 것처럼 조작돼 있다는 사실이다. 미국이 4·3을 처음부터 어떤 식으로 몰고 갔는지 잘 방증하고 있다.

1948년 5월 10일 우여곡절 끝에 제헌의회를 위한 총선거가 치러졌다. 의석수는 총 200석. 김구, 김규식 등 남북 협상파는 불참했고, 제주 곳곳에선 투표 거부 운동이 벌어졌다. 5·10 총선거에 불참하기 위해 일부러 입산하는 경우까지 생겨났다. 전국 투표율이 95%를 육박한 가운데 제주는 62.8%의 낮은 투표율을 기록했다. 결국, 북제주군 갑甲·을乙 선거구는 과반수 미달로 선거무효가 확정됐고, 제헌의회는 두 석이 부족한 198석으로 출발했다.

제주는 남한 단독정부 수립에 온몸으로 항거했고, 이승만과 미군정청은 이런 제주가 눈엣가시처럼 느껴졌다. 1949년 1월 21일 "가혹한 방법으로 탄압해 법의 존엄을 표시할 것이 요청된다"고 유시한 이승만의 국무회의 발언은 제주에 대한 악감정을 단적으로 보여준다. 5·10 총선거를 치르고 1년 뒤인 1949년 5월 10일 재선거를 치르기까지 '붉은 섬Red Island'으로 낙인찍힌 제주는 철저히 도륙된 채 수많은 피를 흘려야만 했다.

제주 지역 선거가 무효화되면서 이승만 정부의 탄압은 더욱 흉포해졌다. 총선거가 끝난 직후인 6월, 제11연대장에 최경록 중령과 부연대장 송요찬 소령이 부임했고, 이어 한 달 뒤인 7월, 제9연대를 11연대에서 배속 해제하면서 송요찬이 9연대장에 인선됐다. 토벌

다랑쉬오름에 올라 바라본 제주의 경관. 1948년 10월 국군은 폭도로부터 제주도민을 보호한다는 명분으로 섬을 봉쇄했다.

을 위한 군 편제를 마친 셈이다. 그리고 10월 17일 송요찬은 제주 해안에서 5km 이상 지역에 통행금지를 명령하면서 이를 어길 시 이유 여하를 불문하고 총살에 처하겠다는 내용의 포고문을 발표한다. 제주도민에 대한 대대적인 학살이 이제부터 본격화되는 것이다.

> 군은 한라산 일대에 잠복하여 천인공노할 만행을 감행하는 매국 극렬 분자를 소탕하기 위하여 10월 20일 이후 군 행동 종료 기간 중 전도 해안선부터 5km 이외 지점 및 산악 지대의 무허가 통행금지를 포고함. 만일 이 포고에 위반하는 자에 대하여서는 그 이유 여하를 불문하고 폭도배로 인정하여 총살에 처할 것임.
> — 1948년 10월 17일 자 송요찬 제9연대장의 포고문 중

대한민국 정부가 수립되면서 제주 사태는 단순한 지역 문제를

꽃 같던 청춘, 회문산 능선 따라 흩뿌려지다

넘어 정권의 정통성에 대한 도전으로 인식됐다. 이승만 정부는 10월 11일 제주도경비사령부를 설치하고 군 병력과 서청단원을 대거 증파했다. 또한 해군 함정 일곱 척과 200여 명의 수병이 제주 해안을 철저히 차단했다. 제주는 이제 고립무원의 섬이 됐다.

제주에 파견하고자 했던 여수 주둔 국방경비대 제14연대는 제주 토벌을 거부하며 10월 19일 반기를 들었다. 바로 여수·순천(여순) 사건이다. 육지, 그것도 군 내부에서의 반란은 제주 4·3과는 또 다른 문제였다. 후방 교란 작전을 통한 소요 가능성은 물론 사건이 전국적으로 확대될 가능성도 배제할 수 없는 상황이 됐다. 실제 광주 제4연대와 대구 제6연대, 마산 제15연대 등에서 연쇄적인 반란이 일어나기도 했다.

이승만 정부 첫 계엄령 선포가 10월 22일 여수와 순천인 것은 그만한 이유가 있었다. 4·3보다 훨씬 더 엄중하게 생각했던 까닭이다. 특히, 정부 수립 후 2개월 만에 여순 사건이 발발하면서 시험대에 오른 이승만 정부는 뭔가 보여줘야 한다는 위기의식을 갖고 있었고, 체제 이식이 급선무인 미국 입장에서도 장애 요인을 조기에 차단하는 것이 중요했다.

여순 사건을 진압한 정부는 곧바로 제주에도 11월 17일 계엄령을 발동한다. 더 이상 사태를 끌어선 안 되겠다는 판단이 섰던 것이다. 초토화 작전도 이 무렵 더욱 강경해졌다. '계엄법'은 그러나 1949년 11월 24일 법률 제69호로 제정·공포됐다. 여순 사건과 4·3 사건 진압 과정에서 선포된 계엄령은 결과적으로 모두가 법적 근거 없는 '불법'이었던 셈이다.

"잘못했수아, 한 번만 살려줍수아"

1948년 9월 어느 날, 제주시 오라리 연미마을에 소개 작전을 위한 토벌대가 들어왔다. 경찰과 함께 온 서북청년단은 보기만 해도 공포 그 자체였다. 1946년 11월 30일 서울기독교청년회YMCA에서 창단한 서북청년단은 공산주의에 염증을 느낀 월남 개신교인이 중심이 된 극우 청년 단체다. 이들은 제주 토벌 과정에서 '인간이 얼마나 잔혹해질 수 있는가'를 여실히 보여줬다.

평안도 출신 월남민들이 모인 서울 영락교회는 서청의 주요 근거지였다. 담임목사 한경직은 "'서북청년회(단)'라고 우리 교회 청년부가 중심이 돼 조직했시오"라고 말하기도 했다. 1949년 6월 결성된 국민보도연맹의 입안자이자 핵심 관리인인 서울지검 부장검사 오제도와 내무부 치안국 정보수사과장 선우종원도 영락교회 청년부에서 활동했던 것으로 전해진다. 전북대학교 강준만 교수는 저서 『한국현대사 산책 1940년대편』 2권에서 오제도가 서청 조직에 직접 참여했다고 설명했다.

1947년 3·10 총파업 이후 부임한 외지인 제주지사 유해진은 서청단원 일곱 명을 대동해 입도했으며, 이후 꾸준히 증파된 단원은 한때 500명을 넘어섰다. 이들 중 일부는 군이나 경찰에 편입돼 활동했다. 서청은 그 행위가 악랄하고 잔혹해 경찰들도 혀를 내두를 정도였다. ≪제민일보≫ 특별취재반의 『4·3은 말한다』(전5권)에 따르면 제주시 외도지서 특공대 출신 고치돈은 서청 출신 이윤도를 다음과 같이 회상했다.

'도피자 가족'을 지서로 끌고 가 모진 고문을 했다. 그들이 총살터로 끌려갈 적엔 이미 기진맥진해 제대로 걷지도 못할 지경이었다. 이윤도는 특공대원에게 찌르라고 강요하다가 스스로 칼을 꺼내 한 명씩 등을 찔렀다. 그들은 눈이 튀어나오며 꼬꾸라져 죽었다. 희생된 여자들 중에는 젖먹이 아기를 안고 있는 사람도 있었다. 이윤도는 젖먹이가 죽은 엄마 앞에서 버둥거리자 칼로 아기를 찔러 위로 치켜들며 위세를 보였다. 그는 인간이 아니었다. 그 꼴을 보니 며칠간 밥도 못 먹었다.

서청단장 김재능은 물품 요구를 거부한 제주도 총무국장 김두현을 심한 매질 끝에 사망케 하기도 했다. 보급 문제에 불만을 품은 서청이 제주도 행정의 2인자를 아무 거리낌 없이 고문치사 한 것이다. 미군 보고서에는 "(1948년) 11월 9일 서청단원이 김두현을 타살했다. 단원들은 김두현이 공산주의자이며, 자기들은 그를 조사하려 했을 뿐 죽이려고 한 것은 아니라고 말했다"고 당시 사건을 기록했다. 온갖 만행에도 '공산주의자다'는 말 한마디면 모든 것이 용인됐다. 여자를 겁탈하는 것은 물론이고 "옷을 활딱 벗긴 여성의 음부에 창을 박았다"는 증언도 있다. 제주 유일 언론기관인 《제주신보사》를 강제로 탈취하기도 했다. 상황이 이러한데도 홍순봉 제주경찰청장은 김재능에게 많은 것을 양보할 만큼 서청의 위세는 대단했다. 그들 뒤에는 바로 이승만과 미군정청이 있었기 때문이다.

한라산 북쪽 사면에서 제주시까지 길게 이어진 오라리(현 오라2동: 사평·정실·동성·연미마을)는 백록담 북벽 아래 계곡수가 한천漢川이되어 동쪽 오등동과 경계를 이룬다. 한천은 방선문계곡과 제주 시내를 관통한 뒤 용두암龍頭岩 푸른 바다로 합쳐진다. 한라산 중턱 개미목과 능화오름, 열안지오름과 민오름까지 기다랗게 형성된 부락은 전형적인 중산간 마을의 모습을 하고 있다. 한라산과 곧장 연결된 녹지가 넓게 분포된 오라리는 입산자들의 주 활동 지대이기도 했다.

토벌대는 총을 팡팡거리며 주민들을 끌어냈다. 집 밖에선 복작거리는 소리가 와그작와그작 들려왔고, 총소리에 놀란 햇아이(어린아이의 제주 방언)가 울먹이는 표정으로 어머니 가슴팍을 파고들었다. 시어머니는 스무 살이 채 안 된 며느리를 방 안으로 떠밀었다.

"골방에 숨어 있거라. 이불 뒤집어쓰면 절대 못 찾을 게다."

금세 쇠창을 든 토벌대가 집 안에 들어왔다.

"니 서방 어디 있어?"

"몰라 마씀."

"방에 누구 있어?"

"혼자 잇시다, 혼자 잇시다."

토벌대가 방 안 구석구석을 뒤지기 시작했다. 건넛방에 딸린 골 방을 발견한 이들은 이내 방문을 열어젖혔다. 그리고는 꼼지락거리 는 이불을 창살로 쑤셔대기 시작했다. 며느리 문순선 씨(당시 19세) 와 시어머니 고난향 씨(당시 42세), 그리고 충년沖年(열 살 안팎의 나이) 의 아기씨와 다섯 살 도련님은 그렇게 토벌대에 붙들려갔다.

연미회관 앞에는 수많은 사람으로 북적거렸다. 노인과 부녀자, 아이가 대다수를 차지했다. 추궁은 입산자 가족부터 시작됐다. 아버 지 대신, 또는 아들 대신 목숨을 잃는 대살代殺도 빈번하게 이뤄진 터 라 주민들은 잔뜩 긴장한 채 경찰 지시에 따랐다.

서청단원이 문 씨를 흘겨보더니 다짜고짜 캐물었다.

"서방 어디 갔어?"

시어머니까지 붙잡은 단원은 두 사람을 번갈아가며 다그쳤다.

"니 서방 어딨냐고?"

쇠 긁는 목소리가 어지간히도 신경질적이었다. 문 씨 남편 송태 우(당시 19세)는 토벌대가 들이닥치기 전 이미 마을을 떠나 있었고, 고 씨 남편, 그러니까 문 씨의 시아버지는 3·10 총파업 이후 도일한 송삼백 씨다. 겁에 질린 가족은 "경허지 맙서"(그러지 마세요)라며 거 듭 눈물로 호소했다. 문 씨는 당시 임신 상태로 이제 막 배가 불러오 던 참이었다. 그런 그를 서청단원이 그냥 지나칠 리 없었다.

"이것 봐라, 빨갱이 새끼를 뱄네……."

청년단은 바닥에 문 씨를 드러눕힌 뒤 한쪽에 있던 널빤지를 앙 증스러운 배 위에 올려놓았다. 그런 다음 "서방 간 곳 대라"며 양쪽 에서 널을 뛰기 시작했다. 박자가 안 맞아 널뛰는 소리는 툭박졌다. 뜻대로 되지 않자 화가 났던지 지근지근 밟기 시작했다.

"잘못해수아, 잘못했수아. 이번 한 번만 살려줍수아……."

문 씨는 절규하듯 배를 움켜쥐었다. 그 모습에 몇몇 청년단은 깔깔거리며 웃어댔다. 악랄하기 그지없었다.

그날 이후 고 씨는 더 이상 마을에 머물 수 없다고 판단했다. 소 개 작전으로 집까지 모두 불탄 상태에서 선택의 여지 또한 없었다. 이들 가족은 그렇게 토벌대를 피해 한라산으로 입산했다.

수용소 창고 한켠에서 애를 낳다

10월이라고는 하나 한라산은 벌써부터 추위가 기승을 부른다. 11월 이면 첫눈이 내리고, 나뭇가지에 상고대도 허옇게 핀다. 여름과 가 을을 갓 넘긴 10월 한파주의보는 한겨울 추위보다 매섭고 차갑게 느 껴진다. 문 씨는 시어머니와 함께 토벌대를 피해 더 깊은 산속으로 옮겨 다녔다. 검은오름에 있다가 토벌대가 들어오면 열안지오름으 로 피했고, 여기에서 다시 능화오름으로 이동하는 식이었다. 그렇게 한라산 중턱 너머까지 숨어들었다. 하지만 홀몸이 아닌데다 어린 아 기씨와 도련님까지 있어 산에서 마냥 지낼 순 없었다. 궤(작은 동굴의

주정공장 창고가 있던 터의 현재 모습. 좌측 끝 풀숲 사이 쇠창살로 막아진 부분이 당시 시신을 유기했던 동굴 입구다.

제주 방언)나 신목 밑동, 소나무 가지로 엮은 움막에서 생활하는 것도 한계가 있었다.

그러던 차인 1949년 3월, 제주도지구전투사령부(사령관 유재흥 대령)가 신설되면서 입산 피난민에 대한 선무공작이 실시됐다. 귀순 시 모든 것을 용서하겠다는 사면 정책에 따라 수많은 입산자가 산을 내려왔다. 5·10 재선거를 앞둔 회유책은 한겨울 산에서 지낸 이들에게 매우 효과적이었다. 실시 한 달 만에 무려 1500여 명이 산에서 내려왔고, 문 씨 가족도 '목숨을 살려주겠다'는 말에 자수했다.

1949년 봄, 2000여 명의 주민들이 제주 주정공장(제주시 건입동)에 수용됐다. '죄인 아닌 죄인'이 된 이들은 한 방에 적게는 30명, 많게는 40명이 구금돼 함께 생활했다. 1949년 5월 10일 재선거 시찰 당시 제주를 찾은 유엔 한국위원단이 주정공장을 방문하고 쓴 유엔 보고서에는 "여성 숫자가 남성보다 대략 3 대 1정도로 많았고, 팔에 안긴 아기들과 어린이들도 많았다"고 기록돼 있다.

동양척식주식회사(동척회사) 제주 주정공장은 1943년 일제의 의해 설립된 군수 산업 시설이다. 고구마나 강냉이 등을 주정해 알코올을 제조했고, 이렇게 생산된 알코올은 태평양전쟁 시기 군사용 비행기 연료로 이용됐다. 지금도 제주 농가에선 고구마를 얇게 썰어 말린 '빼떼기'(절간고구마)가 널리 생산된다. 4·3 사건 이후 포로들이 늘면서 임시 수용소로 쓰인 공장은 한국전쟁 초기 예비검속자들을 수용하는 시설로도 활용됐다. 그러던 것이 1951년 7월 육군 제5훈련소로 탈바꿈해 신병 양성 기관으로 이용됐다.

주정공장 내 고구마 보관 창고에 분산 수용된 주민들은 간단한 조사를 받은 뒤 죄형에 따라 육지 형무소로 옮겨졌다. 경찰(또는 서청단원) 두 명이 취조를 이유로 몽둥이로 사람들을 두들겨 팼고, 이렇게 받아낸 진술서를 바탕으로 판결이 이뤄졌다. 재판은 수 명이 한꺼번에 받을 만큼 허술했다. 수용소 생활 역시 열악하기 그지없었다. 온갖 고문으로 죽어나가는 이도 상당했다. 특히 서청단원의 행위는 차마 눈뜨고 볼 수 없을 만큼 참혹했다. 남녀를 불러내 구타한 뒤 성교를 강요하거나, 여자들을 겁탈한 뒤 국부에 고구마를 쑤셔 넣기도 했다. 일부 포로들은 정뜨르비행장(현 제주국제공항)에 끌고 가 집단 총살시켰다. 1949년 2월 경찰서에 수감된 주민 76명이 죽임을 당했고, 1949년 10월 군법 사형수 249명이 목숨을 잃었다. 또 1950년 한국전쟁 직후 주정공장에 구금된 예비검속자 500여 명이 이곳 정뜨르비행장에서 집단 학살됐다. 창고가 허물어진 자리에 아파트와 주차장이 들어섰지만, 지금도 이곳에는 당시 시체를 유기했던 동굴이 그대로 남아 있다.

알뜨르비행장에 남아 있는 옛 격납고. 알뜨르비행장은 정뜨르비행장과 함께 제주에 남아 있는 일제 강점의 아픈 흔적이다. 옛 격납고 안에는 비행기 모형물이 전시돼 있다.

두 고부姑婦도 주정공장 창고에 함께 수용됐다. 문 씨는 이미 만삭의 몸이었다. 취조를 마치고 창고에 앉았는데 갑자기 진통이 오기 시작했다. 바닥에 포대 자루와 옷가지를 깔고 서둘러 분만 준비를 시작했다. 때마침 산파 할머니가 같은 방에 있어 거꾸로 선 아기를 받아안았다. 질곡의 생을 연결해준 탯줄이 끊기고, 폐 깊숙이 핏빛 양수를 빼내자 사내아이는 컥컥거리며 울기 시작했다. 그 순간에도 서청단원에게 아이를 뺏길까 봐 겁이 났다. 고마움도 잠시. 지옥 같은 세상의 공포 속에 내던져질 것을 생각하니 미안함과 죄책감이 물밀듯 밀려왔다. '조상이 돌봤다'며 기뻐한 할머니도 제 한 몸 건사 못하는 상황에 눈앞이 캄캄했다.

미안해서, 그리고 불쌍해서…

"고난향."

고 씨가 "예" 하고 나가니 "아주망 육지로 가야허쿠다"라는 대답이 돌아왔다.

몸을 추스를 새도 없이 시어머니가 육지로 보내졌다. 고 씨는 1년 형을 받고 전주형무소로 옮겨갔다. 다섯 살 아이도 함께였다. 그런데 어찌된 영문인지 형무소 간수가 "아줌마가 아닌데, 잘못 왔다"는 얘기를 해줬다. 비슷한 이름이 또 한 명 있었던 게다. 간수는 "기왕에 왔으니 그냥 몇 개월 있다가 가라"고 했다. "오라면 오고, 가라면 가는 때다. 그때는 그랬다"며 70여 년 전 일을 술회한 문 씨가 신음 같은 한숨을 토해냈다.

다섯 살 아들은 형무소에서 제대로 먹지도 못한 채 시름시름 앓기 시작했다. 고열에 기침까지. 홍역이었다. 힘없이 눈만 껌뻑이던 아이는 끝내 숨이 멎은 채 축 늘어졌다. 몸을 연신 주물렀지만 미동이 없었다. 별 같은 아이를 품에 안고 한참을 오열했다. 너무나 미안하고 또 가엾어서…….

고 씨가 육지로 간 뒤 얼마 되지 않아 문 씨도 주정공장 수용 창고에서 풀려났다. 초여름이 시작되는 6월 말 신생아를 안고 연미마을에 돌아왔지만 모든 것이 막막했다. 집은 까맣게 불탔고, 가족은 뿔뿔이 흩어졌다. 친정 친척이 있는 오라리 진놀레(현 제주시 연삼로)로 갔다. 하지만 살 만한 집을 구하기가 쉽지 않았다. 더욱이 제대로된 집은 '빨갱이'라며 빌려주지도 않았다. 결국 문 씨는 갓난아이와 함께 소 마구간에서 생활했다. 그마저도 친척이 배려해준 덕이다. 1949년 6월 수용 창고에서 태어난 아이가 초등학교 3학년에 다닐 때까지 두 모자母子는 이곳에서 10년을 생활했다.

2017년 2월 말, 수용 창고에서 태어난 아이를 만났다. 머리카락은 희끗희끗 셌고, 이마에 주름도 깊었다. 그는 "좌청룡, 우백호가 좋아서 태어났는지 모르겠지만, 늘 고맙게 생각하며 살고 있다"고 말했다. 송종문 씨(제주시 연동)는 그렇게 제주 4·3과 나이를 함께 먹고 있었다.

1950년 봄, 10개월 형기를 마치고 고난향 씨가 제주로 돌아왔다. 큰아들 송태우(송종문의 아버지)는 토벌 작전에서 붙잡힌 뒤 1949년 10월 정뜨르비행장에서 총살됐고, 주정공장에서 육지로 옮겨올 때 친척집에 맡겼던 열세 살 아들은 고 씨가 출소하기 며칠 전 달래 캐러 들에 갔다가 갑작스런 사고로 하천에서 익사했다. 남편 송삼백은 1948년 3·10 총파업 후 도일한 뒤 사망할 때까지 제주를 찾지 않았다.

송삼백의 동생 송기직(송종문 씨의 작은할아버지)도 일본으로 건너간 형님 때문에 1949년 폭도배로 간주돼 온갖 구타와 함께 대구형무소로 보내졌다. 그리고 얼마 뒤 형무소 측에서 반시체가 된 그를 데려가라며 서신을 보내왔다. 어차피 죽을 것 그냥 모셔가라는 얘기였다. 하지만 작은할머니는 이미 개가해 다른 집으로 시집갔고, 할

문순선 씨와 송종문 씨. 두 모자는 수용소 창고에서 기적적으로 살아남았다.

머니는 전주형무소에 있던 터라 그럴 여력이 없었다. 송종문 씨는
"차비가 있나, 뭐가 있나. 할머니는 형무소에 계셨고, 어머니도 갓
태어난 나를 두고 어딜 갈 형편이 못됐다"며 "결국 대구까지 갈 사람
이 없어서 (작은할아버지는) 죽었다"고 말했다. 그러면서 "형무소에
버려진 작은할아버지 시신은 지금도 찾을 수가 없다"고 원통해했다.
  고난향 씨는 생전 4·3에 대해 얘기하는 것을 싫어했다. 온몸으
로 4·3과 마주했지만 그저 "반인륜적이었다"는 말 외에는 쉽게 입을
열지 않았다. 고 씨는 새벽녘 보리밭에 일하러 들어가서야 남몰래
홀로 울었다. 죽은 아이가 가엾어서, 자신이 너무 불쌍해서 흘린 눈
물은 꺽꺽 소리와 함께 통곡이 됐다.

꽃 같던 청춘, 회문산 능선 따라 흩뿌려지다

"여기까지, 뒤로 돌아!"

통곡소리가 천지를 진동했다. 할머니도 큰아버지도 길수형도 나도 울었다. 우익 인사 가족들도 넋 놓고 엉엉 울고 있었다. …… 중낮부터 시작된 이런 아수라장은 저물녘까지 지긋지긋하게 계속되었다.

— 현기영의 소설 『순이삼촌』 중

    제주 조천읍 북촌리는 4·3 사건으로 전체 323가구 중 207가구, 479명이 희생됐다. 옴방밭, 너븐숭이, 당팟, 북촌 등명대, 제주목사 영세불망비永世不忘碑 등 마을 곳곳에 배인 상흔은 70년 세월에도 어제 일처럼 또렷하다. 무엇보다도 애끓는 슬픔과 절규를 가슴에 묻고 사는 이들이 여전히 정지된 시간 속에 터를 이루며 살고 있다. 그 학교, 그 운동장, 그 골목, 그 나무, 그 공터……. 어느 것 하나 상처가 되지 않는 공간이 없다. 오늘도 그렇게 새카맣게 탄 속을 토해내며 제주 북촌 사람들은 불안한 하루를 일구어 간다.

    1949년 1월 17일 아침, 2연대(연대장 함병선 대령) 3대대(대대장 정준철 소령) 일부 병사들이 북촌 인근 월정리에 주둔한 11중대를 시찰하고 대대본부가 있는 함덕(조천면)으로 복귀하던 중이었다. 북촌 마을 어귀 고갯길을 지날 무렵 갑작스런 무장대의 습격이 벌어졌고, 이 공격에 두 명의 병사가 사망한 사건이 발생한다. 주민 10여 명이 병사의 시신을 함덕 대대본부로 가져갔으나, 경찰 가족이던 이군찬을 제외한 모두가 총살됐다. 그리고 완전 무장한 2개 소대가 북촌마을로 향한다.

북촌리 포구의 전경. 작고 소박한 포구 마을 북촌리는 제주 4·3 때 군경에 의해 무차별 학살을 당했다.

그날 북촌은 여느 마을과 비슷한 풍경이었다. 구정을 보름 앞두고 아낙들 손은 벌써부터 바빴고, 아이들은 까맣게 얼룩진 소개바지 주머니에 고구마 말랭이를 잔뜩 구겨 넣고선 정신없이 뛰놀았다. 가다 서다를 반복하며 '빼떼기'를 빼먹는 모습이 여간 귀여웠다. 아침에 있었던 사고에 마음 졸인 마을 원로들은 그저 별일 없기만을 바라며 함덕으로 간 이들을 초조히 기다렸다.

오전 11시경. 북촌초등학교 앞 일주도로에 멈춰선 몇 대의 수송 차량에서 군인들이 우르르 내리기 시작했다. 이어 군홧발 소리가 북촌을 요란하게 덮쳤다. 가옥에 불을 지른 군인들은 마을을 샅샅이 뒤져 주민 전부를 북촌초교 운동장에 집결시켰다. 삽시간에 불탄 마을을 보며 주민들이 발을 동동거린 채 통곡하자 공포를 쏘며 위협했다. 운동장 돌담에는 기관총 3각이 장전돼 이들의 도주를 철저히 차단했다.

무거운 분위기를 뚫고 주민들 앞에 선 지휘관이 민보단장(민보

꽃 같던 청춘, 회문산 능선 따라 흩뿌려지다

단, 1948년 5·10 총선거 당시 결성된 경찰 지원 조직)을 찾았다. 하지만 그는 출타 중이었고, 대신 청년단장 장운관(당시 39세)을 불러냈다. "민보단 운영을 이따위로 해서 폭도를 양산시켰다"며 웃옷을 벗겨 운동장을 돌라고 지시한 다음 등 뒤에서 그대로 방아쇠를 당겼다. 장운관은 몇 발자국 못 떼고 그대로 고꾸라졌다. 그 모습에 주민들이 당황하기 시작했다. 그러자 이번에는 담장에 설치된 기관총이 굉음과 함께 불을 뿜었다. 몇몇 주민이 그 자리에서 쓰러졌고, 학교 운동장은 일순간에 아수라장으로 변했다.

군인들은 군경 가족을 따로 추려냈다. 또 한 달 내 목숨을 잃은 가족이 있는 사람도 옆줄에 서라고 지시했다. 중산간 마을 선흘리(조천면)에서 해안가인 북촌으로 피신 온 고성군 씨(당시 14세)가 옆으로 이동했다. 먼저 죽일 것이라는 생각이 머릿속을 떠나지 않았다. 어려도 그런 눈치는 있었다.

그의 아버지는 1948년 12월 16일 경찰에 의해 목숨을 잃었다. 민보단에 소속된 아버지가 보초를 잘못 섰다는 것이 이유였다. 전날 함덕초등학교 인근 고개를 넘어가던 경찰 트럭이 무장대로부터 습격 받은 점을 문제 삼은 것이다. 어머니, 동생들과 함께 줄을 옮겨 이동했다. 막내는 아버지가 총살되기 8일 전에 태어난 신생아였다.

군인들은 아이들에게 '빨갱이 가족'을 지목하라고 했지만, 여의치 않다고 여겼는지 긴 대나무로 줄을 가른 뒤 무작위로 몇십 명을 한꺼번에 끌고 가기 시작했다. 어떤 이는 군인들 눈치 보며 이쪽으로 갔다가 저쪽으로 갔다고 해서 총살됐다. 교문을 나서고 얼마 안 돼 '타다닥 타다닥' 콩 볶는 듯한 총소리가 북촌초등학교 건물에 부

'어디에 핀들 꽃이 아니랴…….' 북촌리 마을 담장 한켠에 도색된 문구가 북촌의 상처를 말해주는 듯하다.

딪혔다. 그리고 또다시 몇십 명이 불려 나갔다. 그런 다음 어김없이 '타다닥 타다닥' 콩 볶는 듯한 소리가 들려왔다. 그렇게 현장에서만 300여 명이 목숨을 잃었다.

　　주민들은 자신이 죽을 것을 알면서도 슬픈 표정으로 교문을 나설 수밖에 없었다. 죽어서도 놓지 않으려는 듯 가족들은 서로의 손을 꼭 잡은 채 이동했다. 총살은 정문을 나와 왼쪽 당팟과 오른쪽 너븐숭이 인근 옴팡밭(오목하게 쏙 들어간 밭)에서 나눠 이뤄졌다. 마치 무를 뽑아놓은 것처럼 시신이 여기저기에 널브러져 있었다. 현장을 목격한 고성군 씨는 "군인들이 숫자를 세고 난 뒤 '여기까지' '뒤로 돌아!'라고 외치면 주민들이 일제히 정문 밖으로 줄지어 나갔다"고

조천읍 선흘리 고성군 씨(좌)와 고학봉 씨(우)가 낙선동 4·3성 앞에서 제주 4·3 사건 당시 생활에 대해 술회하고 있다.

증언했다. 이어 "총소리와 함께 사람들이 모두 다 죽었다. 얼라(어린 애)도 죽고, 가족이 전멸한 집도 많다"고 설명했다. 그는 "왜 우리(한 달 내 가족을 잃은 사람)를 살려줬는지는 지금도 모른다"고 말했다. 한 차례 사격을 끝낸 후 운동장으로 돌아온 이들의 군복은 축 처진 채 피범벅이 돼 있었다.

'독립군 때려잡던' 그들, 제주를 토벌하다

제주4·3사건진상조사보고서에 따르면 함덕 출신 제주경찰이던 김병석 씨는 북촌 학살 사건에 대해 충격적인 내용을 털어놓았다. 때마침 군의 차량 지원 요청으로 대대장을 태우고 작전 지역으로 이동해 현장을 목격한 그였다. 김 씨는 그날 일을 또렷이 기억했다.

"대대장은 '군인이나 경찰관 가족을 뽑아내라'고 지시한 뒤 차 안에서 참모 회의를 열었다. 그곳에 장교 일고여덟 명이 모였는데, '돌담 위에서 박격포를 쏴 몰살시켜버리자'는 등 여러 이야기가 나왔다. 그런데 한 장교가 '군에 들어온 후에도 적을 살상해보지 못한 군인들이 있으니까 1개 부대에서 몇 명씩 끌고 나가 총살을 해서 처리하는 것이 좋겠다'고 제안해 결국 그게 채택됐다. 나는 거의 혼이 나갈 지경이 됐다. 북촌리는 고향 함덕리와 가까워 우리 일가친척도 있고 동창도 있는 마을이기 때문이다."

군인 개개인의 총살 경험을 위해 주민들을 집단 학살했다는 설명이었다. 한국전쟁 전후 민간인 학살과 관련해 군 장교나 지휘관이 부하의 담력을 키운다는 이유로 직접 총살을 지시하거나, 이를 따르지 않을 경우 권총으로 위협한 경우는 여러 증언을 통해 보고되고 있다. 또한 칼을 쥐어주며 찌르라고 명령한 지휘관도 있었다. 대표적인 경우가 여순 사건 당시 국군 5연대 1대대장이던 김종원 대위다. 김종원은 부하에게 일본도를 건네주며 참수할 것을 강요했으며, 목이 제대로 잘리지 않을 경우 본인이 직접 시범을 보이기도 했다. 또 『한국전쟁사』 제1권 '성찬호 증언록' 등에 따르면 12연대 부연대장이던 백인엽(백선엽의 동생) 소령은 담력 훈련을 위한 총검술 시범 대상으로 민간인을 이용했고, 시체를 전시해 '주민 정신교육'을 시키기도 했다. 증언자들은 "처음에는 참수된 사람들이 불쌍해 보였으나, 시간이 지나면서 불쌍한 마음이 사라지게 되었다"고 말했다. 계속된 학살에 살상이 무뎌진 탓이다.

제주 4·3이나 여순 사건, 그리고 한국전쟁 당시 민간인을 잔혹하게 살해하거나 학살했던 지휘관들 상당수는 일본군 출신이 적지 않다. 간도특설대나 만주군 시절 악랄하고 비정상적인 만행을 해방 후 국내에서도 똑같이 저지른 것이다. 김종원과 백인엽, 그리고 제주 4·3 당시 강경 진압을 주도한 9연대장 송요찬과 2연대장 함병선 모두 '독립군을 때려잡던' 일본군 출신 인사다.

제11연대장 최경록은 일본군 준위로 근무했고, 제주경찰청장이던 홍순봉은 일제 경찰로 만주에서 활동했다. 그는 만주사변 때 항일운동을 진압한 뒤 일본으로부터 만주사변종군기장 등을 수여받았다. 이외에도 제주비상경비사령부 소속 특별수사대 최난수 경감은 친일 경찰로 수많은 독립군을 고문했으며, 제9연대 정보참모 탁성록 대위는 일제강점기 작곡가 출신으로 마약에 중독된 채 제주도민을 도살했다. 학살은 전공으로 둔갑했고, 승승장구한 이들은 1950년 또 다시 민간인 학살의 주역이 됐다. 한국전쟁기 이뤄진 대규모 학살이다. 전국적으로 100만 명 이상이 '빨갱이'로 분류돼 학살된 것으로 전해진다.

한국전쟁 초기 육군헌병총사령부 부사령관 겸 경남지구계엄사령관을 지낸 김종원은 부산형무소 재소자 학살 사건의 핵심 책임자로 지목된다. 이와 관련, 2009년 진실화해위는 1950년 7월부터 9월까지 총 세 차례에 걸쳐 최소 1500명 이상이 집단 살해됐다고 결론 내렸다. 김종원은 1951년 2월 민간인 719명이 학살된 거창 사건과 관련한 합동진상조사단의 현장 접근을 막기 위해 부하들을 공비로 위장시켜 위협사격을 가하기도 했다. 이후 실형이 선고됐지만 얼마 지나지 않아 대통령 이승만의 특별사면으로 풀려났고, 경찰로 이직한 그는 경찰 총수인 치안국장까지 올랐다.

1951년 말 지리산 대토벌 작전인 '백야전전투사령부'(백야사) 사령관을 지낸 백선엽은 육군참모총장과 교통부장관 등을 역임했고, 당시 수도사단장으로 백야사에 참여한 송요찬 역시 육군참모총장과 내각수반 겸 경제기획원장관 등 요직을 지냈다. 육군 중장으로 예편한 함병선은 5·16 군사쿠데타에 가담해 국가재건최고회의 기획위원장에 올랐고, 1951년 헌병사령관을 지낸 최경록도 육군참모총장을 거쳐 교통부장관, 10대 국회의원(유신정우회), 주일대사 등을 역임했다.

지난 2009년 '친일반민족행위진상규명위원회'가 발표한 친일반민족행위 705인 명단에 포함된 홍순봉은 1952년 6대 치안국장을 지냈으며, 최난수는 반민특위 요원 암살 사건으로 재판에 넘겨진 뒤 20만 원의 벌금형을 받고 풀려나 남원경찰서장, 춘천경찰서장, 김제경찰서장 등을 역임했다. 이외에도 한국전쟁 초기 방첩대CIC 진주파견대장을 지낸 탁성록은 진주형무소 재소자 학살 사건과 이 지역 보도연맹원 학살 사건의 핵심 가해자로 지목되며, 4·3 사건 당시 서북청년단 중앙단장을 지낸 문봉제는 1949년 5월 10일 재선거 때 북제주군 을 선거구에 입후보하기도 했다. 이승만의 친위대 역할을 한 그는 자유당 정권에서 승승장구한 뒤 국무원 초대 사무국장, 6대 교통부장관 등을 지냈다.

'독립군' 문형순 서장, 그리고 섯알오름

신흥무관학교 출신 항일 인사 문형순은 친일파 군 지휘관에 맞서 주민들을 적극 비호했다. 모슬포지서장 시절 서청이 관여할 경우 주민 대부분이 학살될 것을 우려해 '좌익계 자수서'를 서청이 아닌 마을지서가 받도록 했으며, 공비 협조자에 대한 밀고가 있을 경우 '그 말에 책임질 수 있느냐'며 도리어 제보자를 호통 치기도 했다.

일제강점기 만주에서 활동하며 국민부 중앙호위대장, 조선혁명군 집행위원 등을 지낸 그는 해방과 함께 고향인 평안도로 갔지만 공산주의에 반대하며 곧바로 월남했다. 이후 1947년 7월, 제1구 경찰서(현 제주경찰서) 기동대장을 시작으로 이 지역 경찰에 투신했다.

1950년 8월 30일 성산포경찰서장 시절에는 제주해병대 정보참모 해군중령 김두찬의 '예비검속자 총살집행 의뢰의 건' 공문을 "不當(부당)함으로 不履行(불이행)"이라고 적어 돌려보냈다. 좌익에 동조했다는 혐의를 덧씌워 언제든 총살될 수 있는 상황이었지만 문 서장은 괘념치 않았다. 결국 이런 조처로 성산포경찰서는 군이 신원을 인수한 여섯 명만이 피해를 봤다. 모슬포와 서귀포경찰서에서 각각 250여 명의 예비검속자가 집단 학살된 것과는 큰 대조를 보인다. 제주 서귀포시 대정읍 상모리 섯알오름에는 당시 모슬포경찰서에 구금된 이들이 끌려가 집단 학살된 장소(일명 '섯알오름 학살터')가 보존돼 있다.

일제강점기 탄약고로 쓰인 섯알오름 학살터는 2개의 구덩이로 이뤄져 있다. 1956년 3월 29일 한 구덩이에서 62구의 시신이, 같은 해 5월 18일 또 다른 구덩이에서 149구의 시신이 수습돼 만뱅듸와

1961년 경찰은 유족의 완강한 거부에도 불구하고 비석을 산산이 부숴버렸다. 현재 훼손된 비석 파편은 제주4·3평화재단 기념관에 전시되어 있다.

백조일손 묘역에 각각 안장됐다. 아직도 40여 구 이상이 학살터에 묻혀 있을 것으로 추정된다. 백조일손百祖一孫은 '조상이 다른 100명의 유해가 엉켜 하나가 되었다'는 의미를 담고 있다. 당초 식별 가능한 17구의 시신을 제외한 132구가 안정됐으나, 5·16 군사쿠데타 당시 23위가 강제 이장되면서 현재 109위가 남아 있다. 경찰에 의해 백조일손 묘지가 훼손될 때 비석은 산산조각 되어 땅속에 파묻혔다.

섯알오름 학살은 1차(1950년 7월 16~20일)와 2차 총살(1950년 8월 20일)로 구분되며 1차는 모슬포 주둔 해병 2대대(대대장 김동하 소령)

꽃 같던 청춘, 회문산 능선 따라 흩뿌려지다

소속 부대원이, 2차는 해병 3대대(대대장 김윤근 소령) 소속 부대원이 핵심 가해자로 지목된다. 두 지휘관 모두 일본군 출신으로 김동하는 1961년 5·16 군사쿠데타에 해병대를 이끌고 동참, 박정희와 함께 한강대교를 건넌 핵심 세력 중 한 명이다. 그는 박정희의 신경군관학교 1년 선배이기도 하다. 또 만주 육군군관학교 출신인 김윤근도 5·16 군사쿠데타에 주역으로 가담한 뒤 국가재건최고회의 교통체신위원장, 부정축재자처리위원, 헌법(개정)심의위원회 위원 등을 지냈다. 그는 5·16 정변 세력을 보호하기 위한 목적으로 창설된 수도방위사령부의 초대 사령관을 역임했다.

친일 군인이 이렇듯 승승장구하는 사이 문형순 서장은 어떻게 됐을까? 정전협정 직후인 1953년 9월 15일 경찰을 퇴직한 그는 보급소에서 쌀을 배급해주는 일을 했다. 이후 제주 대한극장(현대극장 전신) 매표원으로 생계를 이어간 문형순은 1966년 6월 20일 제주도립병원에서 향년 70세로 후손 없이 홀로 생을 마감했다. 여느 독립운동가와 같은 쓸쓸한 죽음이었다. 제주시 오등동 평안도민공동묘지 한구석에 문형순은 외롭게 묻혀 있다.

'무남촌' 북촌, 그리고 낙선동 4·3성

김병석 씨의 거듭된 설득에 3대대장 정준철은 총살 명령을 거뒀다. 중낮에 시작된 학살은 북촌을 초토화시킨 뒤 오후 5시께 끝이 났다. 오전까지만 해도 평화롭던 마을은 300여 명의 주검과 함께 잿더미가 됐다. 정준철은 남아 있는 이들에게 대대본부가 있는 함덕으로 오라고 지시한 뒤 병력을 철수했다. 가족은 죽고, 집은 불타 없어졌다. 혼이 빠진 주민들이 땅바닥에 주저앉아 통곡하기 시작했다. 총살 현장에서, 학교 운동장에서, 마을 곳곳마다 '아이고, 아이고' 곡소리가 터져 나왔다. 어른 시신은 살아남은 이들에 의해 다른 곳으로 옮겨졌다. 하지만 어린아이들은 임시 매장한 상태 그대로 지금까지 남아 있다. 너븐숭이 한 귀퉁이, 누구인지도 모를 애기돌무덤은 그래서 더 슬프다.

군인 지시에 주민들은 다음 날 함덕으로 향했다. 일부는 군인을 믿을 수 없다고 해 다른 마을로 가거나 산으로 피신했다. 결과적으로 그들 판단은 옳았다. 함덕으로 간 주민 가운데 100여 명이 '빨갱이 가족 색출 작전'에 휘말려 또다시 희생된 것이다. 이틀에 걸친 학살로 북촌은 대가 끊긴 집안이 적지 않다. 또 남자들 대부분이 희생되면서 한때 '무남촌無男村'으로 불리기까지 했다.

고성군 씨는 가족과 함께 고향인 선흘리로 돌아왔다. 선흘도 북촌과 별반 차이는 없었다. 애초 소개 작전으로 북촌으로 피난 간 고씨였다. 1948년 10월 초토화 작전을 위한 포고령이 발표된 뒤 중산간 마을에 대대적인 토벌 작전이 이뤄졌고, 선흘리도 그해 11월 21일 군경의 소개로 마을이 전소되면서 수많은 인명이 살상됐다. 주민들은 군경을 피해 동백나무숲이 우거진 선흘곶(곶은 우거진 숲을 의미하는 제주 방언)으로 갔다. 반못굴(1948년 11월 25일 토벌)에서 목시몰굴(11월 26일 토벌), 다시 웃밤오름 부근 밴뱅디굴(11월 27일 토벌)까지 숨어들었다. 허나 토벌대의 끈질긴 추격으로 대부분 붙잡혀 끌려가거나 현장에서 즉결 처분됐다. 밴뱅디굴에서 구사일생으로 살아난 김형조 씨는 2001년 '제주4·3사건진상규명및희생자명예회복위원회' 진상조사팀과의 인터뷰에서 당시 희생된 이들을 가매장한 뒤 이름을 새겨 시신 옆에 세워뒀다고 밝혔다. 그는 사망자 명단을 적어 한 부는 자신이, 또 다른 한 부는 항아리에 담아 땅속에 묻어뒀다고 전했다. 김 씨가 확인했다는 주검만 157구다.

동굴에 숨어 지낸 이들 중 열여덟 살 고학봉 씨도 있었다. 고 씨를 붙잡은 군인은 다짜고짜 나이부터 물었다.

"열세 살입니다."

그러자 한쪽에 서라는 듯 총대를 옆으로 까딱거렸다. 이어 고 씨보다 키가 작은 학생이 섰다. 그는 "열일곱 살"이라고 했다. 말이 떨어지기 무섭게 소총의 노리쇠가 그대로 격발됐다. 소년은 비명을 지를 새도 없이 축 늘어졌다. 고 씨는 "열여섯, 열일곱 살만 되도 쏴 죽였다. 나는 나이를 속여 천만다행으로 살아난 것"이라고 말했다. 웃선흘(웃은 위라는 뜻의 제주 방언) 그의 집은 모두 불타 없어졌고, 겨우 움막만 짓고 생활하던 중 군경 지시에 의해 낙선동 전략촌(4·3성) 축성 작업에 징발됐다.

고성군 씨가 북촌에서 선흘로 돌아온 날 유독 많은 눈이 내렸다. 고무신도, 입을 것도 없이 짚때기를 신발 삼아 신고 다녔고, 초근목피草根木皮로 굶은 배를 채우며 하루를 연명했다. 선흘에서 만난 김영순 씨는 "먹을 것이 없어 밀주시(밀 껍질)나 밀기울(밀 찌꺼기) 범벅을 먹고 살았다"고 했다. 그는 "개밥으로 줬던 건데, 그런 것을 먹었다. 밥 해먹을 쌀이 없어 다섯 살 때부터 나무뿌리 캐러 다니고,

군경에 의해 삶의 터전이 짓밟힌 도민들은 굴속으로, 산속으로 각자 살길을 찾아 흩어졌다. 선흘리에 살고 있는 김영순 씨도 그중 한 명이었다.

남의 집살이로 식량 됫박 얻어오면 그걸로 생활하기도 했다"고 술회했다. 김 씨는 "그때 생각하면 정말 징그럽다"고 치를 떨었다.

1949년 봄, 당국의 재건 명령에 따라 총 길이 500m, 4500여 평 규모의 '전략촌'이 축성됐다. 원래 있던 본동(웃선흘) 아래 위치한 '병두왓'은 중산간의 평지대(대부분 밭)로 식수가 없어 사람이 살지 않는 곳이다. 그러나 해안 방향으로 시야 확보가 좋아 군경은 이곳에 석성을 쌓도록 지시했다. 기존 마을은 없애고, 새 마을이 그렇게 꾸려졌다. 알선흘(알은 제주 방언으로 아래라는 뜻), 바로 지금의 낙선동(조천읍 선흘리)이다.

> **제주공항마냥 팡팡하고 위치가 좋았다. 대부분 웃선흘 사람 밭이었는데, 선흘·함덕 사람 전부 다 성을 쌓았다. 그때는 나오라고 하면 다 나와야 했다. 오후 6시면 정문을 딱 막고, 아침 6시면 열어줬다. 낮에는 밭에 나가 일하고, 밤에는 성으로 들어왔다. 보초도 섰는데, 총을 멘 남자가 한 명씩 섞여 있고, 그 외에는 대부분 여자와 노인들이었다. 초소막은 우리가 살던 집인데, 한 채에 세 가구 정도가 살았다. 어욱(억새)으로 칸을 갈라서 한 집 살고, 한 집 살고 그랬다. 우리가 그렇게 살았다.**
>
> **— 고학봉 씨 증언 중**

노역은 전적으로 주민들 몫이었다. 산에서, 들에서 그리고 무덤 주변에 놓인 돌까지 긁어와 성을 쌓았다. 젊은이는 대부분 입산했거나 총살됐기 때문에 주로 부녀자와 아이들이 성 쌓는 일에 동원됐다. 일개미가 열 지어 기어가듯 사람들이 줄지어 돌을 이었다. 열댓살 안팎의 애들은 물론 할망(할머니)과 하르방(할아버지)도 등짐을 지고 돌을 날랐다. 높이 3m, 폭 1m로 성을 쌓았고, 중간중간 망루를 세워 주변을 감시했다.

함덕과 선흘 주민이 총동원된 노역은 한 달간 이어졌다. 등이나 어깨가 벌겋게 벗겨질 만큼 노동 강도는 셌고, 심지어 발로 엮은 새끼줄을 길게 늘어뜨려 작업반별 할당량이 주어지기도 했다. 이를 채우지 못할 시 치도곤을 당하기 일쑤였다. 또 무장대가 접근할 수 없

낙선동 4·3성 전경(좌우). 정부는 토성 축성 공사에 제주도민을 강제로 동원했고, '전략촌' 출입을 철저히 통제하며 주민들을 감시했다.

도록 외벽은 깊은 도랑(해자)을 파 그 안을 가시덤불을 채워 넣었다. 군경은 그야말로 주민들을 혹독하게 다루었다.

> 같은 동네 사람끼리 모여 작업반을 만들었다. 1개 반에 30명이면 30명, 20명이면 20명 그렇게 조를 짜 작업했다. 몇 발씩 새끼를 꼰 줄로 성벽 쌓는 할당량이 주어졌고, 성 밖은 키를 넘길 만큼 깊은 호를 파 무장대의 접근을 막았다. 하루 한 끼도 먹기 어려운 상황에서 그런 노동은 보통 고역이 아니었다.
>
> — 고성군 씨 증언 중

축성은 주민을 효율적으로 감시하고 통제하는 목적이 컸다. 오

전 6시 정문 초소의 정낭(대문에 걸쳐 놓은 길고 굵직한 나무)이 열리면 밭에 나가 일하고, 오후 6시면 성 안으로 들어와야만 했다. 식구 중 한 명이라도 못 들어오면 나머지가 '빨갱이 가족'으로 분류돼 피해를 봤다. 고성군 씨는 "절대 안 들어올 수 없다. 가족 중에 한 명이라도 없으면 모두가 몰살될 수도 있었다"고 말했다.

낙선동 '전략촌'은 사실상 수용소나 마찬가지였다. 24시간 성 주변을 감시했고, 대창을 든 여성과 노인, 그리고 어린 학생들까지 조를 나눠 번(보초)을 섰다. 여자는 여자끼리, 소년단은 소년단끼리, 노인은 노인끼리 조를 짜는 식이었다. 모두 9개 초소에서 5교대로 운영됐으며, 가장 중요한 정문 보초는 특공대가 지켰다. 물론 남자들이 대거 희생된 까닭에 성을 지키는 일 역시 대부분 부녀자와 노인의 몫이었다.

성 안은 몇 개 부락이 집단 거주할 수 있는 함바집과 경찰지서·
초소·통시(뒷간) 등의 시설물을 갖추었고, 심지어 함덕초등학교 선흘
리분교까지 마련됐다. 새(억새)로 엮은 함바집은 몸만 겨우 뉠 수 있
는 공간이다. 비바람을 막아주는 게 전부였다. 통시의 똥통이 넘쳐
풍기는 악취는 정말이지 곤욕이었다. 비오는 날이면 성벽 주변(성벽
따라 15개가량 통시가 었었음)이 온통 똥물로 질퍽거렸다. 열악한 환경
탓에 이질 등 전염병이 돌았고, 사망자가 발생하기도 했다.

전략촌은 1000여 명이 생활하는 비교적 넓은 공간이지만, 성
안은 늘 괴괴함이 감돌았다.

"오후 10시 반, 1보초 전달."

"오후 10시 반, 2보초 전달."

"오후 10시 반, 3보초 전달."

……

한밤중 적막을 깨고 들려오는 복창 소리는 성 안 긴장감을 더했
다. 경찰 보조원이던 고 씨는 경찰지서에 유일하게 있던 시계를 보
고 주민들에게 불침번과 근무 교대시간 등을 알렸다. 또 지서로부터
받은 통행증으로 함덕에 가서 술을 받아오거나 경찰의 길 안내를 돕
기도 했다. 경찰 보조원으로 있어 신변은 안전했지만, 무슨 일이 일
어날지 몰라 늘 긴장 속에 하루하루를 버텼다.

낙선동 사람들은 한국전쟁 이후까지 '알선흘 함바'라 불리던 이
곳에서 집단 생활했다. 심지어 1954년까지도 남녀노소 구분 없이 보
초를 서야 했다. 1956년 통행 제한이 풀리면서 일부는 원래 마을인

4·3성 앞에는 팽나무가 한 그루 심어져 있다. 전략촌 축성 작업(4·3성)에 동원된 뒤 현재까지 그 안에서 터를 이루며 살고 있는 고학봉 씨가 직접 심은 것이다. 사람들은 이 팽나무를 4·3 폭낭이라고 부른다.

웃선흘로, 또 일부는 다른 지역으로 흩어졌다. 현재는 허물어진 성곽을 담 삼아 15가구 가량이 터를 이루며 살고 있다.

마을 입구 폭낭(팽나무) 한그루가 큰 그늘이 되어 석성 정문을 감싸 안았다. 정령이 된 폭낭은 고난의 세월을 모두 안다는 듯 홀로 선 초소를 위로했다. 1970년 고학봉 씨가 웃선흘 멀그랑(밭) 고래팡(고래 등처럼 넓적한 쉼터)에서 옮겨 심은 것이다. 앞서 1948년 4·3 당시 고 씨가 한라산에서 뽑아다 심은 팽나무는 태풍에 쓰러져 고사했고, 이후 폭낭을 다시 심자고 한 것이 지금의 '4·3 폭낭'이다. 한 주민은 이 나무를 가리켜 "선흘의 아픔과 상처가 고스란히 밴 나무"라고 말했다.

우린 사람이 아니었다

1948년 제주는 철저히 도륙됐다. 외지인으로 채워진 군경은 물론 서북청년단이나 민보단에 의한 학살은 특히나 악랄하고 잔혹했다. 인민위원회를 비롯한 지방 좌익의 5·10 총선거 거부 및 방해는 탄압의 빌미를 제공했고, 토벌의 총구는 어김없이 주민들을 향했다. 유채꽃 잔잔한 제주의 4월은 그렇게 통곡이 됐다.

서귀포시 표선면 가시리에서 만난 한 주민은 4·3 학살과 관련해 "당신 같으면 이해할 수 있겠느냐"고 울분을 토했다. 그는 "애들보고 뛰라 해놓고선 등 뒤에서 사살하고, 마을 동산에서는 부녀자들 옷 활딱 벗겨놓고 선착순으로 뜀박질을 시켜 한 명씩 쏴 죽였다. 주민들에게 이웃을 대창으로 찔러 죽이라고 한 뒤 안 하면 그 사람까지 함께 죽였고, 짚더미 속에 사람을 억지로 밀어 넣은 후 불태워 죽였다"고 했다. 그러면서 "그 현장을 모르는 사람들은 절대 이해 할 수 없고, 치가 떨려 어떻게 말을 할 수도 없다"며 분개했다. 그는 "너무나 잔인하게 우리를 죽였다"고 말했다. 분노의 눈빛은 금세 슬픔으로 가득 찼다.

1948년 5월 10일 총선거 당일 가시초등학교(현 가시리사무소) 투표소에 무장대가 난입, 학교장과 이장이 피살되는 사건이 발생한다. 이후 군인들이 보름간 가시초교에 주둔했지만 이때까지만 해도 별다른 사상자는 나오지 않았다. 군경의 토벌 작전은 6개월 뒤인 11월 10일(음력 10월 10일) 본격화됐다. 계엄령 선포 1주일 전이다.

가시리 노인회장 오상식 씨는 "음력 10월 10일 경찰이 마을에 들어와 불을 지르고, 보이는 사람들을 쏴 죽였다"며 "그날 이후 군경이 온다고만 해도 사람들은 다 도망갔다"고 말했다.

군인들은 중산간 마을(가시리 포함)을 소개한 뒤 주민들을 해안인 표선면 토산리로 내려보냈다. 오 씨의 샛어머니(작은어머니의 제주 방언)도 아이 셋을 데리고 표선으로 이동했다. 그런데 표선에서 이들을 기다린 건 '도피자 가족'이라는 딱지였다. 결국 샛어머니 가족은 한날한시 몰살됐다. 샛아버지(작은아버지의 제주 방언)가 군경을 피해 입산한 것이 죽어야 하는 이유였다.

토산은 해안이라 안전할 것이라 여겼지만 제주 어디에도 그런 곳은 없었다. 12월 15일 보름달이 유난히 밝은 날이었다. 갑자기 들이닥친 군인들이 토산리 주민을 향사(리사무소)에 집결시켰다. 이어

서귀포시 가시리 동산. 군경은 제주 4·3 학살 때 이곳에서 부녀자들의 옷을 홀딱 벗긴 채 뜀박질을 시켜 한 명씩 사살했다.

18세부터 40세까지의 남자를 분류하기 시작했다. 여자들은 달빛에 얼굴을 비춰 20대 미만의 젊고 예쁜 여자만 따로 골라 데리고 갔다. 주민들은 이것이 성적性的인 문제라고 꼬집는다. 군인들이 젊은 여성을 겁탈했다는 것이다.

임시 수용시설인 표선초등학교에는 인근 주민들로 인산인해를 이뤘다. 토산리에서 끌려온 이들도 모두 감금됐다. 그리고 3일 뒤인 12월 18일과 19일 집단 학살됐다. 이어 22일 남아 있는 주민을 운동장에 집결시킨 군인들은 피난민의 호적을 일일이 대조하기 시작했다. 입산자 가족을 추려내는 작업이었다. 가족이 전부 모인 집과 그렇지 못한 집이 서로 나뉘었다. 그렇게 분류된 이들은 자식과 남편이 없다는 이유로 또다시 몰살됐다. 한 주민은 창고에 밀어 넣어져 죽창으로 찔리는 속에서도 겨우 목숨을 부지했다. 그는 자신의 할아버지와 할머니, 그리고 어머니의 살점이 낭자되는 모습을 지금도 생생히 기억했다.

토산은 사혼死婚한 집안이 많다. 그만큼 많은 이가 학살됐다는 얘기다. 처녀·총각으로 죽은 망인의 영혼결혼식을 올려주고, 이후 양자를 들여 집안의 대를 잇도록 했다. 오상식 씨는 토산으로 가지 않고 외갓집이 있는 남원읍으로 피난 가 화를 면했다. 그는 "표선은 대리 살상 때문에 가족 중 누구 하나라도 없으면 모두 죽었다"며 "동네마다 조금씩 차이는 있겠지만 남원읍은 당사자가 아니면 안 죽였다. 그래서 내가 산 것"이라고 말했다. 그의 아버지는 4·3 직후 부산으로 몸을 피해 화를 면했다.

현봉길 씨도 1948년 말 할아버지를 잃었다. 아버지는 '가시리 토벌' 당시 군경을 피해 입산했고, 어머니는 어린 현 씨와 막내 동생을 데리고 친정인 남원으로 갔다. 만약 토산으로 갔다면 이들 역시 화를 피하긴 어려웠을 것이다. 할아버지는 며느리와 손주를 위해 가시에서 남원까지 음식을 날랐다. 1948년 11월 24일(음력 10월 24일), 그날도 돼지고기와 야채 등을 품고 사돈댁인 남원읍으로 향하던 중이었다. 그는 그러나 매복한 경찰에 붙잡혀 무릎이 꿇린 채 그 자리에서 즉결 처분됐다. 시신을 수습했을 때 할아버지 어깨는 완전히 부서진 상태였다. 심한 구타 후 총살됐던 까닭이다. 할아버지뿐만 아니라 친척 형도 군인들에게 잡혀 산 채로 불태워져 죽임을 당했다. 그의 나이 겨우 열일곱 살이었다. 현 씨는 "짚 속에 넣고 불을 지른 뒤 나오지 못하게 쇠창으로 막았다"고 말했다.

현 씨 아버지는 외갓집에서 말을 판 돈으로 일본 밀항을 시도했으나 실패한 뒤 입산했다. 뜻밖에도 1948년 11월, 산으로 간 아버지는 그로부터 70년 후인 2009년 제주국제공항(정뜨르비행장)에서 백골이 되어 돌아왔다. 유해 발굴 조사 후 이뤄진 DNA 감식 결과에서 아버지의 유해가 맞다는 결과가 나온 것이다.

정뜨르비행장, 그리고 재소자 학살 사건

제주특별자치도는 지난 2007년부터 2009년까지 두 차례에 걸쳐 제
주국제공항 유해 발굴 조사를 진행한 바 있다. 1차 발굴에서 온전한
유해 54구와 일부 유골 1000여 점이 나왔고, 2차 발굴에서는 한 구
덩이에서 완전 유해 259구가 수습됐다. 하나같이 철사 줄에 두 손이
묶인 상태였고, 일부는 발목에도 철사 줄이 묶여 있었다. 전부터 이
곳은 경찰서 구금자 76명(1949년 2월), 군법 사형수 249명(1949년 10
월) 그리고 1950년 한국전쟁 직후 체포된 예비검속자 500여 명의 시
신이 묻혔을 것으로 추정돼왔다. 현 씨 아버지는 1949년 군사재판
이후 총살된 것으로 파악된다.

정부기록보존소가 소장하고 있는 「군법회의명령」에는 4·3 사
건 수형인들의 명단이 수록돼 있다. 기록에 따르면 총 1659명이 군
법에 회부됐고, 제주에서 사살된 군법 사형수 249명을 제외한 나머
지는 육지 형무소로 보내졌다. 또 무기수를 포함해 모두 319명이 마
포형무소로 이송됐고, 대구형무소에는 징역 15년 형을 받은 297명,
대전형무소에는 징역 7년을 받은 300명, 목포형무소도 징역 7년 형
을 받은 215명이 각각 수감됐다. 이들 중 상당수는 한국전쟁 초기
'형무소 재소자 학살 사건'으로 이름 모를 골짜기에 끌려간 뒤 집단
처형됐다.

제주국제공항에서 발굴된 유해 일부. 한국전쟁 전후 수백 명의 민간인이 이곳으로 끌려와 총살됐다. ⓒ 제주도청

    1950년 7월 이승만 정부는 후퇴 과정에서 전국 형무소에 수감된 좌익 사상범에 대한 무차별적인 학살을 자행했다. 북한 인민군에 동조할 수 있다는 이유에서다. 대전 골령골(최소 3000여 명 이상 총살)이나 경북 경산 코발트 광산(최소 3500여 명 이상 총살)은 이들이 학살된 대표적인 장소다. 더욱이 대전형무소와 광주형무소에서 재소자 학살을 직접 명령한 이는 다름 아닌 제주 4·3 사건 때 9연대장이던 송요찬 당시 헌병사령부 사령관으로 알려져 있다.

    현재 수백 구의 유해가 제주국제공항 활주로 아래 누워 있을 것으로 짐작가지만 공항이라는 특성상 민간인 출입이 쉽지 않은 데다, 그간 네 차례에 걸쳐 공항 확장 공사가 이뤄지면서 적잖은 유해가 손실됐을 것으로 추정되고 있다. 앞서 소개한 송종문 씨 아버지도 그중 한 명이다.

송 씨는 "공항 공사에 투입된 이들 대다수가 육지 사람이었다"며 "공사 중 유골이 나오면 곧바로 인부를 육지로 보냈다"고 말했다. 그러면서 "도(道)에서도 분명 관련 사실을 알고 있었을 텐데, 전부터 이에 대해 물으면 '모른다'고만 답했다"고 분통을 터트렸다. 국가 권력에 의해 어둠 속에 갇혔던 4·3은 70년 세월에도 불구하고 여전히 감추고 싶은, 아니 감춰야 할 비밀이었던 게다.

그깟 총알에 죽으면 어떡하오

제주국제공항에서 아버지를 찾은 사람은 현봉길 씨만이 아니었다. 서귀포시 남원읍 김대희 씨도 1948년 11월 입산한 아버지를 찾았다. 헤어진 날 마지막으로 아버지 등에 업힌 기억이 어제 일처럼 생생하다. 내려주기 싫어서, 내려오기 싫어서 한참을 넓은 등에 안겼다. 산속에서 생활하다 어쩌다 마주하는 부자간의 상봉은 그렇게 애틋했다.

1948년 10월 말, 남원 의귀리에 거주하던 김대희는 어른들과 함께 산듸(제주 밭벼)를 베러 갔다가 늦은 오후 집에 돌아왔다. 마을은 시커멓게 불타 있었고, 주검이 된 주민들은 아무렇게나 널브러져 있었다. 김 씨 가족은 언제 또 경찰이 들이닥칠지 모른다는 불안감에 약간의 식량을 들고 곧장 산으로 숨어들었다.

남원 대패머들은 난대수림으로 이뤄진 밀림 지대다. 김 씨네가 도착했을 때 이미 많은 사람이 옹기종기 움막을 짓고 있었다. 이들도 한곳에 자리를 잡고 얼기설기 움막을 치기 시작했다. 할아버지, 할머니, 어머니, 큰고모, 작은고모, 그리고 김 씨 밑에 세 살짜리 동생과 큰고모의 갓난아기까지 모두 여덟 명이 한 움막에서 생활했다. 토벌대로부터 가장 위험하다고 판단한 아버지와 작은아버지(삼촌)는 입산 뒤 거처를 옮겨 다니며 따로 지냈다.

1949년 1월 20일(음력 1948년 12월 22일), 잿빛 하늘에 구멍이라도 뚫린 듯 쉴 새 없이 눈발이 쏟아졌다. 소복소복, 사각사각. 고요한 숲속에서 들리는 함박눈 소리는 한겨울 적막감을 더했다. 물론 이제 막 일곱 살이 된 김대희는 이런 감정을 알 리 없었다.

앞을 가누기 힘들 만큼 많은 눈이 내리던 그때, 어디선가 총소리가 어지럽게 들려왔다. 의귀리를 소개한 토벌대가 이곳까지 들이닥친 것이다. '타다닥 타다닥' 분간 없이 들려오는 격발 소리를 뚫고 사람들이 사방으로 흩어졌다. 김 씨는 "총소리가 그냥 막, 기가 막히게 났다"고 그날을 떠올렸다.

열아홉 살 막내고모가 가장 먼저 대희 씨를 들쳐 업고 반사적으로 움막을 뛰쳐나왔다. 신발을 신을 새도 없이 맨발로 도망쳤다. 어머니와 세 살 동생, 고모와 갓난아기, 그리고 할아버지와 할머니도 뒤따랐다. 얼마나 뛰었을까, 주위가 조용했다. 그러나 가족은 보이지 않았다. 고모와 대희 씨를 제외한 모두가 포위돼 움막을 빠져나오지 못한 것이었다. 총소리가 그치고 어둠이 깔린 뒤 움막을 찾았다. 현장은 참혹했다. 사람들이 곳곳에 쓰러져 있고, 움막은 모두 불타 없어졌다. 재만 남은 움집 옆에 할머니가 엎어진 채 쓰러져 있었다. 쇠창에 찔렸는지 가슴팍에선 시뻘건 피가 철철 흘렀다. 고모가 끌어안자 신음을 토해낸 할머니가 고모를 더 깊게 끌어안았다.

이날 대패머들에서 붙잡힌 이들은 포박된 채 표선면으로 끌려갔다. 그런데 얼마 안 가 거동이 불편한 노인만 따로 불러내는 게 아닌가. '사살 명령'이었다. 밧줄에 묶인 이들을 길섶에 꿇어앉힌 뒤 한 사람씩 조준 사격이 이뤄졌다. 주민들이 산을 내려가는 동안 몇 발의 총성이 이어졌다. 그리고 마지막 할아버지, 할머니 차례까지 왔다. 격발 소리와 함께 할아버지가 할머니 옆에 푹 쓰러졌다. 이제 할머니 차례다. 군인이 힘껏 방아쇠를 당겼다. 그런데 어찌된 영문인지 격발되지 않은 채 '딱딱' 소리만 났다. 총알이 떨어진 것이었다. 군인은 옆에 있는 청년단(할머니는 이들을 '창쟁이'라고 불렀다)에게 다음을 맡겼다. 그리고 가슴팍에 네 번의 창살이 꽂혔다. 할머니는 쓰러졌고, 군인과 청년단도 곧바로 부대원들을 뒤따라갔다.

한참 만에 정신을 차린 할머니가 할아버지를 붙잡고 흔들었다. "그까짓 총알에 죽느냐"며 울부짖었지만 소용없었다. 손목에 묶인 밧줄을 풀고 반듯하게 눕힌 뒤 할머니는 움막까지 악을 쓰며 기어왔다. 하얀 눈밭에 붉은 피가 홍건히 묻어났다. 그리고 불타 없어진 움막 옆에서 정신을 잃었다.

다음 날 거처를 대충 엮고 상처를 다시 살폈다. 모두 네 군데 창에 찔려 있었다. 등 뒤에서 찌른 창이 가슴팍까지 관통했다. 솜저고리를 입은 데다 오른쪽에 상처가 집중된 게 그나마 다행이었다. 고모는 무명천을 태워 창 맞은 곳에 붙였다 떼었다 반복했다. 그렇게 하루 종일 농을 뺐다. 그 사이 토벌 소식을 듣고 아버지와 작은아버지가 급히 대패머들로 왔다. 의식을 찾은 할머니는 할아버지가 계신 곳을 일러줬다.

아버지는 대희 씨를 업고 할아버지가 총살된 곳으로 향했다. 죽은 사람이 일렬로 누워 있는 모습이 들어왔다. 하얀 털모자를 쓴 할아버지도 그 사이에 끼어 있었다. 아버지가 대희 씨를 업은 채 할아버지 얼굴을 털모자로 가렸다. 숲에서 나온 이들은 주검을 가매장한 뒤 다시 산으로 흩어졌다. 남은 가족은 더 깊은 산으로 들어갔다. 아버지는 작은아버지에게 식구들을 맡긴 뒤 또 다른 곳으로 몸을 숨겼다. 그게 아버지와 마지막이었다.

토벌대에 붙잡힌 어머니와 큰고모는 동생과 사촌동생을 안고 표선지서로 갔다. 경찰들은 남원읍 사람이라며 이들을 남원지서로 다시 인계했다. 그리고 체포된 지 이틀 만인 1949년 1월 22일 어머니와 세 살 동생, 고모와 갓난아기는 구렁비덩(또는 구렁비엉)에서 모두 총살됐다. 현재 이 자리는 금호제주리조트(남원읍 태위로)가 들어서 있다.

1949년 초, 선무공작 실시에 따라 김 씨는 산을 내려왔다. "도저히 산에서 살 수 없어 죽든 살든 나갔다. '나오면 살려주겠다'는 군인들 말에 작은고모가 날 업은 채 '내 여기 있수다. 여기 갑니다' 하고 자수했다"고 그는 말했다.

할머니, 작은아버지, 작은고모, 그리고 대희 씨 이렇게 네 사람은 그대로 포박돼 군인들과 함께 조천읍 교래리를 넘어 제주 주정공장으로 옮겨졌다. 그곳에서 몇 개월을 지낸 뒤 가족 모두 의귀리로

제주4·3평화공원 내에 마련된 행방불명인 개인 표석의 모습. 모두 3806기가 세워진 4·3 공원 뒤로 멀리 한라산이 눈에 들어온다.

.

돌아왔다. 김 씨는 "집안이 완전히 풍비박산났다"며 "이게 말이 되느냐"고 눈시울을 붉혔다. 그는 4.3이 안정된 이후 어머니와 동생, 고모와 갓난아기를 수습해 메아진돌(남원읍 한남리) 인근에 매장했다. 대패머들에 가매장된 할아버지도 함께였다.

　　김대희 씨 아버지 기일은 10월 2일(음력 8월 11일)이다. 그의 군사재판 기록에는 아무런 내용 없이 '사형'이라는 두 글자만 남겨 있다. 김 씨는 "왜 그런 판결을 했는지, 어떤 경위로 죽었는지에 대한 설명이 전혀 없다"고 답답함을 호소했다. 그러면서 "사형에 처했으면 시신이라도 돌려줘야 하는 것 아니냐. '행방불명인'으로 처리해 경찰에서 감시하고, 국가에서 하는 그런 것이 불법 아니냐"고 참아왔던 울분을 쏟아냈다.

특공대 작전 중 삼촌을 붙잡다

제주 4·3은 가해자에게도 씻을 수 없는 아픔이자 한恨이다. 또한 아물지 않는 상처이자 지을 수 없는 고통이다. 자기 손으로 형제와 이웃을 죽여야 하는 기막힌 비극은 쉬이 상상조차 할 수 없다. 스스로가 역겨워 하루에도 수십 번 토악질이 나지만, 얍삽한 죽음 앞에 인간적인 양심은 또다시 허물이 된다. 군경의 총칼을 피하기 위해 민보단에 가입했고, 우익 청년단에 참여했으며, 괴물 같은 쇠창을 들어야만 했다. 어쩌면 이들은 가해자이면서도 또 다른 피해자인지도 모른다.

제주 애월읍 양용해 씨(앞서 삼일절기념대회 참석자)는 그날 일이 생생한 악몽과도 같다. 그는 토벌 과정에서 삼촌과 이종사촌을 붙잡았다. 아니, 잡고 보니 삼촌과 사촌형님이었다. 그들이 경찰에 인계되기 전 자신을 바라보던 눈빛은 지금도 잊을 수 없다. 동료에 의해 쇠창에 찔리는 순간에도 삼촌은 조카 눈만 바라볼 뿐 아무런 말도 하지 않았다. 일종의 체념이었고, 조카에 대한 걱정이었다. 그러나 애절했다.

"내 삼촌이라고 말할 수가 있나……."

간절한 눈빛의 삼촌을 외면한 양 씨는 구석으로 몸을 돌려야만 했다.

해방 직전 일본에서 고향 제주로 온 양 씨는 어릴 적 현해탄을 건넌 탓에 우리말이 서툴렀다. 반은 일본어로, 또 반은 우리말로 대화했고, 경찰에 붙잡힐 때면 꼭 일본어를 썼다. 4·3 사건 발생 전 유치장에 끌려갔을 때도 우리말을 못하는 것처럼 행동했다. 폭도가 아님을 항변하기 위함이었다.

두 평 남짓한 유치장은 열여덟 살 양 씨가 감당하기는 버거운 공간이다. 수용 인원이 많은 데다 나이도 어려 똥간 위에 앉아 지내기가 일쑤였고, 고문과 구타도 수시로 이뤄졌다. 잡혀온 이유는 딱히 없다. 집에 가던 중 경찰에 붙잡혀 연행된 게 전부다. 양 씨는 "이유가 뭐 있나, 잡히면 그냥 따라가는 거지"라며 당시 분위기를 전했다.

열흘 이상 감금된 동안 온갖 고초를 당했다. 기다란 벤치에 눕힌 뒤 손을 아래로 묶고 얼굴은 수건으로 감싼다. 그런 다음 주전자로 물을 붓기 시작했다. 물고문이다. 또 노끈으로 발을 묶어 매단 채 일본군이 썼던 탄창 혁대로 사정없이 두들겨 맞았다. 그러고 나면 온몸이 퉁퉁 부었다. 며칠 고문이 이어지고 계도가 됐다고 여길 즈음 경찰들은 시말서를 내밀었다.

"삐라 붙였어, 안 붙였어?"

"붙였습니다."

"산에는 갔어, 안 갔어?"

"갔습니다."

그는 삐라를 붙인 적도, 좌익으로 입산한 적도 없었다. 그럼에도 묻는 말에 '예' 하지 않으면 또다시 대답을 강요하며 구타와 고문이 이어졌다. '예' 할 때까지 이는 되풀이됐다.

1948년 10월 포고령이 발포되면서 분위기가 심상치 않게 돌아가는 것을 느꼈다. 몇 개월 전 고문당한 것을 생각하니 덜컥 겁부터 났다. 마을 소개 작전으로 애월읍 수산리에서 신엄리로 갔을 때 신엄지서 경찰 소대장에게 부탁해 특공대(민간부대)에 자원했다. 그렇게 하는 것만이 사는 길이라 생각했다. 양 씨는 "그것도 당시에는 대단한 배경이었다"고 말했다.

특공대는 그야말로 경찰의 밥이었다. 작전을 나가면 군경 대신 무장대의 총알받이가 됐고, 온갖 심부름과 험한 일도 도맡아야만 했다. 쇠창도 대장간에서 칼을 갈아 만든 살로 직접 제작해 사용했다. 한겨울 산봉우리에서 입산자들의 이동 경로나 동태를 파악하는 것도 특공대의 몫이었다. 담요를 둘러메고 신음지서를 출발한 뒤 산에 도착하면 다음 날 새벽까지 꼼짝없이 매복을 서야만 했다. 왕복 8시간 이상 거리를 걸어 다니며 그렇게 입산자들의 움직임을 하나하나 체크했다.

1948년 말, 그날은 대원들과 함께 토벌대를 따라나섰다. 밭에 쌓아둔 보리떼(밀짚)를 보고 몇몇 대원이 쇠창을 쑤셔댔다. 인기척은 들리지 않았다. 그러자 한 대원이 잘 건조된 보리떼에 성냥불을 붙이기 시작했다. 그제야 사내 하나가 튀어나왔다. 양 씨는 순간 깜짝 놀랐다. 바로 자신의 삼촌이었던 것이다. 양 씨는 그러나 아무 말도 할 수 없었다. 그럴 위치도, 처지도 못됐다. 결국 삼촌은 경찰에 인계된 뒤 총살됐다.

1949년 초봄의 일이다. 오늘은 아는 사람과 마주치지 않길 바라며 산을 올랐다. 얄궂게도 그는 이날 이종사촌형님과 맞닥뜨렸다.

대원들에게 심한 매질을 당하는데도 별수 없이 속만 끓여야 했다. 알은척했다가 같이 폭도로 몰릴 수 있다는 이유에서였다.

"하루는 이종사촌형님과 조우했다. 우리 토벌대에 붙잡혔는데, '형님' 소리를 하지 못했다. 그랬다가 같이 죽으면 어떡하나. 얼굴만 보고 아무 말 못하는데, 마음속에서는 피눈물이 날 것 아니겠는가. 그냥 두들겨 맞고, 대원들에게 끌려가는 거 보면서 내 마음이 오죽 했겠나."

양 씨는 참아왔던 서러움을 터뜨렸다. 주름진 눈가는 이미 벌겋게 충혈돼 물길이 고였다. 여든일곱, 수많은 곡절을 겪은 양 씨지만, 그날 고통은 감내하기 힘든 자괴감이자 분노이다. 어쩔 수 없었다고 위안하기에는 그 상처가 너무나 크고 깊다. 70년 세월에도 여전히 스스로를 용서할 수 없는 죄스러움이다.

그는 "폭도들? 그 사람들 다 시골 사람이야, 밭 갈고 김매는 그런 농사짓는 농부란 말이여"라고 했다. 이어 "중산간 마을 사람은 군경 가족 아니면 거의 다 산으로 갔다. 집에 있으면 족치고 총으로 빵 쏘니깐, 무서워서 그렇게들 숨고 그랬다"며 "어떻게 그런 사람이 폭도가 될 수 있냐"고 울분을 토했다. 그는 "경찰과 무장대가 그렇게 대치한 것도 결국 무분별한 토벌 때문이었다"고 꼬집었다.

살기 위해 전장을 택하다

4·3의 상처가 가시기도 전에 한국전쟁이 찾아왔다. 1950년 여름. 신

음지서 지서장 이근식이 말을 타고 양 씨 집 마당에까지 들어왔다. 그의 가족은 밭에서 일하다 마루에서 점심을 먹던 중이었다. 아버지가 마중하니 다짜고짜 쌀 갖고 오라며 채근했다. 하루 한두 끼 먹기도 어려운 형편에 쌀이 있을 리 만무했다. 전대(자루)를 채우지 못하자 지서장은 아버지 손을 묶더니 이를 말안장에 채웠다. 그런 다음 질질 끌고 갔다. 그게 아버지의 생전 마지막 모습이다.

집안 할아버지뻘 되는 사람 중에 해병 중령이 있어 도움을 청하고자 했지만 양 씨는 애월을 벗어날 수 없었다. 통행증(도민증)이 없었기 때문이다. 마을 유지나 이장 등이 보증을 서면 발급 받을 수 있지만, 일본에서 오랫동안 살다 온 양 씨 가족에게 보증을 서줄 사람은 그리 많지 않았다. 또 집집을 다니며 진정서를 받으려 했으나 이마저도 여의치 않았다. 도장(인장)을 받기 위해 찾아간 이장은 어머니 면전에 대고 "한강 물이 많이 먹어 닳냐"고 했다. 죄를 적게 지었어도 죗값은 받아야 한다는 얘기였다. 양 씨 모자는 집으로 돌아오는 길에 하염없이 울었다.

아버지는 결국 8월 19일(음력 7월 6일) 예비검속자 학살 사건으로 목숨을 잃었다. 그나마 유치장에서 함께 생활한 아버지 친구분이 총살 날짜를 알려줘 알게 된 사실이다. 그의 말에 따르면 총살 당일 저녁, 해병대와 유치장 간수가 찾아와 앞서 조사 과정에서 매겨진 등급에 따라 검속자들을 한 명씩 호명해 데려갔다. 이어 정뜨르비행장 구덩이에 끌려간 이들은 그곳에서 모두 집단 학살됐다. 아버지도 그날 호명된 사람 중 한 명이다.

1950년 8월 말, 아버지가 총살되고 얼마 안 돼 해병대에 지원했다. 좌익으로 몰려 죽느니 차라리 이편이 낫다고 보았다. 총탄이 빗발치는 전장戰場이 되레 안전하다고 판단한 것이다. 실제 제주에는 한국전쟁 초기 적잖은 이가 해병대에 입영했다. 1950년 8월 5일과 30일 두 번에 걸쳐 징집된 해병 3·4기 2938명 가운데 95%가 제주 출신이며, 4기에서 처음 배출된 전투여군 해병 126명도 이곳 제주에서 나왔다. 이들 3·4기는 인천 상륙 작전에서 상당한 전과를 세우기도 했다.

양용해 씨가 군에 지원한 것은 장전초등학교 교장 박성용 선생님 도움이 크게 한몫했다. 이북 출신인 선생님은 양 씨 사정을 누구보다 잘 알고 있었다. 또래보다 똘똘했던 그의 후견자 역할을 자처했고, 학교장 추천으로 교원 단기 양성 교육까지 받도록 했다. 촉탁 교사로 쓰기 위함이었다. 헌데 하계지서에서 신원을 조회한 뒤 "빨갱이를 왜 쓰려 하느냐"며 압박이 들어왔다. 결국 그는 선생님 조언으로 해병 4기에 자원입대했다. 그런데 무슨 까닭에선지 입영 당일 청년 방위대 초대장(소대장)으로 보내졌다. 제자가 전장으로 끌려가도록 그냥 둘 수 없어 선생님이 미리 손을 써둔 탓이었다. 방위대 중위 홍병철이 양 씨를 직접 방위요원으로 배치시켰다. 1961년 5·16쿠데타 이후 최고회의 의장경호실 기획과장과 대통령경호실 기획처장 등을 지낸 홍병철은 제8~9대 제주시 재선 국회의원을 지낸 인물이다.

보충역이던 방위대 활동은 특별할 게 없었다. 한 달에 몇 번 마을 어귀에 청년들을 소집해 간단한 제식훈련 등을 한 뒤 각자 생업으로 돌아갔다. 하지만 이들 중 일부는 군 장교로 임관되는 등 준군사조직 형태를 띠었던 만큼 상복하복의 규율은 엄격했다.

한편, 청년방위대는 중공군 참전 후 국민방위군 조직의 근간이
됐다. 하지만 이후 1950년 겨울, 핵심 지휘관들이 보급품 등을 빼돌려
최소 5만에서 10만 명 이상의 아사·동사자가 발생해 적잖은 충격을
던져줬다. 국군 역사상 최악의 방산 비리로 꼽히는 국민방위군 사건
으로 신성모가 국방장관에서 해임됐고, 다섯 명의 핵심 지휘관이 총
살됐다.

선생님이 하루는 "공군에 가라"고 제안했다. 하지만 당시 공군
은 "기라성 같은 사람들이 지원"하던 터라 엄두가 나지 않았다. 선생
님이 재차 "다 얘기해뒀으니 지원만 하라"고 등을 떠밀었다. 제주에
주둔한 공군 제10전투비행단 장교 한 명이 박 선생의 이북 제자였던
인연으로 양 씨 입영을 약속받아둔 것이었다. 그렇게 해서 공군 10
기로 지원, 경북 경산에 있는 항공병학교로 갔다. 하지만 이미 훈련
이 시작돼 별수 없이 11기로 교육에 참여했다. 그리고 1951년 여름,
사천으로 자대 배치를 받았다. 사천비행장은 애초 훈련비행단이 진
주했으나 지리산 대토벌이 이뤄지면서 강릉에 있던 전투비행단 일
부가 사천으로 옮겨왔다. 또한 1951년 말 백야사가 꾸려지면서 강릉
비행장에 배치된 공군의 무스탕 전투기 편대가 진해를 거쳐 사천비
행장으로 이동하면서 전투비행단 규모도 한층 보강됐다. 백선엽은
훗날 자신의 회고록에서 지리산 토벌에 공군 전투비행단의 역할이
컸다고 회고했다. 그만큼 사천비행장은 지리산 토벌 작전의 핵심 기
지 역할을 했다.

'빨갱이'라는 이유로 임용까지 막혔던 양 씨는 누구보다 군 복
무에 충실했다. "레드 콤플렉스 때문에 이를 극복하기 위해서라도

양용해 씨는 학살의 공포 속에서 살기 위해 토벌대에 참여했다. 그는 토벌 과정에서 자신의 친척과 맞닥뜨리기도 했다.

더 열심히 복무에 임했다"고 했다. 그런 그에게 유학의 기회가 주어졌다. 일본 후쿠오카에 있던 미군 공군비행단 교육 대상에 양 씨가 포함된 것이다. 1953년 대구 칠성초등학교에서 6개월간 사전 교육을 받았다. 헌데 한 지휘관이 다짜고짜 정복을 벗기며 원대 복귀하라고 지시했다. 물론 그 이유는 알고도 남음이었다. 사천으로 돌아온 뒤 3일 만에 공군 방첩대에서 호출이 왔다. 공교롭게도 방첩대는 칠성초등학교 뒤 교사 2층에 있었다.

방첩대에 들어서니 한 수사관이 양 씨의 신원조회 내용을 보여줬다.

부(父) 양창보는 4·3 사건 당시 활동하다가 형살된 자이며, 숙부 또한 입산 활동하다가 행방불명된 자임. 유학 도중 도주 우려가 있음.

붉은색으로 선명하게 쓰인 그의 내역은 평생 양 씨 발목을 붙잡았다.

부대로 돌아온 지 얼마 안 돼 제대 명령이 떨어졌다. 하지만 부대장은 그를 놓아주지 않았다. 결국 부대장의 도움으로 다시 복무할 기회를 얻었지만, 이도 잠시. 이번에는 자신이 정비·관리하던 F-51 전투기에 불이 나 또 한번 제대 조치를 받았다. 눈이 펑펑 오는 겨울날 격납고에 있던 비상발전기를 돌려 전투기 날개 아래 둔 것이 화근이었다. 새벽녘 사이렌 소리가 요란하게 들리더니 사달이 나고 말았던 것이다. 달리 손쓸 방법 없이 그렇게 이등상사 계급으로 군복을 벗었다. 1955년 제대 후 애월읍으로 돌아온 그는 현재까지 제주에 터를 이루며 살고 있다.

양 씨는 두 살 때 일본으로 건너가 줄곧 일본인으로 알고 컸다. 초등학교 시절 이유 없이 부급장에서 배제돼 자신이 조선인인 것을 처음 알았다. 열다섯 살에 고향인 제주로 돌아왔지만 모든 것이 막막하고 어리둥절했다. 군경으로부터 가족을 잃고 온갖 고신을 당하는 속에서도 어떻게든 그 무리에 들고자 했다. 그것이 살 수 있는 유일한 방법이라 여겼다. 실제로도 그랬다. 그렇게 한 개인의 구구절절한 사연은 한국현대사 한가운데를 관통하며 우리에게 또 하나를 일깨워준다. 그날의 역사가 우리와 공존하는 지금의 역사라는 사실을. 그 아픔과 상처가 치유되지 못한 채 여전히 우리와 함께 존재하고 있다는 것을 그들은 말해주고 있다.

일제강점기와 해방, 다시 찾아온 분단, 제주 4·3, 여순 사건, 한국전쟁 그리고 다시 군사 독재……. 어쩌면 제주는 사상과 이념으로 황폐화된 신생 대한민국에서 한 떨기 라일락을 꽃피우고자 몸부림친 것인지도 모른다. 온몸으로 저항한 제주, 역설적이게도 그의 4월은 잔인하지만 위대할 수밖에 없다. 욕망의 묘지를 벗고 꽃으로 만발하길 원했던 토머스 S. 엘리엇Thomas S. Eliot의 시 「황무지The Waste Land」에서처럼…….

노란 유채꽃 사이에 부딪힌 바람이 푸름을 품은 채 '제주의 4월'을 하늘거린다.

한국전쟁 민간인 학살 연표

호남·제주 편

날짜	사건	지역
1945년 8월 15일	**일왕 히로히토** '종전 조서' 발표. 항복 선언.	
1945년 9월	**미군** '일반명령 1호' 발표. 38도선(분단선)을 경계 로 '남북 분할' 협의.	
1945년 12월	**미·영·소 3국 정상** 모스크바 3상회의 개최. 남북 분할 통치 명 문화.	
1945년 12월 27일	**≪동아일보≫** 모스크바 3상회의 관련, "소련은 신탁통치 주 장, 미국은 즉시독립 주장" 보도.	
1946년 11월 30일	**서울기독교청년회** 서울 서북청년단 창단.	
1947년 3월 1일	**경찰** 28주기 삼일절기념대회에서 도민 향해 발포 해 12명 사상(3·1 발포 사건).	**제주**
1947년 3월 10일	**3·10 총파업.** 제주도청을 비롯해 제주 전체 직장 중 95% 이 상이 총파업에 가세.	**제주**
1948년 4월 3일	**제주 4·3 사건.** 남로당 제주도당 무장대가 도내 주요 관공서 를 습격하며 무장 봉기 발발.	**제주**
1948년 4월 28일	**4·28 평화협상.** 제9연대장 김익렬 중령과 남로당 제주도당책 김달삼 평화협상 합의.	**제주**
1948년 5월 10일	**5·10 총선거.** 남한 정부 단독으로 제헌 국회의원 선거 실시.	

꽃 같던 청춘, 회문산 능선 따라 흩뿌려지다

날짜	사건	지역
1948년 10월 17일	**제9연대장 송요찬** 제주 중산간 지역 통행금지(일명 '초토화 작전') 포고령 발표.	제주
1948년 10월 19일	**여수 제14연대** 제주 4·3 사건 진압 출동을 거부하고 여수·순천에서 반기(여순 사건).	
1948년 10월 22일	**이승만 정부** 여수·순천 지역 계엄령 발동(이승만 정부 첫 계엄령 발동).	
1948년 11월 17일	**이승만 정부** 제주에 계엄령 발동.	제주
1948년 11월 19일	**여수 제14연대 반란군** 구례중앙초등학교 습격.	구례
	군경 반란군 습격 뒤 구례경찰서 상무관 임시보호실에 수감된 민간인 72명 전원 총살.	
1949년 1월 17일	**군경** 제주 북촌초등학교에서 도민 300여 명 사살(북촌 민간인 학살 사건).	제주
1949년 2월	**군경** 제주 지역 경찰서 구금자 76명 정뜨르비행장에서 총살.	제주
1949년 봄	**군경** 조천면 선흘리 토성(4·3성) 축성을 위해 도민 강제 동원.	제주
1949년 6월	**이승만 정부** 좌익 세력에 대한 통제와 회유를 목적으로 국민보도연맹 조직.	

날짜	사건	지역
1949년 10월	**군경** 군법 사형수 249명 정뜨르비행장에서 총살.	제주
1949년 12월 18~19일	**군경** 토산리 표선초등학교 인근에서 두 차례에 걸쳐 도민 집단 학살.	제주
1950년 6월 25일	**한국전쟁 발발.**	
1950년 6~7월	**이승만 정부** 인민군에 협조할 것을 우려해 국민보도연맹원 무차별 즉결 처분 지시(국민보도연맹 학살 사건).	
1950년 7월	**북한 인민군** 호남 지역 진입.	
1950년 7월 15일, 22일	**영암경찰서** 영암 지역 보도연맹원 200여 명 이상 집단 학살.	영암
1950년 7월 23일	**함평경찰서** 노기현 씨 등 보도연맹원 200여 명을 좌익으로 몰아 사살.	함평
1950년 7~8월	**군경** 제주 주정공장에 수감된 예비 검속자 500여 명 정뜨르비행장에서 집단 학살.	제주
1950년 7~8월	**군경** 제주 섯알오름에서 두 차례에 걸쳐 민간인 200여 명 사살(섯알오름 민간인 학살 사건).	제주
1950년 7월 24일	**구례경찰서장 안종범** 상부의 사살 명령을 어기고 보도연맹원 480명 전원 석방.	구례
1950년 8월 4~25일	**북한 인민군** 낙동강 전면 공세.	

꽃 같던 청춘, 회문산 능선 따라 흩뿌려지다

날짜	사건	지역
1950년 8월 30일	**성산포경찰서장 문형순** 제주해병대 '예비검속자 총살집행 의뢰의 건' 공문을 "不當(부당)함으로 不履行(불이행)"이라고 돌려보냄.	**제주**
1950년 9월 15일	**연합군** 1차 인천 상륙 작전 개시.	
1950년 9월 28일	**연합군** 서울 수복.	
1950년 10월	**제11사단** 이듬해 3월까지 호남지구 토벌 작전 개시.	
1950년 10월 7일	**빨치산** 영암 구림마을 지와목에 있는 주막에 우익 인사 28명 감금 후 방화(지와목 방화 사건).	**영암**
1950년 10월 17일	**영암경찰서** 영암 구림마을 민간인 44~96명(추정) 학살(구림마을 첫 포위 작전).	**영암**
1950년 11월 10일	**군경** 인민군으로 변복 후 화순 산정마을·하갈마을 주민 20여 명에게 '인민공화국 만세' 외치게 한 뒤 사살.	**화순**
1950년 11월 17일	**국군 제11사단 소속 전차공격대대** 대강면 강석마을에서 마을 주민 수십 명을 연령별로 분류해 총과 일본도로 학살.	**남원**
1950년 12월 6일	**군경** 정산리(장교마을·동촌마을)에서 주민 70여 명을 학살.	**함평**
1950년 12월 7일	**권준옥 대위** 함평 월야면 월악리·월야리 앞 남산뫼에서 세 번에 걸쳐 주민 200여 명 학살.	**함평**

날짜	사건	지역
1950년 12월 31일	**권준옥 대위** 함평 해보면 쌍구룡에서 주민 70여 명 사살.	**함평**
1950년 12월	**군경** 영암 냉천마을·연산부락에서 기관총으로 주민 200여 명 사살.	**영암**
1951년 1월 1일	**중공군** 3차 공세 시작.	
1951년 1월 4일	**연합군** 서울에서 대규모 퇴각(1·4 후퇴).	
1951년 1월 12일	**권준옥 대위** 함평 모평마을에서 주민 사살 후 불태워 수습.	**함평**
1951년 2월 10일	**연합군** 2차 인천 상륙 작전 개시.	
1951년 2월 20일	**제11사단 20연대 2대대** 함평 불갑산 대보름 작전 개시. 민간인 1000~3000명 (추정)을 빨치산으로 분류해 사살.	**함평**
1951년 3월 14일	**제11사단 13연대 2대대** 전북 임실 폐광굴에서 연기를 피워 700여 명 질식사(폐광굴 분화 작전).	**임실**
1951년 3월 17일	**제11사단 20연대 3대대** 화순 도장마을 도포배미에서 민간인 사살. 나순례 씨의 용기로 학살 중지.	**화순**
1951년 5월	**남부군 사령관 이현상** 덕유산 송치골에서 6개 도당위원장 회의 소집. 빨치산 편재 대개편(송치골 회의).	
1951년 10월	**빨치산 기포병단** 전라선 기차 전복 작전으로 국경 군수품 노획 (기차 전복 사건).	

꽃 같던 청춘, 회문산 능선 따라 흩뿌려지다

날짜	사건	지역
1951년 12월	**백야전전투사령부(백야사)** 이듬해 3월까지 총 네 차례에 걸쳐 지리산 대토벌 작전 전개(일명 '쥐잡기 작전').	
1952년 5월 7일	**거제 포로수용소장 프랜시스 T. 도드** 친공 포로에게 납치(거제 포로수용소 포로 소요 사건).	
1953년 6월 18일	**이승만** 무단으로 반공 포로 석방.	
1953년 7월 27일	**정전협정 조인**.	

참고한 자료

강준만. 2006. 『한국 현대사 산책 1940년대편(2)』. 인물과사상사.

공보처통계국. 1952. 『6·25 사변 피살자 명부』. 공보처통계국.

구례군지편찬위원회. 2005. 『구례군지』. 구례군지편찬위원회.

구림지편찬위원회. 2006. 『호남명촌 구림』. 리북.

국방부 전사편찬위원회. 1967. 『한국전쟁사(1)』. 국방부 전사편찬위원회

국방부. 1971. 『한국전쟁사』. 국방부.

김영택. 2001. 『한국전쟁과 함평양민학살』. 사회문화원.

박태균 외 지음. 2017. 『쟁점현대사: 현대편』. 창비.

사계절출판사편집부. 1984. 『한국현대사: 1945~1975』. 사계절.

영암군지편찬위원회. 1961. 『영암군지』. 영암군지편찬위원회.

육군본부. 1954. 『공비토벌사』. 육군본부전사감실.

_____. 1999. 『육군헌병 50년사』. 육군본부.

윤장호. 1995. 『호국경찰전사』. 제일.

정근식·김병인. 2003. 『구림연구』. 경인문화사.

제민일보4·3취재반. 1998. 『4·3은 말한다(1~5)』. 전예원.

도진순. 2005. 「1951년 1월 산성동 폭격과 미10군단의 조직적 파괴 정책」. ≪역
　　　사비평≫, 72호(가을), 100~139쪽.

전북도의회. 1994. 「전북도의회 6·25양민학살 진상실태조사 보고서」. 전북도

의회.

제주4·3사건진상규명및희생자명예회복위원회. 2003. 「제주4·3사건진상조사
    보고서」. 제주4·3사건진상규명및희생자명예회복위원회.

진실·화해를위한과거사정리위원회. 「진실·화해를위한과거사정리위원회사건
    보고서」. 진실·화해를위한과거사정리위원회.

≪동광신문≫. 1948.11.23.

≪동아일보≫. 1945.12.27. "소련은 신탁통치 주장, 소련의 구실은 38선 분할
    점령, 미국은 즉시 독립 주장".

_____. 1948.11.19. "백중령자문순절".

_____. 1950.12.22. "전남지구 민정순찰기".

≪한국일보≫. 1960.5.21. "나는 시체더미서 살아나왔다".

구술자 명단

영암

강행례(1931년생, 영암군 금정면 연보리)

김수천(가명, 1935년생, 영암군 덕진면 영보리)

김애임(1935년생, 영암군 금정면 연보리)

김한기(1943년생 ,영암군 금정면 연보리)

나춘자(1944년생, 영암군 금정면 연보리)

박경서(1936년생, 영암군 금정면 연보리)

박동재(1934년생, 영암군 금정면 연보리)

백행기(1932년생, 영암군 금정면 연보리)

이재천(1938년생, 영암군 덕진면 영보리)

정도섭(1938년생, 영암군 덕진면 영보리)

조송자(1940년생, 영암군 금정면 연보리)

최기욱(1944년생, 영암군 영암읍)

최태근(1961년생, 영암군 구림면 서구림리)

최철호(1930년생, 영암군 구림면 서구림리)

구례

박찬근(1936년생, 구례군 간전면)

안극순(1937년생, 구례군 구례읍)

조규태(1933년생, 구례군 구례읍)

한준희(1941년생, 구례군 산동면)

화순

김범순(1938년생, 화순군 도암면 도장리)

김보순(1930년생, 화순군 도암면 도장리)

김잠귀(1945년생, 화순군 도암면 도장리)

류동호(1934년생, 담양군 대덕면 갈전리)

박종석(1955년생, 화순군 북면 맹리)

임봉림(1940년생, 화순군 북면 맹리)

정갑성(1939년생, 화순군 북면 맹리)

최일주(1934년생, 담양군 대덕면 갈전리)

형시문(1948년생, 화순군 도암면 도장리)

함평

김일호(1932년생, 제주시 연동)

노기현(1928년생, 함평군 신광면 계천리)

서갑렬(1946년생, 함평군 선불면 죽장리)

안종필(1949년생, 함평군 월야면 예덕리)

윤경중(1937년생, 함평군 해보면 상곡리)

이계백(1946년생, 함평군 나산면 우치리)

장재수(광주광역시 북구 임동)

장종석(1947년생, 함평군 해보면 상곡리)

정근욱(1949년생, 함평군 함평읍)

정길진(1925년생, 함평군 월야면 외치리)

정일웅(1932년생, 광주광역시)

정진억(1940년생, 함평군 월야면)

정진원(1947년생, 함평군 월야면 월악리)

정태진(1932년생, 함평군 월야면 외치리)

조동진(1939년생, 제주시 연동)

순창

고석봉(1950년생, 순창군 쌍치면 석현리)

고희주(1931년생, 정읍시 산내면 매죽리)

김광호(1941년생, 순창군 쌍치면 금평리)

김창근(1930년생, 순창군 쌍치면 시산리)

노지홍(1939년생, 임실군 성수면 봉강리)

문옥례(1929년생, 순창군 순창읍)

서길동(1938년생, 순창군 쌍치면 옥산리)

양순희(1940년생, 순창군 쌍치면 신성리)

임방규(1932년생, 서울특별시 은평구 역촌동)

조규남(1928년생, 순창군 쌍치면 종곡리)

남원·임실

김덕초(1937년생, 남원시 대강면 강석리)

김수영(1944년생, 남원시 대강면 강석리)

박순남(1938년생, 임실군 청웅면 구고리)

송이섭(1938년생, 임실군 성수면 삼청리)

전상윤(1943년생, 임실군 청웅면 석두리)

전상하(1931년생, 임실군 청웅면 청계리

정진열(1949년생, 임실군 강진면 회진리)

한기수(1931년생, 임실군 청웅면 청계리)

제주

고성군(1936년생, 제주시 조천읍 선흘리)

고학봉(1932년생, 제주시 조천읍 선흘리)

김대희(1943년생, 서귀포시 남원읍)

김영순(1949년생, 제주시 조천읍 선흘리)

김종민(4·3평화재단 이사, 前 ≪제민일보≫ 4·3특별취재반 기자)

문순선(1930년생, 제주시 연동)

송종문(1948년생, 제주시 연동)

양용해(1931년생, 제주시 애월읍 장전리)

오상식(1938년생, 서귀포시 표선면 가시리)

이영근(1953년, 제주시 한경면 청수리)

현봉길(1945년생, 서귀포시 표선면 가시리)

지은이 × 정찬대

1976년 전남 영암에서 출생했다. 조선대학교 신문방송학과를 졸업한 뒤 시사월간지 정치부 기자로 언론계에 첫발을 내디뎠다. 이후 다양한 매체에서 정치 현장의 기록자로 지내왔다. 2015년 인터넷 매체 ≪커버리지≫를 창간했으며, ≪프레시안≫을 비롯한 여러 매체에 기사와 칼럼 등을 쓰고 있다. "한국전쟁, 민간인 학살의 기록"은 저자의 고향인 영암에서 발생한 민간인 학살 사건에 대한 궁금점에서 출발했다. 이후 2007년, 여순 사건과 관련해 전남 구례 지역 민간인 학살 사건을 취재하면서 이 문제에 더욱 천착하게 됐다. 현재 전국을 다니며 관련 사건을 취재·발굴 중이며, 성공회대학교 한홍구 교수와 함께 『반헌법행위자열전』 편찬 작업에 참여 중이다. 성공회대학교 민주자료관 객원연구원으로 활동한 바 있는 저자는 '한국전쟁 전후 민간인 학살 진상규명 범국민위원회' 수집 자료를 정리·분석하는 작업을 도맡기도 했다.

한울아카데미 2006
꽃 같던 청춘, 회문산 능선 따라 흩뿌려지다
한국전쟁 민간인 학살의 기록: 호남·제주 편

ⓒ 정찬대, 2017

지은이	정찬대
펴낸이	김종수
펴낸곳	한울엠플러스(주)
편집책임	조인순
편집	성기병

초판 1쇄 인쇄	2017년 6월 20일
초판 1쇄 발행	2017년 6월 30일

주소	10881 경기도 파주시 광인사길 153 한울시소빌딩 3층
전화	031-955-0655
팩스	031-955-0656
홈페이지	www.hanulmplus.kr
등록번호	제406-2015-000143호

Printed in Korea.
ISBN 978-89-460-7006-6 93910 (양장)
ISBN 978-89-460-6357-0 93910 (반양장)

책값은 겉표지에 표시되어 있습니다.